| 개정증보판 |

과학 시대의 종교를 말하다

Religion in an Age of Science

과학의 시대를 살아가는 사람들을 위한 종교와 성서 이야기

현우식 지음

연세대학교 출판문화원

일러두기

1. 본문 중 성서 인용은 가독성과 정확성을 고려하여 『성경전서 새번역』(대한성서공회, 2001)을 사용하였다. 참조된 신약원어성서는 *Novum Testamentum Graece*(NTG, 25th. ed.)이고 구약원어성서는 *Biblia Hebraica Stuttgartensia* (BHS, 1977)이다. 성서 원어의 표기는 우리 글로 음역하였고 필요한 경우에 로마자를 함께 표기하였다.
2. 인명과 서명과 전문 용어의 표기는 필요한 경우에 괄호 안에 영어를 사용하였고, 히브리어, 그리스어, 라틴어 등의 고전어는 이탤릭체로 표기하였다.
3. 이 책은 절판된 도서 『과학으로 기독교 새로 보기』(연세대학교출판부, 2006)의 내용을 포함하고 있다.

CONTENTS

차 례

I 종교와 과학

제 I 부

종교와 과학

01
왜 과학 시대의 종교를 말하는가

> "종교 없는 과학은 온전히 걸을 수 없으며, 과학 없는 종교는 온전히 볼 수 없습니다." - 아인슈타인(Albert Einstein 1879~1955)

우리가 종교에 관하여 말하는 책임을 회피할 수 없다면, 우리가 살아 숨쉬는 그 시대의 언어로 말하는 책임도 회피할 수 없다. 이제 우리는 과학 시대의 종교를 말해야 한다.

철학자 박이문(1930~2017)은 종교의 가장 바람직한 정의를 숙고한 후 다음의 명제로 서술될 수 있다고 믿었다(「종교란 무엇인가」 2008).

> "첫째, 종교는 물리적 존재와 절대적으로 구별되는 초월적 타계, 즉 형이상학적 존재에 대한 믿음이며, 둘째, 이 세계, 즉 속세와 더불어 그 세계, 즉 성스러운 타계를 관리하는 인격적 한 존재 혹은 존재들, 즉 신 혹은 신들의 존재에 대한 믿음과 인식이며, 의식, 제의를 통하여 그들의 힘을 빌려 인간의 궁극적 소망을 성취할 수 있는 방식을 제공하는 이론적 및 실천적 신념체계이다."

이러한 정의는 돋보인다. 종교를 언어로 보여 줄 뿐만 아니라, 정의에 대한 정의도 언어로 보여 주기 때문이다.

1.1 과학자의 종교를 이해하기 위하여

> "동방박사가 진실로 적절한 경의를 표할 수 있는 마지막 천재는 1642년 크리스마스에 유복자로 태어난 아이작 뉴턴이었다."
>
> \- 존 케인즈(John Keynes, 1947년 뉴턴 탄생 300주년 기념식에서)

1.1.1 고전 과학의 상징, 뉴턴의 종교

영국의 시인 알렉산더 포프는 한 과학자의 죽음을 기리며 구약성서 창세기 1장 3절을 연상시키는 다음과 같은 유명한 비문을 남겼다.

> "자연과 자연 법칙이 밤의 어둠 속에 감추어져 있었노라.
> 신께서 말씀하시기를 "뉴턴 있으라" 하시니 모든 것이 밝혀졌노라."

이 비문은 바로 위대한 과학자로 손꼽히는 아이작 뉴턴(Sir Isaac Newton 1642-1727)에게 바쳐진 명문이다. 뉴턴은 역사상 가장 큰 영향을 남긴 과학자이자 대중적 인지도가 가장 높은 과학자인데, 아인슈타인이 역사상 가장 위대한 과학자로 인정한 인물이다.

뉴턴을 부르기 위한 칭호는 물리학자로부터 수학자, 천문학자, 자연 철학자, 자연신학자에 이르기까지 다양하다. 특히 그가 남긴 걸작 『자연철학을 다루는 수학원리 *Philosophiae Naturalis Principia Mathematica*』와 만유인력의 법칙 등은 현재까지도 그 영예를 누리고 있다. 별세할 때까지 뉴턴은 미적분, 역학, 광학 등에서 혁신적이고 창조적 업적을 보이며 여러 저서와 논문을 남겼는데, 미출간 원고와 노트들은 뉴턴이 종교와 신학에도 지대한 관심을 가지고 있었음을 증명해 주고 있다. 특히, 남아 있는 연구 기록 중 성서 연구와 신학에 대한 분량이 수학이나 물리학 등 다른 과학 분야의 분량을 훨씬 능가한다. 그는 인생을 마감하며 다음과 같은 말을 남겼다.

"나는 세상 사람들이 나를 어떻게 보고 있는지 모릅니다. 그러나 나 자신에게 비친 나는 바닷가에서 놀고 있는 소년이었습니다. 거대한 진리의 바다는 아무것도 가르쳐 주지 않으면서 내 앞에 펼쳐져 있는데, 나는 바닷가에서 놀다가 가끔 더 매끄러운 돌과 다른 것보다 훨씬 예쁜 조개를 찾으며 즐거워했습니다."

뉴턴은 신 앞에서 진리의 바닷가를 즐겁게 뛰노는 어린아이로 자신을 고백한다. 그는 신이 두 가지 텍스트를 허락했는데 하나는 성서이고 다른 하나는 자연이라고 전제한다. 그러므로 성서와 자연이라는 두 텍스트에서 신의 뜻을 발견하는 것이 뉴턴 자신의 사명이라고 생각한다. 성서 연구와 자연 연구는 분리될 수 없는 하나의 연구였던 것이다. 그 결과 그가 밝혀낸 운동의 법칙, 만유인력의 법칙 등 자연의 법칙은 신의 뜻이 하늘에서와 같이 땅에서도 이루어 진다는 종교적 명제를 증명한다(뉴턴의 과학과 신학에 관하여 『과학의 눈으로 본 신학』을 참조하기 바람).

1.1.2 현대 과학의 상징, 아인슈타인의 종교

뉴턴이 이룩했던 고전 과학의 시스템을 넘어서 현대 과학의 시스템 구축하는 일에 없어서는 안 될 상대성이론을 증명한 아인슈타인은 개인과 인격을 초월한 신을 믿었다. 즉 개인화된 신이나 의인화된 신이 아니라, 우주적 영(cosmic spirit)으로 표현될 수 있는 신을 믿었던 것이다. 아인슈타인은 신과 우주를 동일화하지 않고 신이 우주의 법칙 내에서 영으로서 보여주는 신이라고 생각했다. 그래서 신은 우주의 질서와 조화를 이루지만 우주보다는 크다고 전제했다.

"우리 인간은 수많은 언어로 쓰인 책들로 가득한 거대한 도서관에 들어선 어린아이라고 할 수 있습니다. 이 아이는 누군가 이 책들을 쓴 사실을 압니다. 어떻게 썼는지는 몰라요. 거기 쓰인 글도 무슨 뜻인지 몰라요. 그게 뭔지는 몰라도 이 책들이 신비한 순서로 배열되어 있다는 것을 아이는 어렴풋이 짐작합니다. 나는 아무리 지적인 인간이라도 신에 대해서는 이런 어린아이와 같은 태도를 지녀야 한다고 봅니다."

뉴턴과 마찬가지로 아인슈타인도 신 앞에서 인간은 어린아이와 같다고 생각한다. 어린아이와 같은 인간은 신이 존재한다는 것을 알 수 있지만 그 신을 완전하게 알 수는 없다는 것이다. 뉴턴과 아인슈타인에게 공히 우주의 책 혹은 우주의 도서관이 있다면 그것은 '자연'과 '성서'이다. 어린아이가 모든 것을 다 알 수는 없다는 점에서 신은 교묘하다. 그렇다고 신이 어린아이에게 악의를 가지고 있다고 할 수는 없다. 그래서 아인슈타인은 프린스턴의 고등학문연구소(Institute for Advanced Study) 교수 라운지의 벽화로에 다음과 같은 글을 새겼다.

"신은 교묘하시지만 악의를 가지고 있지는 않다."
(Raffiniert ist der Herrgott, aber boshaft ist er nicht.)

1.1.2.1 아인슈타인의 종교는 우주적 종교이다. 그는 종교를 (i)공포의 종교, (ii)사회적 감정의 종교, (iii)우주적 종교 세 단계로 해석한다. (i)단계의 종교는 원초적인 공포감 때문에 생기는 원시적 종교를 뜻한다. 예를 들면, 배고픔의 공포, 질병의 공포, 죽음의 공포에 의해서 생기는 종교를 말한다. (ii)단계의 종교는 사회적이고 도덕적인 개념에 의해서 경험되는 종교를 뜻한다. 예를 들면, 도덕적 신이나 사회적 신을 강조하는 종교를 말한다. 그런데 (i)과 (ii)단계의 종교는 신인동형화(anthropomorphism)의 특징이 있다. 여기서 과학은 신인동형화의 불순한 종교적 충동을 깨끗하게 만들어 주고 삶에 대한 이해를 진정 종교적으로 '영성화'(spiritualization)하는데 공헌한다.

그래서 아인슈타인에게 진정한 의미의 종교는 (iii)단계의 우주적 종교이다. 이 우주적 종교라는 것은 우주적 종교성을 가진 종교임을 뜻한다. 그는 우주적 종교에 대한 교리나 신학적 정의 등의 확정적 개념화는 불가능하다고 보았다. 하지만 우주적 종교감과 우주적 종교 체험은 '과학'에 의해서 인간과 인간 사이에 전달되고 소통될 수 있다고 보았다. 그러므로 과학은 우주적 종교의 함수이며, 우주적 종교감과 체험을 일깨우고 보존하는 기능을 담당한다.

1.1.2.2 아인슈타인의 종교와 아인슈타인의 과학은 동행한다. 그는 종교와 과학이 화해될 수 없다는 견해를 거부한다. 아인슈타인은 우주적 종교 체험이야말로 과학적 탐구의 배후에 있는 가장 강력하고 고상한 추진력이라고 주장한다. 예를 들면, 뉴턴과 같이 종교적 동기에 의해서 과학 연구에 일생을 바친 과학자가 좋은 사례에 속한다. 아인슈타인은 영감(inspiration)이야말로 수없이 실패를 하면서도 목적을 향해 충실하게 나아갈 수 있는 힘을 주는 것이라고 본다. 이러한 영감을 주는 것이 바로 우주적 종교감이다. 이 우주적 종교감 내에는 우주의 신비로운 질서에 대해서 느끼는 경외심이 포함된다.

1.1.2.3 아인슈타인에게 종교와 과학은 함께 필요하다. 과학은 종교에 의존하여 우주를 이해하는 믿음을 소유할 수 있다. 동시에 종교는 과학에 의존하여 우주의 질서를 발견한다. 여기서 종교와 과학 사이에는 긴밀한 상호의존성이 존재한다. 그러므로 과학이 없는 종교나 종교가 없는 과학은 온전할 수 없다.

> "종교 없는 과학은 온전히 걸을 수 없고, 과학 없는 종교는 온전히 볼 수 없다 (Science without religion is lame, religion without science is blind)."

과학은 어떤 것이 존재한다는 것을 주장할 수 있다. 하지만 과학은 그렇게 존재해야 한다는 당위성을 주장할 수는 없다. 과학은 종교의 목적을 깨닫게 도와준다. 동시에 종교는 과학이 올바로 진행될 수 있게 도와준다. 아인슈타인은 종교를 무시하는 과학자는 온전히 탐구할 수 없고, 과학을 무시하는 종교인은 맹목적이 될 수 밖에 없다고 본다.

1.2 언어와 인지의 소통을 위하여

> "과학과 신학은 모두 은유적 언어를 채용하면서 모델에 의해서 실재를 묘사합니다."
>
> - 피코크 (Arthur Peacocke 1924~2006 영국의 생화학자이자 신학자)

1.2.1 굴드의 언어와 인지

진화생물학자이자 고생물학자 굴드(Stephen Jay Gould, 1941~2002)는 탁월한 통찰과 해석을 통하여 진화와 다윈에 대한 질문의 폭과 깊이를 획기적으로 넓혀준 과학자이다. 굴드가 제시하는 과학과 종교의 관계 모델은 '비중첩 교육권 영역'(*Nonoverlapping Magisteria*, 이하 NOMA)이다. 여기에서 굴드가 사용하는 '마기스터'(*magister*)는 가르치는 선생을 뜻하는 라틴어 용어인데, '마기스테리움'(*magisterium*)은 '교육의 권리 영역'으로 정의될 수 있다.

굴드는 과학과 종교가 하나가 되거나 종합되어야 하는 방법을 알 수 없다고 주장한다. 동시에 그는 과학과 종교가 갈등을 겪어야 하는 이유를 이해할 수 없다고 주장한다(Rocks of Ages: Science and Religion in the Fullness of Life). 굴드에게 과학과 종교는 두 개의 아주 다른 주제이고 독립된 주제이기 때문이다. 예를 들어, 과학의 영역은 인간의 (1)목적, (2)의미, (3)가치의 영역에서의 문제를 조명할 수는 있으나 해결할 수는 없다.

과학과 종교는 두 개의 '교육권 영역'(*magisteria*) 이다.

(1) 과학은 경험적 영역을 담당한다.
   (A) 사실: 우주는 무엇으로 구성되었는가?
   (B) 이론: 왜 이런 방식으로 작동하는가?
(2) 종교는 궁극적 의미와 도덕적 가치에 대한 질문을 담당한다.

굴드의 탁월한 비유와 표현에 의하면, 과학은 '암석의 연대'(the age of rocks)를 다루고 종교는 '영원한 반석'(the rocks of ages)을 다룬다. 여기에서 영원한 반석이란 그리스도교에서 사용하는 표현인데 예수 그리스도를 나타내는 약속된 표상이다.

굴드에 의하면, 과학이란 교육권 영역과 종교란 교육권 영역 사이에는 중첩이 없다. 그러므로 두 교육권 영역 사이에는 갈등이 있을 수 없다는 것이다. 이러한 원칙을 굴드는 '비중첩 교육권 영역 원칙'(NOMA principle)이라고 명명한다. 과학과 종교의 갈등에 대항한 굴드의 분리 독립 선언이라고 할 수 있다. NOMA는 단지 외교적 해결책이 아니라 도덕적인 근거와 지적인 근거 위에서 이루어진 굴드의 입장이다.

만약 과학과 종교 사이에 갈등이 있었다고 한다면 그것은 실재적인 갈등일 수 없다. 굴드는 역사적 분석을 통하여 과학과 종교의 갈등은 참이라고 할 수 없음을 밝히고, 그 결과 과학과 종교의 교육권 영역은 다음과 같이 이해되어야 한다고 주장한다.

(1) 과학의 교육권 영역과 종교의 교육권 영역은 동등한 지위를 가진다.
(2) 과학의 교육권 영역과 종교의 교육권 영역은 독립되어 있다.

결국, 굴드는 과학과 종교가 분리되어 있고 독립 상태에 있는 다른 교육권 영역이라고 정의한다. 여기서 과학과 종교 사이에 중첩되는 부분은 없다. 그러므로 중첩으로서의 갈등도 두 교육권 영역 사이에는 존재할 수 없다.

NOMA의 원칙을 지키기 위해 굴드는 과학과 종교의 혼합주의(syncretism)에 반대한다. 여기에서 혼합주의는 두 가지로 나누어 이해될 수 있다.

(1) 중첩의 영역을 최대화하는 최대주의적 혼합주의.

(2) 중첩의 영역을 최소화하는 최소주의적 혼합주의.

굴드는 혼합주의가 종교와 과학 사이의 관계에 왜곡을 가지고 올 위험이 있다고 보았다. 예를 들어, 굴드는 "자칭 재판관에 대한 탄핵"을 통하여 다음과 같이 다윈주의와 무신론의 철저한 분리를 강조한다.

(1) 다윈주의가 필연적으로 무신론이라고 단정하는 입장은 오히려 반진화론적 작업이다.

(2) 과학은 신의 존재를 증명할 수도 없고, 반증할 수도 없다. 과학은 종교와 다른 영역이다.

사실상 굴드는 과학적 지식과 무신론적 믿음을 동일화하는 경솔함을 진정으로 우려하고 있다. 굴드가 보기에, 인간이 자연을 해석하는 접근방식에는 무신론적 접근도 가능하고 유신론적 접근도 가능하다. 그러나 정작 자연이 무신론이나 유신론 중 하나만을 요구하거나 거부한다고 할 수는 없다.

굴드의 비중첩 교육권 영역(NOMA)의 결론은 다음과 같이 요약될 수 있다.

(1) 세계의 데이터로서의 사실에서 도출된 결론은 과학의 교육권 영역이 담당하는 범주에 포함된다. 그러므로 종교가 명령하거나 가르칠 수 없다.

(2) 인간의 도덕적인 진리와 연관된 높은 수준의 통찰은 종교의 교

육권 영역이 담당하는 범주에 포함된다. 그러므로 과학이 참견하거나 가르칠 수 없다.

굴드에 의하면, 다윈이 런던의 웨스트민스터 대성당(Westminster Abbey)에 묻혔다는 역사적 사실은 NOMA 원칙을 잘 보여주는 좋은 사례이다. 영국의 과학자를 대표하는 다윈은 영국에서 종교적으로 가장 신성한 장소에 묻혔다. 이처럼 과학의 교육권 영역과 종교의 교육권 영역은 중첩되지 않으며, 따라서 충돌이나 갈등의 이유는 전혀 없다. 굴드는 다윈을 장례식을 위해서 브리지(Mr. Bridge)가 작곡한 장례 성가와 성구(잠언 3:13-17)의 선택을 극찬하며, 다음의 성서 구절이 추가되기를 희망한다.

> "지혜는, 그것을 얻는 사람에게는 생명의 나무이니, 그것을 붙드는 사람은 복이 있다." (잠언 3 : 18)

여기서 '생명의 나무'(a tree of Life)는 다윈의 진화론을 잘 요약해 주는 '생명의 나무' 개념에 대한 흥미로운 비유이다.

굴드는 자신의 삶 속에서도 과학과 종교를 각각 존중했다. 굴드의 다음 이야기를 통해서 우리는 굴드의 말이 그의 생활과 다르지 않았음을 확인할 수 있다. 하루는 하버드 대학의 한 신입생이 굴드를 찾아와서 물었는데 그는 매우 성실하고 진지한 학생이었다고 한다.

> "굴드 교수님, 신과 진화론을 동시에 믿는 것이 정말 불가능한 일인가요?"

그 학생은 독실한 그리스도교인으로서 진화론을 전혀 의심하지 않았다고 한다. 그러나 기숙사의 룸메이트가 그리스도교인이면서 동시에 진화론자가 되는 것은 불가능하다고 하도 강력하게 주장했기 때문에 제기된 질문이었다. 종교적으로 불가지론자인 굴드는 질문한 그리스도교인 학생에게 진화론은 옳으며 동시에 기독교 신앙과 온전히 양립할 수 있다고 재확인시켜 주었다는 것이다.

굴드는 비중첩 교육권 영역(NOMA)이 긍정적인 면과 부정적인 면을 모두 가지고 있음을 부정하지 않는다. 굴드가 기대하는 바는, 과학과 종교 서로가 겸손한 태도를 취할 때 다양한 관심들이 교차하는 세상에서 중요한 결실을 얻을 수 있다는 것이다. 그래서 서로를 존중하는 논의가 이루어지기 위해서는 NOMA의 원칙이 필요하다. 굴드는 만약 인간에게 특별한 점이 있다면 신중히 생각한 다음에 말을 하는 유일한 생물로 진화했다는 점이라고 보았는데, 그에게 과학과 종교는 인간에게 꼭 필요한 두 가지 언어와 인지 체계인 셈이다.

1.2.2 다이슨의 언어와 인지

물리학자 다이슨(Freeman Dyson 1923-)은 종교와 과학의 문제를 다룰 때 신학은 자신에게 외국어와 같다고 전제하고, 종교에 대한 생각을 정리하여 일관성있는 지식 체계로 만들고자 노력한다. 다이슨은 초월적 목적으로서의 신이 우주와 함께 변화하면서 인지하게 된다고 본다. 그래서 인간이 신과 함께 변화한다면 그것은 시작이지만, 인간이 변화하지 않고 신의 뒤에 남게 된다면 그것은 종말을 의미한다. 이러한 신의 다양성을 그는 사랑하고, 신의 위대함이 그러한 다양성에 있다고 그는 생각한다.

다이슨은 종교의 다양성과 과학의 다양성이 당연하다고 생각한다. 따라서 종교와 과학은 서로의 자율성을 존중해야 하고, 서로의 오류가능성을 인정해야 한다는 것이다. 이러한 조건이 충족될 때, 종교와 과학은 함께 조화를 이루면서 공존할 수 있다. 그렇지만 조직화된 종교나 과학이 진리에 대한 독점권을 주장하는 순간, 갈등은 발생하게 된다.

다이슨은 과학과 종교가 자연을 내다볼 수 있는 두 개의 창이라고 본다. 과학은 영원히 지속되는 배움이며, 우리가 믿는 바를 틀렸다고 판단하고 증명해 줄 수 있는 힘이 있다. 그는 종교란 믿음의 문제가 아니라 삶의 방식이라고 생각한다. 그래서 믿음은 내가 틀릴 수도 있음을 인정하는 태도를 필수적 의무로 가지고 있으며, 따라서 믿음과 의심은 동전의 양면과 같다.

과학의 유물론(materialism)과 종교의 초월론(transcendentalism)은 양립할 수 있다. 이 두 관점은 서로 배타적이 아니라는 뜻이다. 다이슨이 보기에 물질은 많은 입자들이 결합할 때 나타나는 입자들의 행동방식이므로, 엄격한 의미에서 물질의 움직임은 예측할 수가 없다. 실험실에서 관찰하는 물질과 인간의 의식에서 관찰하는 물질 사이에는 종류의 차이가 아니라 단지 정도의 차이가 있을 따름이다. 그는 물질의 예측불가능성과 신의 예측불가능성 사이에 인간이 있다고 생각한다. 여기서 인간의 마음은 물질과 신으로부터 동일하게 입력값을 받을 수 있다. 따라서 과학의 유물론과 종교의 초월론은 양립불가능한 것이 아니며, 상호배타적인 것이 아니다.

물질은 신이 무엇이든지 할 수 있는 자유를 제한하지 않는다. 우주는 신의 최대 다양성의 원리(a principle of maximum diversity)에 의해 구성되었다. 그리고 이러한 다양성 안에는 무한성이 허용되어 있다. 그러므로 다이슨은 인간의 운명에도 무한성이 있다고 본다.

최대 다양성의 원리가 지켜진다면 종교와 과학의 양립과 조화는 충분히 가능하다. 종교와 과학, 두 창이 필요하다. 이 두 개의 창은 다양성을 유지해야 하므로, 하나로 통합될 필요가 없다.

1.2.3 파인만의 언어와 인지

노벨상을 수상한 물리학자 파인만(Richard Feynman 1918-1988)은 무신론자였지만 종교적 견해가 잘못된 것이라고는 생각하지 않았다. 그는 과학의 범위를 벗어난 진정한 지식이 있다는 사실을 인정했는데, 과학과 종교 사이에는 모종의 관계가 있다고 생각했다. 그래서 그는 이 관계를 찾아내기 위해서 질문을 시작해야 한다고 주장했다.

> "모든 것은 잘못되었을 가능성이 있습니다. 자 함께 살펴볼까요? 라고 말하면서 종교 이해하기를 시작하십시오."

파인만은 종교와 과학 사이에 갈등이 생기는 실제적 사례에서 출발한다. 종교적 가정에서 자란 청년이 아버지의 종교를 받아들이지 않고 거부하는 경우를 생각해 보자. 왜 이런 일이 생기는 것일까? 그는 다음 세 가지의 가설을 설정한다.

(1) 무신론 과학자들이 청년을 그렇게 교육했기 때문이다.
(2) 과학을 조금 배운 이 청년이 모든 것을 다 안다고 생각하기 때문이다.
(3) 청년이 과학을 제대로 이해하지 못했기 때문이다.

파인만의 분석에 따르면, (1)을 지지한다면 그것은 우리가 과학에 대하여 잘 알지 못한다는 것을 의미한다. (2)를 지지한다면, 그것은 미숙한 과학이 가지는 한계를 보여준다. 청년이 성숙해지면 미숙함으로부터 오는 오만을 버리고 다른 생각을 할 수 있다. (3)을 지지한다면 그것은 청년이 과학에 대하여 정확한 이해를 하지 못하고 있음을 보여준다.

무신론자로서 파인만은 과학은 신이 없음을 증명하는 학문이 아니라고 선언한다. 왜냐하면 그는 과학이 신의 부재를 논리적으로 증명할 수 있다고 믿지 않았기 때문이다. 신의 부재를 증명하는 것은 과학이 할 수 없는 일이다.

그렇다면 종교와 과학은 논리적으로 양립할 수 있는 것인가? 파인만은 그렇다고 생각한다. 과학에 대한 믿음과 신에 대한 믿음 사이에는 모순이 없다는 것이다. 그러므로 과학과 종교는 양립가능하다. 그러나 상호 간에 갈등이 없이 양립하는 차원에 이르기까지는 그리 쉬운 일이 아니다. 우선, 다음 두 가지의 문제를 극복해야 한다.

(1) 의문의 문제

(2) 비합리성의 문제

(1′) 의문(doubt)을 가지는 것은 과학에서 꼭 필요한 조건이다. 그런데 의문과 불확정성(uncertainty)을 종교에서 거부할 때 갈등이 생긴다. 의문과 불확정성을 버리면 과학은 퇴보할 수밖에 없기 때문이다. 그러나 그는 종교에서 다음과 같은 말을 수용할 수 있을 때, 과학과 종교는 양립할 수 있다고 본다.

> "나는 신이 존재한다고 거의 확신합니다. 의문은 아주 미미합니다
> (I am almost certain there is a God. The doubt is very small)."

과학자들이 신을 믿는다고 할 때, 그 의미는 과학과 모순되지 않으면서 의문을 허용하는 종교적 믿음이다. 절대적 확신이나 절대적 진리에 대한 지식을 고집한다면 과학과 종교는 양립할 수 없다. 우리가 우리의 무지를 인정하는 것이야말로 대단히 값진 일이다. 그래서 파인만은 과학이 참과 거짓에 대하여 말하는 것이 아니라, 확정성의 차이 정도(different degrees of certainty)에 대하여 말하는 것이라는 유명

한 정의를 남긴다. 불확정성 원리의 심오한 의미를 설파하는 양자물리학의 대가다운 인지와 언어이다.

(2′) 비합리성(the unreasonable)의 문제는 이해할 수 없는 비합리적인 주장을 만날 때 발생한다. 예를 들면, 태양이 지구 주위를 돈다는 식의 주장을 종교에서 고집할 때, 갈등이 생긴다. 검증된 과학적 이론과 부합하지 않는 종교적 주장이 상호 간의 갈등을 만든다는 것이다.

여기서 파인만은 종교가 가지는 세 가지 양상이 있다고 분석한다.

(1) 형이상학적 양상

(2) 윤리적 양상

(3) 영적 양상

(1′) 지구는 우주의 중심인가? 인간의 조상은 동물인가? 지동설이나 진화론과 관련된 다수의 갈등은 종교의 형이상학적 양상과 과학이 충돌하는 경우에 해당된다.

(2′) 과학은 종교의 윤리적 양상과 갈등을 일으키지 않는다. 예를 들면, 예수의 신성을 믿지 않으면서도, 얼마든지 예수의 윤리를 실천하는 훌륭한 과학자들이 있다. 여기에서 어떠한 모순이나 갈등도 존재하지 않는다. 파인만은 윤리적 차원에서는 과학과 종교의 영역이 독립적이라고 생각한다.

(3′) 파인만은 영적 양상을 가장 핵심적인 문제로 본다. 종교의 진정한 가치를 유지할 수 있는 문제이기 때문이다. 그래서 그는 종교가 형이상학적 양상의 절대적 신앙을 요구하지 않으면서, 힘과 용기의 원천이 되는 영감(inspiration)을 줄 수 있는지를 질문한다.

파인만은 과학과 종교의 질문과 그 언어를 구분한다. 종교적 질문과 언어의 형식은 다음과 관련된다.

"내가 이것을 해야 하나?"

반면, 파인만이 분석한 과학적 질문과 언어는 다음과 관련된다.

"내가 이것을 하면 무슨 일이 일어나는가?"

이 질문에 답을 찾기 위해서 과학자는 실험하고 관찰하며 검증한다. 하지만 종교인은 어떤 일이 일어나는지를 아는 지식만 가지고 대답하거나 판단할 수 없는 질문에 대한 답을 찾는다. 파인만은 과학적 질문과 언어, 종교적 질문과 언어, 이 둘을 현명하게 구분할 수 있다면, 그 사이에 모순이나 갈등이 있다고 보지 않는다.

1.2.4 콜린스의 언어와 인지

과학의 역사상 가장 큰 규모의 프로젝트로 불리는 인간 게놈 프로젝트(Human Genome Project)의 책임자 프랜시스 콜린스(Francis Collins, 1950~) 박사는 다음과 같이 말했다.

"오늘 우리는 신께서 생명을 창조할 때 사용하신 언어를 배우고 있습니다. 우리는 신의 가장 신성하고 성스러운 선물이 주는 복잡성과 아름다움과 경이로움에 그 어느 때보다도 큰 경외심을 가지게 되었습니다."

이 말은 2000년 6월 6일 미국의 대통령 빌 클린턴과 함께 총책임자 프랜시스 콜린스 박사가 발표한 연설에 담긴 내용이다.

인류는 놀랍고 새로운 과학적 경험을 했다. 생명의 암호를 성공적으로 해독한 초안이 공식적으로 발표되었기 때문이다. 인간의 생명 암호는 유전체를 뜻하는 게놈(genome) 안에 담겨 있다. 게놈은 한 세포의 핵 안에 있는 유전적 지시들(instructions)의 전체 집합이다. 게놈은 23쌍의 염색체로 구성되어 있고, 약 30억의 염기쌍으로 된 DNA 서열(sequence)을 가지고 있다.

인간의 생명의 언어는 약 30억 개의 알파벳으로 구성된 것임이 밝혀진다. 여기에서 알파벳은 네 가지의 염기, 즉 A(아데닌 Adenine), C(시토신 Cytosine), G(구아닌 Guanine), T(티민 Thymine)을 말한다. 하나의 DNA 분자는 두 가닥의 염기 서열이 서로 엮여 있는 이중나선의 형태를 갖추고 있다.

의학자이자 유전과학자인 콜린스는 『신의 언어: 과학자가 믿음의 증거를 표명하다(*The Language of God: A Scientist Presents Evidence for Belief,* 2006)』라는 저술을 통하여, 종교와 과학의 조화를 증명하고 조화의 목소리를 대변하는 일에 공헌하고자 한다. 신앙과 과학의 조화를 위해 그가 제시한 최적의 논리 체계는 바이오로고스(BioLogos)였는데, 바이오로고스는 '로고스를 통한 바이오스'(Bios through Logos), 종교적으로는 신을 통한 생명 또는 그리스도를 통한 생명을 상징한다. 바이오로고스는 유신론적 진화 사건(evolution)을 포함하는 설명체계이다. 콜린스에 의하면, 진화는 신을 부정하는 것이 아니라, 신께서 어떻게 활동하는가를 우리에게 보여주는 것이다.

콜린스는 바이오로고스를 과학 이론이나 과학을 대신하는 이론이라고 주장하는 것은 잘못이라고 강조한다. 바이오로고스는 과학이 대답하지 않거나 대답하지 못하는 문제를 다루는 논리시스템일 뿐이다. 신이 주신 생명의 언어를 해독하기 위해 콜린스가 사용하는 바이오로고스란 도구는 신앙과 과학이 조화를 이루기 위한 영적(spiritual) 논리 시스템이다. "우주가 어떻게 여기에 생기게 되었을까?" "생명의 의미는 무엇인가?" "사후에는 어떤 일이 벌어지는가?" 이러한 문제들은 과학에서 직접 다룰 수가 없다.

바이오로고스는 진화주의(evolutionism), 창조주의(creationism), 지적설계(intelligence design)의 주장과는 다르다.

(선택1) 과학이 신앙에 대하여 승리한다고 생각하는 사람은 '무신론'이나 '불가지론'을 선택할 것이다.

(선택2) 신앙이 과학에 대하여 승리한다고 생각하는 사람은 '창조주의'(creationism)를 선택할 것이다. 여기에서 창조주의란 용어는 성서문자주의자들이나 창조과학자들의 주장에 제한된 것이다. 그러므로 그리스도교 신학 내에서의 '창조신학'은 해당되지 않는다. 창조신학에서 해석하는 창조는 창조주의가 주장하는 내용보다 훨씬 더 풍부한 사건이기 때문이다.

(선택3) 신의 도움을 필요로 하는 과학을 생각하는 사람은 '지적설계론'(intelligent design theory)을 선택할 것이다.

반면, 종교와 과학의 갈등을 넘어설 수 있는 바이오로고스가 가진 여섯 가지 전제는 다음과 같다.

(전제1) 우주는 약 140억 년 전에 무에서 창조되었다.

(전제2) 확률적으로 대단히 희박해 보이지만, 우주의 여러 특성은 생명이 존재하기에 정확하게 조율되어 있다.

(전제3) 지구상에 처음 생명이 탄생하게 된 정확한 메카니즘은 알 수 없지만, 일단 생명이 탄생한 뒤로는 대단히 오랜 세월에 걸쳐 진화와 자연선택으로 생물학적 다양성과 복잡성이 생겨났다.

(전제4) 일단 진화가 시작되면서 특별히 초자연적으로 개입할 필요가 없어졌다.

(전제5) 인간도 이 과정의 일부이며, 유인원과 조상을 공유한다.

(전제6) 그러나 진화론적 설명을 뛰어넘어 영적 본성을 지향하는 것은 인간만의 특성이다. 도덕법(옳고 그름에 대한 지식)이 존재하고 역사상 모든 인간 사회에서 신을 추구한다는 사실이 그 예가 된다.

신의 언어를 이해하기 희망했던 콜린스에게, 과학은 신의 언어를 해독하기 위해 필요한 구문론(syntax)이다. 동시에 종교는 그 언어의 의미를 해독하기 위해 필요한 의미론(semantics)이다. 과학과 종교는 그 언어의 독자들을 위한 화용론(pragmatics)이 되어야 할 것이다. 문자와 문자 사이의 대응관계에 대한 탐색, 문자와 세계 사이의 대응관계에 대한 탐색을 넘어서, 텍스트 전체와 담론을 그 단위로 삼아 독자와의 대응관계를 탐색해야 한다.

1.3 이해하고 믿고, 믿고 이해하기 위하여

이해하는 일과 믿는 일에는 각각 고유한 영역이 있다. 둘 사이에는 같다고 볼 수 있는 지점이 존재하지만, 같다고 볼 수 없는 지점도 존재한다.

1.3.1 이해와 믿음의 갈등 관계

이해와 믿음이 서로를 제한하거나 파괴한다는 입장에 근거한다. 예를 들면, 갈릴레오의 종교재판은 종교적 교리와 믿음이 지성과 이해를 억압하고 파괴했다는 오명에서 자유로울수 없다. 이 모델에서는 이해와 믿음을 극단적으로 대조하거나, 이해와 믿음을 반비례 관계로 강요한다. 그래서 이해가 강해지면 믿음이 약해지고, 이해가 약해지면 믿음이 강해진다는 식으로 설정된다. 결국 극단적 지점에 이르러서는 이해와 믿음은 공존할 수 없다. 지성의 지배는 종교의 종말이고, 종교의 지배는 지성의 종말이라는 것이다. 이해하면 믿을 수 없고, 믿으면 이해할 수 없다.

1.3.2 이해와 믿음의 독립 관계

이해와 믿음은 전혀 다른 두 영역이라는 입장에 근거한다. 가령 "아테네와 예루살렘이 도대체 무슨 관계가 있단 말인가?" 여기서 아테네는 이해와 철학을 상징하고, 예루살렘은 믿음과 신학을 상징한다. 둘은 서로 관계가 없다고 보기 때문에, 상호 독립이라는 것이다. 이 모델에서는 이해와 믿음이 충돌할 일도 없지만, 동시에 조화를 이룰 일도 없다.

1.3.3 이해와 믿음의 조화 관계

이해와 믿음 사이에 조화로운 관계가 있다는 입장에 근거한다. 예를 들어, 서구의 역사상 과학에 최고이자 최대의 지원을 했던 기관은 다름 아닌 중세의 교회였다. 이 시기에 교회의 지원으로 대학(university)이 탄생했으며, 프랑스의 파리대학은 스스로를 '새로운 아테네'로 자처했다. 예루살렘의 교회와 아테네의 아카데미아가 결합한 셈이다. 지식의 발전을 위해 그 어느 단체보다도 많은 재정적 지원과 인적 지원을 했던 장본인이 바로 종교의 기관이었다.

1088년 이탈리아의 볼로냐 대학을 시점으로 시작된 대학은 1200년에서 1500년 사이에 유럽의 수십만명의 대학생을 키워냈고, 이들이 그리스 철학과 아랍의 과학을 배울 수 있었다. 가령, 1500년경 유럽의 60여개 대학에서 채택한 교과목과 교재의 삼분의 일 이상이 오늘날 '과학'에 해당되는 자연과학 혹은 자연철학에 관한 내용이었다는 사실에 주목할 필요가 있다. 특히 중세의 대표적인 사상가 아퀴나스(Thomas Aquinas)는 아리스토텔레스의 입장을 수용하여 자연철학과 신학이 조화될 수 있다고 보았다.

이해와 믿음의 조화로운 상호작용을 강조하는 사람들은 이해하기 위해 믿고, 믿기 위해 이해하자고 주장한다. 어떤 이는 이해와 믿음의 합일을 주장하고, 어떤 이는 이해와 믿음의 수렴을 주장한다. 여기서 확실한 전제가 있다면, 이해도 믿음도 목적이 아니라 수단이라는 인식이다. 내가 신에 대하여 관심(interest)을 가진다면, 나는 신과 나 사이(*inter*)에 존재하는 것(*esse*)이다. 그러한 나는 다음과 같이 이해와 믿음을 조화로운 도구로 사용할 수 있다.

1.3.3.1 이해하기 위하여 믿는다(*credo ut intelligam*)

인간이 정말 신을 이해할 수 있겠는가? 이 모델은 신을 이해하기 위해서는 먼저 신을 믿어야 한다고 주장한다. 그리스도교의 위대한 사상가 아우구스티누스(Augustinus)는 자신이 만난 신, 그리고 자신이 대화하는 신을 보기 위해서는 먼저 신에 대한 믿음이 필요하다고 생각한다(아우구스티누스의 과학과 신앙에 관하여, 부록3을 참조하기 바람).

인간은 진리를 이해하기 원한다. 그래서 인간은 계속 진리를 찾아다녔다. 하지만 인간은 진리를 발견하는 일에 성공하지 못한다. 그러던 어느 날 인간이 깨닫는다. 진리가 인간에게 수없이 찾아왔다는 것을. 진리는 인간을 찾아왔지만, 인간은 진리를 만나지 못하는 일이 벌어졌던 것이다. 인간에게는 찾아온 진리를 믿는 것이 필요했다. 인간은 자신에게 찾아온 그 대상이 진리임을 믿어야 진리를 이해할 수 있다. 여기서 믿음은 이해를 위한 전제 조건이다.

1.3.3.2 믿기 위하여 이해한다(*intelligo ut credam*)

인간이 정말 신을 믿을 수 있겠는가? 이 모델은 신을 믿기 위해서는 먼저 신을 이해해야 한다고 주장한다. 중세 스콜라철학의 아버지로 존경받는 안셀무스(Anselmus)는 그리스도인들에게 진정한 믿음이 없음을 간파했다. 종교가 지배하는 문화권에서 태어난 사람들이 말로는 믿는다고 하였지만, 안셀무스가 보기에는 진정한 믿음이 아니었다. 왜 이런 일이 벌어졌는가? 신을 진정으로 이해하지 못했기 때문에 생긴 일이다. 참으로 신을 믿기 위해서는 먼저 신에 대한 참된 이해가 필요하다(안셀무스의 과학과 신학에 관하여, 「과학의 눈으로 본 신학」을 참조하기 바람).

어떤 인간에게는 믿음이 없다. 그래서 신을 믿지 못한다. 그런데 그런 인간에게 신을 믿으라고 하는 것은 결코 문제의 해결이 될 수 없다. 믿음이 없는데, 그 문제를 무시하고, 믿으라고 무작정 계속 요구하기 때문이다. 하지만 인간에게는 보편적 인간이 가지고 있는 이해의 능력이 있다. 그러므로 인간이 가지고 있는 이해를 활용하여, 인간이 신을 믿을 수 있게 도와야 한다. 만약 신을 이해하는 사건이 성립하면, 신을 믿는 사건이 성립할 수 있다. 여기서 이해는 믿음을 위한 전제 조건이 된다.

1.4 경험의 학문과 추론의 학문이 동행하기 위하여

학문은 연구 대상에 대한 합리적 탐구와 해석을 추구하는 작업이다. 그런데 최근의 학문은 연구자에 대한 합리적 탐구와 해석을 추구하고 연구자와 연구 대상 사이의 관계 탐색을 추구하는 작업이라고 할 수 있다. 여기에서 합리적 탐구와 해석은 다음과 같이 두 가지의 큰 범주로 구분될 수 있다.

(1) 실험적 증명의 학문

연구 대상, 연구자, 그리고 그 상호작용 및 상호관계에 대한 관찰과 실험이 필수적인 학문이 있다. 이런 학문에서는 경험을 통하여 이해하는 과정이 필요하다. 예를 들면, 자연과학에 속하는 학문들이 포함된다.

(2) 논리적 증명의 학문

연구 대상, 연구자, 그리고 그 상호작용 및 상호관계에 대한 논리적 증명이 필수적인 학문이 있다. 예를 들면, 수학과 인문학, 사회과학의 여러 학문들이 포함된다.

학문(1)과 학문(2)는 증명 과정 이전의 전제(axioms)를 공유한다. 전제는 증명 이전의 학문적 출발점이다. 각 학문의 출발점으로서의 전제들은 증명을 거친 결과가 아니다.

전제가 없는 학문이란 존재할 수 없으며, 백지상태에서 출발된 학문은 없다. 예를 들어, 신학에서는 '신'이 그 전제이고, 현대 수학에서는 '실무한(the actual infinite)'이 그 전제이다.

학문(1)과 학문(2)는 전제를 참이라고 믿고 시작한다. 논리적으로 전제가 거짓인 경우는 배제한다. 그러나 위에서 말한 바와 같이 전제는 증명의 결과 즉 정리(theorems)가 아니라, 증명 이전의 원천적 조건이다. 그래서 현대의 학문은 모두 전제로서의 공리(axioms)를 가지고 있으며, 그 전제가 옳다는 믿음을 동반하고 출발하는 작업이다. 여기서의 믿음은 증명 완성을 위한 합리적 모험과도 같다.

2020년 노벨 물리학상을 수상한 펜로즈(Roger Penrose)의 고백에 의하면, 증명 이전에 과학자의 영감(inspiration)은 자신의 가설이 옳다는 강한 믿음을 준다. 그렇다면, 믿음은 바라는 것들의 보증이 되고, 믿음은 보이지 않는 것들의 증거가 될 수도 있는 것 같다.

이해를 추구하는 믿음(*fides quaerens intellectum*)은 가능한가? 가령, 그리스도교에서는 오랜 시간 동안, 신학은 이해를 추구하는 믿음이라고 정의했다. 또한 현대 학문의 공리(axioms)는 이해하기 위해

믿어야 하는 부분을 전제하고 있다. 경험의 학문과 경험법칙, 추론의 학문과 추론법칙, 이러한 두 귀중한 도구는 상호배타적인 것이 아니라 상호보완적인 조화를 향해 동행한다.

마음을 연구하는 인지과학과 같은 최신 학문들은 (1)과 (2)의 상호작용에 의해 구성되는 융복합적 경향을 보이고 있는데, 이는 경험법칙과 추론법칙의 상호작용에 의해 학제적으로 재구성되고 재편될 방향성을 말해준다.

최근 학제적 학문은 연구 대상들의 다양성과 연구 방법의 다양성을 제한하지 않는다. 예를 들어, 현대 수학에서 다루는 '무한'은 실험이나 경험을 통하여 다룰 수가 없지만, 현대 물리학에서는 수학적 대상인 무한의 값을 전제하고 연구를 진행한다. 이처럼 무한에 대한 믿음과 이해, 무한에 대한 이해와 믿음은 서로 조화를 이룰 수 있다. 경험의 학문과 추론의 학문 사이에도 작용과 반작용이 있는 것은 당연하겠으나, 두 학문은 충분히 동행할 수 있다. 지식은 신념에서 시작된 인지적 표상이다.

종교와 과학은 무엇인가를 설명하는 약속된 언어적 표상으로 구성된다. 이미 확립된 이론을 새롭게 인지하고 새로운 언어로 진술하는 것은 종교와 과학의 새롭고 의미있는 작업이 될 것이다.

종교와 과학은 어떤 실재에 대한 모델을 구축하는 질의응답의 시스템이 될 것이다. 알 수 없는 것을 서로 인정하는 것이 종교와 과학이 화해할 수 있는 유일한 방법이라는 주장이 있지만, 이해할 수 있는 것을 서로 인정하는 것이 종교와 과학이 참된 대화와 공감을 나눌 수 있는 시작이라고 믿는다.

02
인간은 호모 렐리기오수스이자 호모 사이엔티피쿠스이다

"과학이 진리냐고 물으면 나의 대답은 이렇습니다." "아니오, 우리는 무엇이 진리인지 알 수 없습니다. 발견하고자 노력하고 있는 중입니다. 그리고 모든 것은 잘못되었을 가능성이 있습니다."

- 파인만(Richard Feynman 1918~1988)

2.1 인류의 두 가지 유산

| 그림 1 | 리차드 파인만(Richard Feynman, 1918~1988). 양자전기역학의 업적으로 1965년에 노벨물리학상을 수상.

20세기를 대표하는 미국의 천재 물리학자 리차드 파인만(Richard P. Feynman)은 13세 무렵에 스스로 종교를 떠났다고 말하는 무신론을 대표하는 과학자였다. 그런 그가 왜 다음과 같은 말을 남길 수밖에 없었을까? ("The Relation of Science and Religion", *The Pleasure of Finding*

Things Out: The Best Short Works of Richard P. Feynman)

"내가 보기에 서구 문명은 두 가지 커다란 유산을 기초로 하고 있다. 하나는 과학의 모험정신, 즉 미지에 대한 모험 정신이다……. 또 하나의 거대한 유산은 그리스도교 윤리이다."

파인만은 "과학과 종교의 관계"라는 글에서 과학을 믿는 것과 신을 믿는 것 사이에는 아무런 논리적 모순이 없다고 결론지었다. 그러나 파인만은 모순이 없는 방식으로 과학과 신을 믿는 차원에 이르기는 쉽지 않으며 넘어야 할 장애물이 적지 않다고 보았다.

과학과 종교의 관계를 투쟁이라는 불편한 관계로 보았던 20세기의 인물 가운데 대표적인 지성인은 러셀(Bertrand Russell)이다. 러셀도 인간의 사회생활에서 두 가지 주요한 측면이 있다면 하나는 과학이요 다른 하나는 종교라고 보았다(*Religion and Science*, 1935). 그런데 러셀의 예상대로 종교는 과학의 지배하에 결국 자연스럽게 소멸될 것인가? 그렇다면 지난 4세기 동안 과학이 종교에 대하여 일방적으로 지적인 승리를 거두어 왔다고 강변하는 러셀이 왜 그토록 종교의 영향력과 그림자를 의식하지 않을 수 없었던 것인가? 러셀과 마찬가지로 종교를 진화 과정의 부산물로 보는 사회생물학자 윌슨(Edward Wilson)과 진화생물학자 도킨스(Richard Dawkins)

| 그림 2 | 버트란드 러셀(Bertrand Russell, 1872~1970). 영국의 수리논리학자이며 철학가이자 문필가이자 사회운동가로도 유명하다. 러셀은 다음과 같이 말한 바 있다. "일반인들이 그림이나 시를 이해하지 못할 때에는 그것을 나쁜 그림이며 나쁜 시라고 결론을 내린다. 그런데 그들이 상대성 이론을 이해하지 못할 때에는 자기가 받은 교육이 충분하지 못했다고 생각한다."

도 신을 믿는다는 것과 과학은 결코 양립할 수 없다고 주장하는 대표적인 과학자들이다.

물리학자 아인슈타인은 과학과 종교 사이에 진정한 대립이 있을 수 없다고 역설하였다(*Ideas and Opinions*). 아인슈타인에 의하면 과학은 '무엇이다(what is)'를 확인할 수 있을 뿐 '무엇이어야 한다(what should be)"를 확인할 수는 없다. 종교는 목적의 문제를 다루지만, 역시 그 설정한 목적을 달성하기 위해서 그에 합당한 방법들을 과학으로부터 배워왔다. 아인슈타인은 과학과 종교의 관계에 관하여 다음과 같은 명언을 남겼다.

| 그림 3 | 알베르트 아인슈타인 (Albert Einstein, 1879~1955).

> "실재의 세계를 지배하는 법칙은 합리적이어서, 이성으로 이해할 수 있다고 믿는 신념 역시 종교적 영역에 속하는 것이다. 나는 그러한 심오한 신념이 없는 과학자를 진정한 과학자라고 여길 수 없다. 이 상황은 다음과 같은 이미지로 표현될 수 있다. '종교 없는 과학은 온전히 걸을 수 없으며, 과학 없는 종교는 온전히 볼 수 없다(Science without religion is lame, religion without science is blind.).'"

인간의 역사는 종교의 역사이며 동시에 과학의 역사이다. 과학과 종교라는 두 요소는 인류의 역사에서 가장 오래된 흔적이며 또한 누구도 지울 수 없는 선명한 흔적이다. 그 흔적 위에서 인간은 오늘까지 자연 속에서 생존의 길을 걸어왔고, 한편으로는 자연을 바꾸는 문화를 이루어 왔다. 인간은 한편으로는 지성을 사용하였고, 또 다른 한편으로는 믿음을 사용하여 오늘까지 걸어온 것이다. 역사적으로 과학 활동과 종교 활동이 서로 원만하거나 조화를 이루는 때가 있었다. 과학 활동과 종교 활동이 대립하고 충돌할 때도 있었다. 예를 들어, 그리스도교가 프톨레마이오스의 지구 중심설과 가까이 지내던 시기가 있었고, 반면에 코페르니쿠스의 태양 중심설과 가까이 지내던 시기가 있었다. 과학과 종교 사이에 관계의 양상은 달랐어도 언제나 관계는 성립되어 있었다.

2.2 인간, 우주의 막내

인간은 우주에서 가장 놀라운 '정보처리시스템'임에 틀림없다. 현대의 인간은 자연적으로 주어진 눈으로는 도저히 볼 수 없는 것을 전파망원경이란 확장된 눈을 만들어서 100억 년 이전의 모습을 보고 있다. 자외선 관측망원경을 통해서는 140억년 전까지 보고 있다고 한다. 현재까지 우리가 아는 한, 인간은 우주 역사상 이런 일을 할 수 있는 유일한 존재이다. 그런데 140억 년 전까지 돌아볼 수 있는 인간이 우주의 역사 속에서 등장한 시점은 언제였던가?

현재까지 알려진 우주의 나이는 140~150억 살이다. 우리는 150억 년을 1년으로 환산하여 우주의 역사를 다음과 같이 한 해 단위의 우주 캘린더로 작성해볼 수 있다.

우주의 캘린더 1월 1일에는 빅뱅이 있었다고 기록될 수 있다. 계산상 우주의 10억 년을 우주의 캘린더 내에서는 약 24일 정도로 보면, 최초의 별이 출현한 것은 2월 17일 경이 된다. 은하의 형성은 4월 1일이었다. 태양계가 만들어진 것은 9월 9일 경이었고, 우리가 살고 있는 지구의 생일은 9월 14일이었다. 9월 25일은 40억 년 전 생명체가 나타난 날이었다. 크리스마스 이브에는 어떤 일이 있었을까? 창조주는 지구에 크리스마스 선물로 공룡을 보내 준 셈이다.

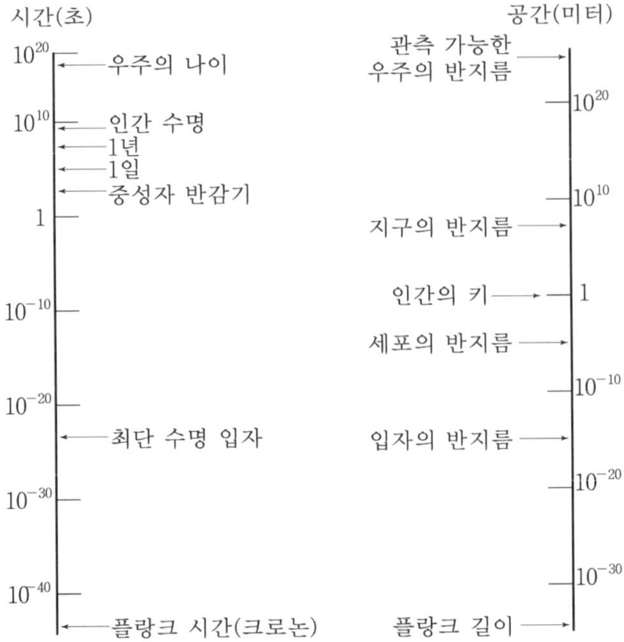

| 그림 4 | 우주의 시간과 공간

인간의 기록된 모든 역사는 결국 12월 31일의 매우 늦은 저녁 시간 한 순간에 불과하다. 12월 31일 저녁 11시 53분 정도가 '슬기인간'(*homo sapiens*)이 최초로 등장한 시각이다. 만일 문명의 시작을 농업으로 본다면 밤 11시 59분 20초부터 인류의 문명은 시작되었다. 예수 그리스도의 탄생은 밤 11시 59분 56초가 된다. 그러므로 기원전(Before Christ)과 기원후(Anno Domini)로 나누어지는 사건은 4초 전의 일에 불과한 셈이다.

과학에서 실험적 방법이 나타나고 정립된 것은 언제부터였을까? 지금으로부터 1초 전인 12월 31일 밤 11시 59분 59초로 표시된다. 아마도 우주 캘린더에서 한 개인의 등장과 퇴장을 표시할 수 있는 좋은 방법을 찾아보겠다는 노력은 필요하지 않을 것이다.

우주 공간에서 개인을 표시한다면 어떻게 될까? 우주에는 약 1,000억 개의 은하가 있고, 우리가 살고 있는 은하가 약 1,000억 개의 별들이 중력으로 묶여 있다고 한다. 그 가운데 지구라는 하나의 별 안에 몸담고 있는 것이 인간이다. 우주 속에 인간의 위치는 표현하기조차 난감할 정도로 미미하다.

개인의 몸은 약 100조 개가 넘는 세포로 구성된다. 그리고 그 세포 하나 속에는 또한 약 100조 개의 원자가 있다. 그렇게 보면 개인도 원자에 대하여 마치 우주와도 같은 존재처럼 여겨진다. 원자 3개가 나열되면 1나노미터 정도 되고, 1나노미터는 10억 분의 1미터에 해당되니, 한 개인 안에도 상당히 많은 원자를 담고 있는 셈이다. 그런 의미에서 개인의 책임이 실로 막중하다.

우주의 시간에서 표현한다면, 인간은 우주의 막내이다. 인간이 자신이 나타나기 훨씬 이전의 모습을 볼 수 있는 놀라운 능력을 소유하고 있는 것은 틀림없다. 또한 자신보다 엄청나게 큰 우주의 모습을 들여다 볼 수 있는 것도 사실이다. 그런 묘한 인간이 바로 우주의 막내이다. 인간의 위치를 우주의 시공간 속에서 진지하게 찾아보면 볼수록, 인간은 겸손해지지 않을 도리가 없다.

2.3 호모 렐리기오수스, 호모 사이엔티피쿠스

현상들이 일정한 법칙의 지배를 받고 있다고 인간이 생각하는 순간부터 과학은 시작되었을 것이다. 한편 과학이 인간에게 지어준 이름은 '호모 사피엔스'(*homo sapiens*)인데, 직역하자면 '슬기로운 흙덩이' 정도가 될 수 있다. 이 슬기로운 흙덩이가 '호모 렐리기오수스'(*homo religiosus*)로서 살아왔고 '호모 사이엔티피쿠스'(*homo scientificus*)

로서 살아왔다. 종교인이자 과학인으로 살아 남은 것이다.

이 세상의 많은 생물 가운데 오직 인간만이 신앙과 지성을 가지고 살아왔다. 인간은 믿음으로 미지의 영역에 도전했고, 이성으로 미신의 한계를 극복했다. 인간에게 종교는 믿음의 산물이요, 과학은 이성의 산물이었다. 인간을 온전히 이해하기 위해서는 누구도 과학과 종교의 세계를 피해갈 수 없다.

예를 들어, 학생은 지성과 믿음을 가지고 학교를 찾아온다. 먼저 지성을 동원하여 학교의 위치를 파악하고 학교까지의 적절한 운송수단을 선택해야 한다. 버스를 선택했다면, 학교를 지나는 버스를 찾아서 승차하고 학교 앞에서 하차하면 될 것이다. 버스를 타면서 학생은 날카로운 지성을 잠시 쉬게 하고 믿음을 동원한다. 적어도 잠시 동안 자신의 생명을 맡길 운전기사인데도 불구하고 운전기사를 조사하지 않는다. 처음 보는 사람인데도 그의 정체를 입증하지 않는다. 그리고 잠시 동안 자신의 생명을 맡긴다. 학생은 운전기사를 알았기 때문이 아니라 믿었기 때문이다.

이발소에 가는 남성들은 어떠한가? 이발을 끝낸 후 이발사는 면도를 해준다. 이발사는 면도를 위해 손에 칼을 든다. 누구도 이발사의 정체를 캐묻거나 분석하거나 확인하려 하지 않는다. 그리고 조용히 머리를 숙여 자신의 목을 이발사 앞에 내어 놓는다. 사실상 생명을 건 일대 모험이 아닐 수 없다. 이해하기 어려운 순종이 가능한 것은 분명히 이발사의 정체를 과학적으로 확인했기 때문이 아니다. 이발사의 머릿속에 어떤 특수한 프로그램을 저장해 놓고 조종하기 때문도 아니다. 다만 이발사를 믿었기 때문이다. 그러고 보면 사회생활이란 가히 지성과 믿음의 조화로 지탱되는 예술이 아닐 수 없다.

2.4 우리 시대가 풀어야 할 핵심 과제

파인만이 바라본 우리 시대의 핵심 과제는 다음과 같았다.

> "서구 문명의 두 기둥인 과학과 종교가 서로를 두려워하지 않으며 충분한 생명력을 가지고 함께 서 있을 수 있도록 받쳐 줄 수 있는 영감(inspiration)을 우리가 어떻게 얻을 수 있을 것인가?"

그에 의하면 이 과제를 풀어가기 위해서는 종교가 과학을 향하여 형이상학적 측면에서의 절대적 신앙을 요구하지 않을 필요가 있다. 이것은 파인만의 희망사항이기도 했다. 예를 들어, 종교의 이름으로 '태양이 지구 주위를 돈다'는 것을 믿으라고 요구하지 말아 달라는 것이다.

파인만은 우리가 과학과 종교의 과제를 풀어가기 위해서는 무엇보다 (1) 지성의 겸허함(the humility of the intellect)과 (2) 영혼의 겸허함(the humility of the spirit)이 필요하다고 주장한다. 우리는 이 말에 귀 기울이고 주목해야 한다. 지성의 겸허함과 영혼의 겸허함이 훼손되었을 때, 과학과 종교의 관계는 왜곡되었고 상호 대결이나 상호 충돌이 이어졌었다. 이것은 과학과 종교의 역사가 증명해 주는 살아있는 교훈이기 때문이다. 그리고 현재 우리가 직접 보고 경험할 수 있는 아직도 생생히 살아있는 현상이기 때문이다.

| 그림 5 | 갈릴레오 갈릴레이(1564~1642). 천문학자, 물리학자, 수학자.
코페르니쿠스의 지동설을 입증하여 근대 자연과학의 문을 열었다.

1992년 로마 가톨릭의 교황 요한 바오로 2세는 갈릴레오(Galileo)에게 사죄하고 그의 명예를 회복시켰다. 로마교황청이 1633년 6월 22일에 있었던 종교재판을 통해 갈릴레오를 이단으로 정죄하고 파면한 후 사과하기까지는 무려 359년이란 세월이 걸렸다. 한편, 갈릴레오는 종교 재판 이후에도 죽는 날까지 자신의 그리스도교 신앙을 버린 적이 없었다. 그는 이미 로마 가톨릭교회를 359년 전에 용서한 것이 아닐까? 과학과 종교의 만남 자체가 새로울 것은 없다. 다만 어떠한 자세로 만날 것이며, 만나서 무엇을 열매로 맺어 낼 것인가가 중요할 것이다(갈릴레오의 과학과 신앙에 관하여, 『과학의 눈으로 본 신학』을 참조하기 바람).

인간은 단순히 한계 안에 갇힌 정체된 존재가 아니라 한계를 넘어 계속 변화하는 존재이다. 그렇기 때문에 인간은 '호모 렐리기오수스'로 거듭날 수 있었을 것이고, 또한 '호모 사이엔티피쿠스'로도 거듭날 수 있었을 것이다. 인간의 과학도, 인간의 종교도 정체되지 않는 것이 가장 자연스러울 것이다. 정체됨은 지성과 영혼의 겸허함을 상실한 결과이며, 자기 성찰은 겸허함에서 시작되는 영감의 시작이다.

03
시스템으로서의 종교와 과학

"과학은 우주의 메커니즘을 알고자 하고, 종교는 우주의 의미를 알고자 한다. 이 둘은 서로 분리될 수 없다."
- 타운즈(Charles Hard Townes, 1915~2015, 1964년 노벨물리학상 수상)

종교란 무엇인가? 과학이란 무엇인가? 종교와 과학에 대한 질문은 다음과 같이 방향이 변경될 수 있다. 무엇이 종교를 이루어 가는가? 무엇이 과학을 이루어 가는가?

3.1 시스템이란

시스템은 무엇으로 이루어지는가? 가장 기본적으로는 (1) 구성 단위들(set)과 (2) 연산 작용 또는 논리 장치(operation), 이 두 가지를 만족하는 틀이 시스템을 이룰 수 있다. 예를 들어, (1)이 범주(category)에 해당하는 '명사들'이라면 (2)는 그러한 명사들을 연결해주는 매핑(mapping), 즉 '동사'에 해당된다. (1)이 '정보(information)'라면 (2)

는 정보를 처리하는 것(information processing)이 된다. (1)이 벽돌들을 모아 놓은 것이라면 (2)는 벽돌들을 규칙에 따라 쌓는 구성 방식이 된다. 시스템으로서 건물이 다르다고 할 때는 (1) 벽돌만 다른 경우와 (2) 구성 방식만 다른 경우와 (3) 벽돌과 구성 방식이 모두 다른 경우, 이 세 경우가 구분될 수 있는 것이다. 반면에, 두 건물의 모양이 세부적으로 모두 일치하지 않아도 (1) 벽돌과 (2) 구성 방식이 동등하다고 해석되면 두 건물을 동등한 시스템으로 볼 수 있다.

시스템은 종교와 과학을 함께 바라볼 수 있는 적절한 도구가 될 수 있다. 시스템으로 종교를 본다는 것은 시스템으로 과학을 보는 것 만큼이나 공정한 것이다. 일정한 종교를 시스템으로 본다는 것은 기본적으로 그 종교가 다루고 있는 (1) 고유한 재료들과 (2) 그 재료들을 다룰 수 있는 고유한 논리 장치를 살펴보는 것이 된다. 마찬가지로 일정한 과학을 시스템으로 본다는 것은 기본적으로 그 과학이 다루고 있는 (1) 고유한 재료들과 (2) 그 재료들을 다룰 수 있는 고유한 논리 장치를 살펴보는 것이 된다. 이를 통해서 그 시스템 사이의 특성이 조명될 수 있다. 그러므로 종교와 과학을 시스템으로 본다는 것에는 각각의 고유성을 분명하게 구별할 수 있을 뿐만 아니라 구조적 유사성을 비교해 볼 수 있다는 장점이 있다.

3.2 종교, 렐리기오 시스템

어떤 사건을 두고 종교라는 이름이 지어졌는가? '렐리기오'(*religio*)는 '레'(*re*)와 '리가레'(*ligare*)가 결합된 말이다. 레(*re*)는 (1) 시간적으로는 '다시'를 의미하고 (2) 공간적으로는 '중첩'을 의미한다. 그래서 종합적으로는 '강도의 증가'를 의미한다. 동사원형 리가레(*ligare*)는

'묶는다'를 의미한다. 그런데 이 말을 사용하기 위해서는 반드시 전제 조건이 필요하다. 분리된 대상이 전제되어야 한다. 하나의 대상에는 적용될 수가 없는 말이 '리가레'이다. 그러므로 '렐리기오'란 분리된 대상들을 다시 강력하게 묶는다는 사건을 설명하고 있다.

3.3 과학, 스키엔티아 시스템

어떤 사건을 두고 과학이라는 이름이 지어졌는가? '스키엔티아'(*scientia*)는 '앎'과 '봄'을 의미한다. '스키엔티아'의 동사원형은 '스키레'(*scire*)이고, 이것은 '스킨데레'(*scindere*)라는 동사원형과 어원적으로 같은 말인데 그 의미는 '자르다'이다. 결국 앎과 봄이란 곧 (1) 하나의 대상을 여러 가지 원소로 '분리'(divide)하는 과정과 사건이며, (2) 대상과 대상 사이를 '분별'(discern)하는 과정이며 사건이다. 현대에 이르러서 우리는 이러한 인지적 행동을 분석(analysis)이라고 하기도 하고 계산(computation)이라고도 한다.

종교가 묶는 과정이라면, 과학은 푸는 과정이다. 종교가 묶는 지혜라면, 과학은 푸는 지혜이다. 과학이 분별하는 시스템이라면, 종교는 통합하는 시스템이다. 종교는 통합하는 과학이요, 과학은 분별하는 종교이다.

3.4 관계, 오늘의 종교와 과학이 다루는 것

'신' 만을 대상으로 삼는다면 현대의 진정한 종교가 될 수 없을 것이다. 현대에 있어서 진정한 종교라면 '신과 인간의 관계'를 다룰 수 있어야 한다. 종교는 더 이상 신 없는 인간학이 아니요 인간 없는 신학이 아니다. 종교란 이러한 특정한 관계를 '믿음'이라는 논리 장치를 가지고 다루는 시스템이다.

'자연'만을 상대한다면 현대의 진정한 과학이 될 수 없다. 현대에 있어서 진정한 과학이라면 '자연과 인간의 관계'를 다룰 수 있어야 한다. 관찰자 없는 대상 연구가 아니요 대상 없는 관찰자 연구가 아니다. 과학은 자연과 인간의 관계를 '지성'이라는 논리 장치를 가지고 다루는 시스템이다.

현대에서 종교와 과학의 대상은 '무엇'이기 보다는 '무엇과 무엇의 관계'이다. 현대의 종교와 과학은 원하는 '목적어'만을 별도로 분리해서 다룰 수 없으며, '주어와 목적어의 관계'를 함께 다루어야 하는 시스템이다. 한 차원 더 올라가서, 종교와 과학은 종교 - 과학 상호작용을 통해서 서로 주어와 목적어의 관계(종교 - 과학, 과학 - 종교)로 수렴될 수 있어야 한다.

3.5 종교의 언어, 과학의 언어

종교 시스템과 과학 시스템은 언어를 가지고 있다. 이 언어는 구별되는 부분이 있다. 이를 살펴보기 위해서, 일상생활에서 사용되는 질문들을 다음의 두 가지 형태로 범주화 할 수 있다.

(1) "왜(why) 내가 이 일을 해야 하는가?"
(2) "어떻게(how) 내가 이 일을 할 것인가?"

이것은 다음과 같이 변형될 수도 있다.

(1) "내가 이 일을 하고 그 다음에 어떤 일이 일어나기를 바라는가?"
(2) "내가 이 일을 하면 그 다음에 어떤 일이 일어나는가?"

종교의 질문형은 (1)번과 관련되고, 과학의 질문형은 (2)번과 관련된다. 종교는 '왜'를 질문하게 하고 그에 대한 대답을 내준다. 그런데 과학은 '어떻게'를 질문하게 하고 그에 대한 대답을 내주기 때문이다. 종교는 '왜(why)'에 대한 질의응답 시스템이고, 과학은 '어떻게(how)'에 대한 질의응답 시스템이라 할 수 있다.

종교 시스템이 가진 언어는 과학 시스템이 가진 언어와 속성의 차이가 있다. 종교의 언어는 고백적 언어이지만 과학의 언어는 논리적 언어이다. 사랑을 성공적으로 고백한다는 것과 사랑을 성공적으로 설명하는 것 사이에는 얼마든지 차이가 있을 수 있다.

종교의 언어가 주관적 언어라면, 과학의 언어는 객관적 언어이다. 인간은 다른 인간의 마음을 움직이는데 주관적인 언어를 동원하기도 하고 객관적인 언어를 동원하기도 한다. 가령, 사랑의 고백은 한 사람에게만 받아들여지면 족하다. 그러나 사랑을 설명하는 것은 여러 사람이 납득할 수 있어야 한다.

비유하자면 종교의 언어는 시의 언어에 가깝고, 과학의 언어는 수학의 언어에 가깝다. 물론 우리에게는 동일한 사건을 바라보면서 시적 언어로 표현할 수도 있고 수학적 언어로 표현할 자유도 있다. 시가 시를 쓴 사람에 의해 완성되는 것이 아니라 읽는 사람에 의해서 완성된다면, 수학의 정리(theorem)는 읽는 사람에 의해서가 아니라 쓴 사람에 의해 완성되어야 한다. 만약, 수학의 정리를 시의 언어로 바꾼다면 어떤 일이 일어나겠는가? 만약, 시를 수학의 언어로 바꾸어 증명을 시도해야 한다면 어떤 일이 일어나겠는가? 두 시스템은 본연의 일을 수행하지 못하여 생명력을 잃게 될 것이고, 결국은 멈추게 되고 말지도 모른다.

종교의 언어를 과학 시스템의 기준을 가지고 적절하게 평가할 수는 없다. 마찬가지로 과학의 언어를 종교 시스템의 기준을 가지고 적절하게 평가할 수는 없다. 종교와 과학이 의사소통이 가능한 시스템이 되기 위해서는 먼저 종교의 언어와 과학의 언어 사이에 상호 인정할 수 있는 시스템 차원의 번역 장치를 갖추는 것이 필요하다. 그것이 종교와 과학을 위한 메타시스템(metasystem)이 될 것이다.

3.6 종교의 인지 구조, 과학의 인지 구조

인지 작용의 속성을 간략하게 인지 구조(cognition structures)로 정리하면 그림 6과 같이 표현될 수 있다.

인지 작용의 특징을 보여주는 전체의 공간은 좌우로 세 칸과 상하로 세 칸으로 되어 있으며 전체는 아홉 칸으로 구성된다. 수평 방향은 인지의 주체(subject)와 인지의 대상(object) 간의 관계를 나타내는 공간이다. 수직방향은 인지 구조 간의 관계를 보여주는 공간이다.

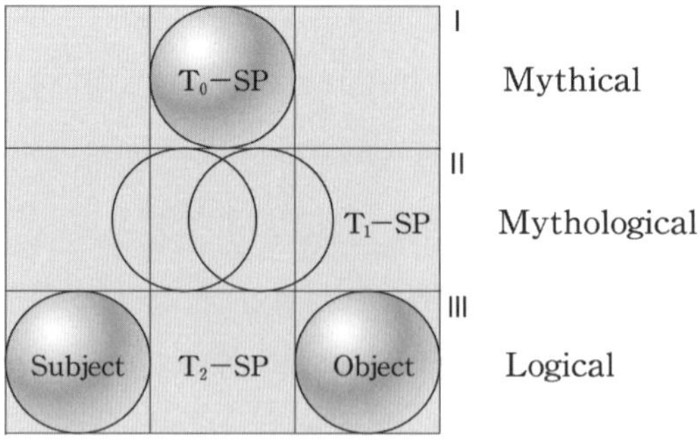

| 그림 6 | 과학과 종교를 이해하기 위한 인지 구조

3.6.1 I은 신화적 인지(mythical cognition)를 나타낸다. 신화적 인지에서는 인지의 주체와 인지의 대상이 구분되지 못한다. 단일체적(unary) 인지 공간이다. 예를 들면 신화적 인지 구조에서는 내가 신을 생각한다는 것은 곧 나를 생각하는 것이라고 여긴다. 그래서 나의 뜻은 곧 신의 뜻이라고 보는 것이다. 이것은 나와 신 간에는 다름이 없음을 전제하고 있기 때문이다. 예를 들어, 종교 현상에서 샤먼(shaman)이 엑스터시(ecstasy) 체험을 통하여 신성(sacred)과 세속(profane)의 완전한 일치가 일어난다고 하는 주장은 바로 신화적 인지의 전형적인 사례이다. 여기에서 샤먼이 신에게 찾아가는 일치를 '탈혼'(trance)이라 한다면, 신이 샤먼에게 찾아오는 일치를 '빙의'(possession)라 한다.

3.6.2 II는 신화논리적 인지(mythological cognition)를 나타낸다. 이것은 신화적 인지와 논리적 인지의 중간 단계이며 인지의 주체와 인지의 대상이 묶여 있으나 일정 정도의 구분과 분리가 가능하다. 겹치는 부분이 있다는 점에서는 신화적이나, 구분되는 부분이 있다는 점에서는 논리적이다. 따라서 신화논리적 인지에서는 인지의 주체와 인지의 대상 간에 '완전한 이분화'(dichotomization)가 허용되지 않는다. 대신 (1) 인지의 주체 공간과 (2) 인지의 대상 공간과 (3) 주체와 대상이 겹치는 공간, 이렇게 세 가지 속성의 인지 공간(trichotomic cognition)이 내재되어 있다. 말하자면 하나의 사건 안에 (1) '내'가 있고, (2) '상대'가 있고, 그리고 (3) 갈라지지 않은 '나와 상대'가 있다. 신화논리적 인지공간에서는 나와 신이 구분되는 존재이면서 동시에 분리될 수 없는 성격을 가진 존재로 인지된다. 나의 생각과 신의 생각이 공통되는 부분과 다른 부분을 함께 전제하는 경우도 역시 신화논리적 인지에서 나온 것이다.

3.6.3 III은 논리적 인지(logical cognition)를 나타낸다. 논리적 인

지에서는 인지의 주체와 인지의 대상 간에 완전한 구분 또는 선명한 분리가 이루어진다. 예를 들면, 논리적 인지에서는 나와 신은 완전히 분리된 존재이며 나의 생각은 신의 생각과 연속된 것이 아니라 불연속 관계에 있는 것이다.

그렇다면 종교는 어떠한 인지 공간을 가지고 있는가? 현대의 세계 종교는 신화논리적 인지 공간을 가진 시스템으로 볼 수 있다. 신화논리적 인지를 허용하지 않고 신화적 인지를 고수하는 종교는 현대의 종교가 되지 못했다. 또한 부족이나 민족의 테두리를 벗어나는 세계 종교가 되지 못했다.

과학은 어떠한 인지 공간을 전제하고 있는가? 과학은 논리적 인지 구조가 내재된 시스템으로 볼 수 있다. 특히 현대수학의 한 분야인 '위상수학'(Topology)에서는 인지 구조를 다룰 수 있는 다양한 성격의 추상 공간들을 논리적으로 다루고 있다. 그래서 신화적 인지공간에 해당되는 현대 과학의 위상공간은 'T_0 공간'이다. 신화논리적 인지 공간에 해당되는 현대 과학의 위상 공간은 'T_1 공간'이다. 논리적 인지 공간에 해당되는 현대 과학의 위상 공간은 'T_2 공간' 또는 '하우스도르프 공간'(Hausdorf space)이라 부르는 공간인데, 이 공간이 현대 과학의 언어와 방법에 해당하는 1차논리시스템(First-order logic system)을 이루어 주는 기본 공간이다. 현대의 종교는 현대 과학의 언어로 표현하여, 'T_1 위상 공간'이 그 바탕을 이루고 있는 시스템인 셈이다. 이렇게 종교와 과학은 서로 다른 성격의 인지 공간을 전제하고 있고 둘 사이의 관계 속성도 획일적일 수 없다.

가령 논리적 인지 공간(III)을 전제할 때, '하나' 더하기 '하나'는 '둘'이라는 계산이 성립될 수 있다. 그러나 신화논리적 인지 공간(II)에서는 하나 더하기 하나가 둘이 될 수 없다. 이처럼 인지 공간이 다르면 인지의 과정과 결과가 다를 수 밖에 없다. 종교에 내재한 계산 장치로 과학을 함부로 계산한다거나 과학에 내재한 계산 장치로 종교를 함부로 계산하는 것은 적절할 수 없고 또한 겸허함과도 거리가 멀다.

3.7 종교와 과학이 다를 때

종교와 과학은 몇 가지 면에서 상이하다. 여기에서 상이하다는 말은 둘이 완전하게 불일치한다는 것이 아니라 상대적으로 다른 강조점이 있다는 것을 뜻한다.

3.7.1 종교는 인간과 신의 관계(Relation)를 다루지만, 과학은 인간과 자연의 관계를 다룬다. 그러므로 각기 다루는 관계의 성격이 상이하다.

3.7.2 종교는 측정 불가능한 대상을 상대하지만, 과학은 측정가능한 대상(measurable object)을 상대한다. 가령, 종교에서 중요한 요소인 '신'은 측정가능한 대상이 아니다. 따라서 신에 대한 인간의 표현도 측정 불가능성을 전제하고 있다고 봐야 한다. 하지만 과학은 측정가능한 대상을 상대하는 시스템이다.

3.7.3 종교는 재현가능성을 만족시키지 못하지만, 과학은 재현가능성(reproducibility)을 만족시킨다. 예를 들자면, 과학은 실험이라는 방법을 통하여 과학의 이론을 만들고 그 결과를 입증한다. 그래서 과학에서는 언제든지 그 결과를 재현할 수 있어야 한다. 반면에 종교는 실험을 통하여 이론을 만들고 실험을 통하여 입증하는 시스템이 아니다. 종교적 결과는 언제나 재현될 수 있는 것이 아니다. 기적이 일어났다고 하자. 그런데 그 기적을 원하는 때마다 누구에게나 다시 보여

주기는 어려운 일이다.

3.7.4 종교는 예측가능성을 만족시키지 못하지만, 과학은 예측가능성(predictability)을 만족시킨다. 과학의 이론은 실험을 통하여 증명된 명제들을 모은 것이다. 그러므로 과학은 결과를 예측할 수 있는 속성을 가지고 있는 시스템이다. 하지만 종교에서는 결과를 예측하기 어렵다. 누가 신의 행동을 완전하게 예측하거나 결정할 수 있겠는가.

3.7.5 종교의 표현은 상징(symbol)에 해당하지만, 과학의 표현은 기호(sign)에 해당한다. 종교에서는 대상에 대한 일정한 정도의 인격적 참여를 전제한다. 이에 반해 과학에서는 대상에 대한 인격적 참여를 전제하지 않는다. 그리고 그 대상을 측정할 수 있다고 전제하고 기호로 표시한다. 과학은 그 기호들 사이의 관계를 모두 명확하게 설명할 수 있다는 시스템이다. 가령, 무한한 대상에 대하여 종교에서는 상징으로 표상할 수 있고, 과학에서는 기호로 표상할 수 있는 것이다.

3.8 종교와 과학이 같을 때

> "과학이라는 성의 입구에는 '신념을 가져라'라는 문구가 적혀 있다."
> - 막스 플랑크(Max Planck, 1858~1947, 1918년에 노벨물리학상 수상)

종교가 종교 시스템으로 다루어지고 과학이 과학 시스템으로 다루어질 때, 두 시스템의 의사소통 가능성은 보다 확장될 수 있다. 시스템으로서의 과학과 종교는 어떤 유사점을 공유할 수 있는가?

3.8.1 과학과 종교는 '진리'를 추구하는 시스템이다. 그리스도교의

역사에는 예수 그리스도에 대한 본성을 찾는 두 입장이 있었다. 그래서 일정 기간 예수를 인간으로 보기도 하였고 한편으로는 신으로 보기도 하였다. 모순되어 보이는 두 입장이 하나의 입장으로 조율될 수 있었던 것은 425년 칼케돈 회의의 신조(Chalcedonian Definition) 이후에나 가능한 일이었다.

현대 과학의 역사에는 빛의 본성을 찾는 두 입장이 있었다. 그래서 일정 기간 빛을 입자로 보기도 하였고 한편으로는 파동으로 보기도 하였다. 모순되어 보이는 두 가지 입장이 하나의 입장으로 조율될 수 있었던 것은 1928년 디랙(Paul Dirac, 1902~1984 영국의 수리물리학자, 1933년 노벨상 수상)의 양자장 이론(Quantum field theory) 이후에나 가능한 일이었다.

과학과 종교 자체가 진리인 것이 아니라, 진리를 찾아가는 진실된 질문과 겸허한 응답의 과정이다.

3.8.2 과학과 종교는 '개방형' 시스템이다. 미지의 세계에 대한 인간의 가장 자유로운 접근이 과학과 종교의 활동이다. 때로는 누구도 가지 않은 길을 가야 하는 일이 과학의 일이요 종교의 일이다. 따라서 진리를 향한 자유가 전제되지 않으면 종교나 과학은 성립될 수 없다. 진리를 향한 자유가 억압될 때, 과학과 종교는 왜곡될 수밖에 없다. 종교와 과학은 억압된 자유나 조작된 자유로부터 유도되는 모든 거짓 진리를 거부하는 시스템이 되어야 한다.

3.8.3 과학과 종교는 고유한 작업(operation)에 대한 신념(faith)을 공유한다. 종교는 믿는 바와 행하는 바를 신뢰하고, 과학은 작업가설(operational hypothesis)을 신뢰한다. 여기에서 신뢰는 어떠한 계산이나 증명 이전의 실천이다. 진리를 추구하는 원동력은 바로 이 신념

에서 나온다. 과학과 종교의 작업을 끝까지 지속할 수 있게 해주는 힘은 그 작업이 옳다고 하는 신념에서 나온다.

04

시스템으로서의 현대 종교

"종교란 (1) 작용하는 상징의 시스템으로, (2) 인간에게 강력하고 널리 미치며 오래 지속되는 분위기와 동기를 성립시키고, (3) 일반적인 존재의 질서 개념을 형성하며, (4) 그러한 개념에 사실성을 제공하여, (5) 분위기와 동기가 특이하게 실재적인 것으로 보이게 한다."(*The Interpretation of Cultures*)

- 클리포드 기어츠(Clifford Geertz, 1926~2006, 미국의 문화인류학자)

4.1 현대의 종교 시스템

하나의 시스템은 보다 작은 규모의 하위 시스템으로 구성될 수 있다. 종교라는 시스템은 다시 다양한 종교 시스템으로 구성되어 있다. 여기에서 '현대' 종교란 시간적인 기준으로 본 것인데, 단지 현재에 생성된 종교를 의미하는 것이 아니라 과거로부터 현재까지의 일정 기간 동안 존재하며 활동해 온 종교라는 말이다. 그래서 과거에는 존재했으나 현재 사멸된 종교는 현대 종교라 불릴 수 없다. 이런 기준에서 현대 종교에는 그리스도교(Christianity), 이슬람교(Islam), 불교(Buddhism), 유

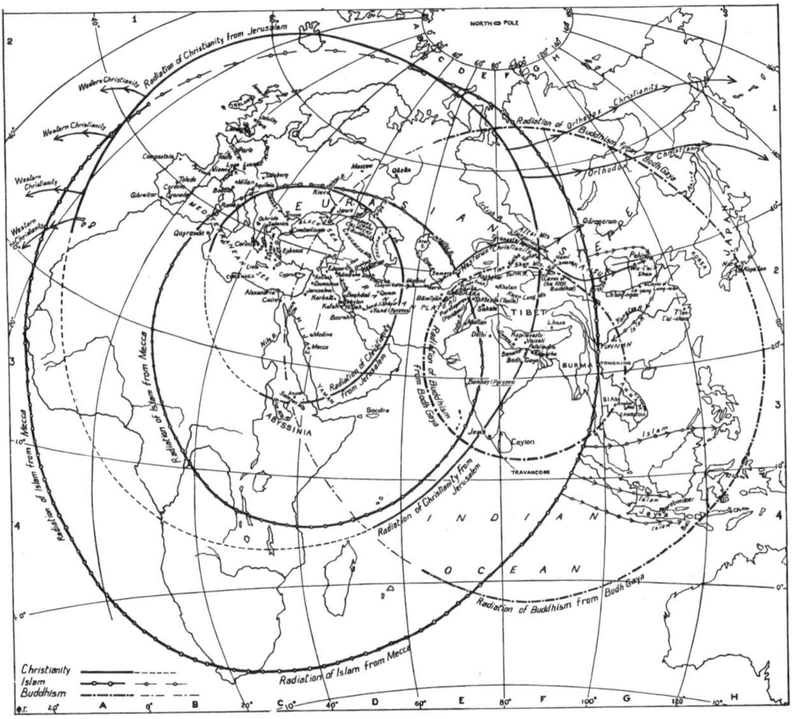

| 그림 7 | 그리스도교, 이슬람교, 불교의 확장

대교(Judaism), 힌두교(Hinduism), 유교(Confucianism), 도교(Taoism), 자이나교(Jainism), 시크교(Sikhism), 조로아스터교(Zoroastrianism)가 포함될 수 있다.

'세계' 종교란 공간적인 기준으로 본 것이다. 세계종교라 하면 인종과 민족과 지역의 단위를 넘어선 종교를 의미한다. 일반적으로 세계 3대 종교라 하면 (1)그리스도교, (2)이슬람교, (3)불교를 말한다. 학자에 따라 다소 차이가 있을 수 있겠으나 추가적으로 힌두교와 유교를 세계 종교로 포함하기도 한다.

여기에서는 동양의 유교와 도교와 불교와 서양의 그리스도교가 가

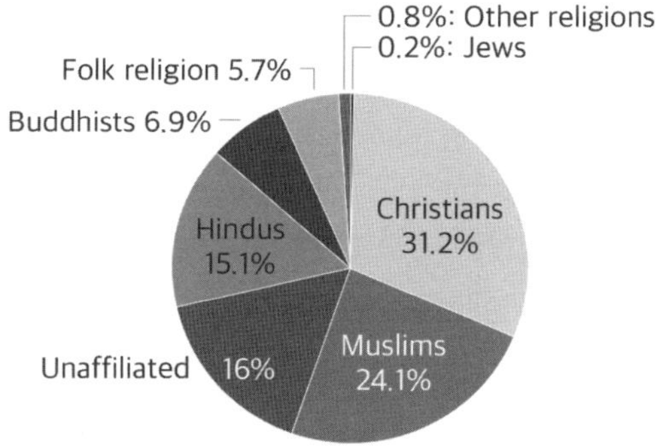

| 그림 8 | 세계 종교 인구(2015년 Pew Research Center)
그리스도교 22억 명, 이슬람교 18억 명, 무종교 12억 명, 힌두교 11억 명, 불교 5억 명, 민속종교 4억 명, 기타 6000만 명, 유대교 1400만 명 (전체 약 72억 명)

진 논리적 특성을 살펴보고자 한다(이에 관한 탁월한 해석은 한태동, 『사유의 흐름』을 참조하기 바람).

4.2 유교 시스템

유교 시스템이 가지고 있는 특징적인 논리는 공자의 '이중 긍정(double affirmation)'의 논리에 있다. 말하자면 '이것'은 '이것'에 맞게, '저것'은 '저것'에 맞게 처리하라는 것이다. 공자는 일관되게 '~답게'의 논리(suchness)를 가르쳤다. 『논어』의 위정(爲政) 2-17에서 다음의 대표적인 예를 볼 수 있다.

"'앎'의 필요충분조건은 '아는 것'을 '안다' 하고 '모르는 것'을 '모른다' 하는 것이다. (知之爲知之 不知爲不知 是知也)"

이것은 아는 것을 아는 것답게 처리하고, 모르는 것은 모르는 것답게 처리하라는 것이다. 동일 요소를 동일 요소에 맞게 작용시키는 논리이다. 이러한 논리 구조가 바로 '사람은 사람답게' 살아야 한다는 의미를 표현하는 '인'(仁)이라는 표제 글자에 함축되어 있다.

4.3 도교 시스템

노자의 도교는 유교의 이중 긍정과 대칭이 되는 논리를 가진 종교이다. 노자의 논리는 일관되게 긍정 요소(+)와 부정 요소(-)를 결합하는 '위무위(爲無爲)의 결합논리(paradoxical combination)'였기 때문이다. 『도덕경』의 49장에는 다음과 같은 사례가 있다.

"'이상적인 선'의 필요충분조건은 선하다는 사람에게 선하게 대하고 선하지 못하다는 사람에게도 선하게 대하는 것이다(善者 吾善之 不善者 吾亦善之 德善)".

이것은 '선하다고 인지되는 사람'을 '선'하게 대하고 '선하지 못하다고 인지되는 사람'을 마찬가지로 '선'하게 대해야 한다는 것이다. 여기에서 '함(爲)'과 '하지 않음(無爲)'을 황홀하게 엮는 논리인 '현'(玄)의 작용이 드러나고 있다. 현은 두 가지 끈이 얽혀 분리될 수 없는 하나를 이루는 논리를 표현한다. 노자의 가르침은 사람을 능히 좋아할 줄도 알아야 하고 능히 미워할 줄도 알아야 한다고 가르친 공자의 논조와 확연하게 차이가 있음을 알 수 있다.

4.4 불교 시스템

불교 시스템의 특징적인 논리는 석가의 '부정(negation)'의 논리에서 찾아볼 수 있다. 진리에 도달하는 여섯 가지 수행 방법을 의미하는 육바라밀의 구조와 논리는 육바라밀 시스템의 그림 9를 통해 이해될 수 있다.

지계(持戒)란 아집을 부정하는 것이다. 인욕(忍辱)이란 색계를 부정하는 것이다. 보시(報施)란 자기에 대한 집착과 세상에 대한 집착을 부정하는 것이다. 이것이 세속에서 부정하는 수행을 이룬다.

聖(+)	(佛)	6智慧 Prajna	(法)
	4精進 Virya		5禪定 Dhyana
俗(−)	2持戒 Silla		3忍辱 Ksanti
	(我)	1報施 Dana	(色)

| 그림 9 | 육바라밀 시스템

한편, 정진(精進)은 부처를 부정하는 것이며, 선정(禪定)은 불법을 부정하는 것이다. 지혜(智慧)는 곧 부처에 대한 집착과 불법에 대한 집착으로부터 자유로와진다는 부정이다. 이것이 거룩한 영역에서 부정을 수행하는 것이 된다.

그러나 『금강경』에 기록된 부처의 가르침에 의하면 이 모든 수행은 뗏목과도 같다(『금강경』의 정신희유분(正信稀有分)). 모든 수행은 인생이라는 고해를 건너 진리의 영역에 도달하기 위해 꼭 필요한 것이지만, 목적지에 건너간 후에는 버려야 할 것이 된다. 그래서 육바라밀이 뗏목과도 같다면 이 또한 부정해야 한다는 것이다. 즉 여섯 가지 방법으로 부정했다는 것, 이 자체를 또한 모두 부정할 수 있어야 한다.

결국 진리와 만나는 사건(*tathagata*)은 오는 곳에 대한 부정이요, 가는 곳에 대한 부정이다(如來者 無所從來 亦無所去). (『금강경』의 위의적정분(威儀寂靜分)) 불교시스템의 특징적인 논리는 (1) 분화된 요소들에 대한 철저한 부정(1차 부정)과 (2)부정을 다시 부정(2차 부정)함에 있다. (3) 주객(主客)의 이분화를 부정함으로써 화(和)를 이루고, (4) 성속(聖俗)의 이분화를 부정함으로써 평(平)을 이루게 된다. 여기에서, 무상정등정각(無上正等正覺)을 생각할 수 있다.

4.5 그리스도교 시스템

그리스도교 시스템의 특징적인 논리는 예수 그리스도의 '삼차원적 삼원일체(*3-Dimensional Triad*)'의 논리이다. 예수 그리스도의 가르침이 집약된 주기도문에 의하면 (1) 신과 인간(나)의 관계, (2) 자연(물질)과 인간(나)의 관계, (3) 인간과 인간(나)의 관계, 이 세 가지 관계가 중요하며 다음과 같이 표현되었다. (마태복음서 6 : 9~13)

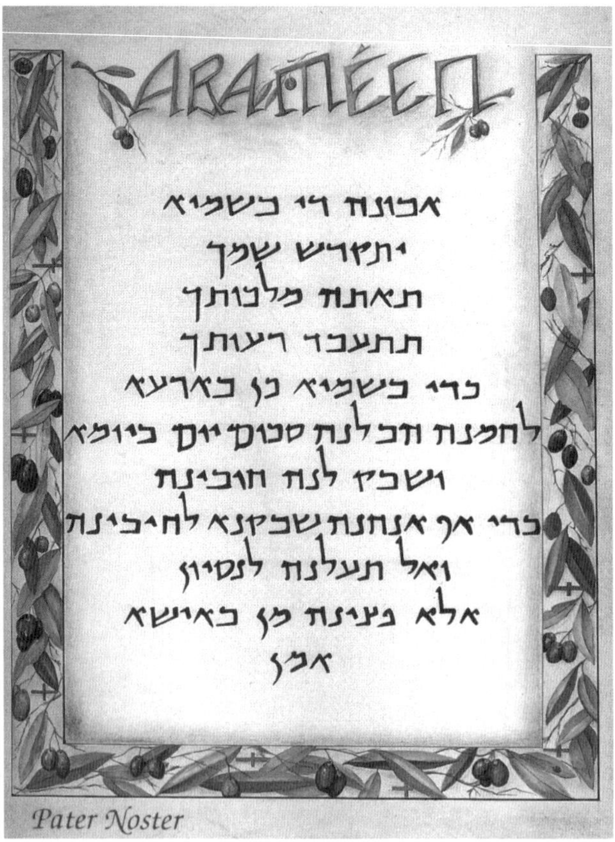

| 그림 10 | 예수께서 사용하셨던 아람어로된 주기도문

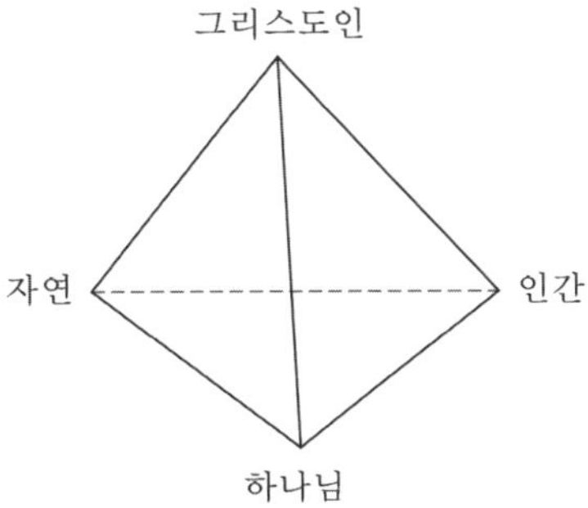

| 그림 11 | 그리스도교 시스템

(관계 1) 하늘에 계신 우리 아버지, 신의 이름이 거룩히 여김을 받으소서.

(관계 2) 오늘날 우리에게 일용할 양식을 주옵소서.

(관계 3) 우리가 우리에게 죄지은 사람을 용서하여 준 것 같이 우리의 죄를 용서하여 주옵소서.

예수는 이 세 가지 관계가 온전하게 이루어지는 것이 '신의 뜻'이며, 신의 뜻이 이루어지는 것이 바로 신의 '바실레이아(*basileia*: 나라, 다스림)'가 이루어지는 사건이라고 가르쳤다. 이러한 세 가지 관계를 현대적 용어로 표현하자면, (1) 종교적 관계, (2) 경제적 관계, (3) 사회적 관계라고 할 수 있다.

그리스도교 시스템은 그리스도교의 논리적 특성을 잘 나타내고 있다. 우선 (1) 신, (2) 인간, (3) 자연(물질)이라는 세 가지 요소가 있고, 각 요소와 '그리스도인(Christian)'과의 사이에는 세 가지 관계가 형성된다. 이러한 논리는 2차원 평면 공간 내에서가 아니라 3차원 입체 공간 내에서 구성될 수 있다(그림 11).

각 요소에는 동시에 세 가지 관계가 형성되어 있다는 것도 특징적이다. 그래서 한 요소는 언제나 다른 세 가지 요소와 연결되어 있다. 예를 들자면, 그리스도인이란 한 가지 요소는 세 가지 요소(신, 자연, 인간)와 연결된 세 가지 관계를 가지게 된다. 언제나 세 가지 요소가 한 요소와 연결된 상호작용이다.

그리스도인'(*Christianos*)이란 그리스도를 따르는 사람들(the followers of Christ)이라는 말이다.

그리스도교에서 신의 '바실레이아'가 완성되는 가장 중요한 사건은 예수의 '십자가'와 '부활'이란 사건이다. '예수'라는 이름은 본래 '신의 구원'을 뜻하는 말이다. 따라서 예수를 믿는다는 것은 곧 신의 구원 사건을 믿는다는 것이다.

예수 당시의 유대의 종교지도자들은 예수에게 신성 모독의 죄를 물었는데, 종교재판을 이용하여 유죄를 선고하고 돌을 던져 처형하려고 하였다. 그러나 당시 식민통치를 하고 있던 로마 당국이 개입함으로써 로마의 법정에서 로마에 대항하는 정치범을 잔혹하게 처형하는 '십자가'형으로 예수는 죽음을 맞이하게 된다. 그런데 구약성서 『신명기』 21장 22~23절에 의하면, 십자가형은 유대교 내에서 신이 저주한 죽음을 상징하는 일이었다. 그래서 유대교의 문화 안에서는 예수의 죽음이 저주받은 죽음이라고 간주되었던 것이다.

견딜 수 없는 처참한 고통을 동반하는 십자가의 처형 앞에서 예수의 제자들은 한 사람도 예외 없이 자신들의 스승을 버리고 살아남기 위해 도망갔다. 그러나 불과 사흘이 지난 후에 상황은 급변했다. 살기 위해 도망가서 숨어있던 제자들이 다시 세상으로 나와서 예수의 이야기를 전하며 선교 활동을 벌이기 시작한 것이었다. 더욱이 예수의 제자들은 기꺼이 자신들의 목숨을 바쳐 도처에서 순교의 역사를 기록했다.

| 그림 12 | 렘브란트의 <그리스도, 1650> 그는 내면의 빛을 표현하고자 노력했다.

도대체 제자들의 비겁한 도피와 용감한 출현 사이에 어떤 일이 있었던 것일까? 어떻게 겁쟁이 도망자들이 용감한 순교자로 변할 수 있었을까? 그들은 무엇을 보았던 것일까? 성서는 그 해답이 부활 사건에 있다고 말해준다. 도저히 믿을 수 없는 사건, 죽었던 예수가 다시 살아나 제자들을 만난 사건이 있었기에 도피했던 제자들이 모두 목숨을 건 선교를 감행하게 되었다는 것이다. 성서에는 부활 사건이 일어나는 과정(과학의 영역)에 대해서 한 마디도 언급되어 있지 않다. 다만 부활 사건의 결과와 부활 사건의 증인들의 삶을 통해 부활 사건의 의미(종교의 영역)를 전해주고 있다.

그리스도교는 예수라는 인물이 '그리스도'(히브리어 '메시아'를 번역한 그리스어)임을 고백하는 종교이다. 유대교는 예수가 메시아였다면 그토록 저주받은 죽음을 당하지 않았을 것이라고 주장한다. 반면 그리스도교에서는 바로 그렇기 때문에 예수는 진정한 메시아라고 믿는다. 그리스도교에서는 십자가에 달린 예수 그리스도는 인간을 구원하기 위해 스스로 저주받은 죽음을 감내한 신이라고 고백한다.

| 그림 13 | 맥그라스(Alister McGrath, 1953~) 영국의 분자생물학자이자 신학자. 그는 원래 무신론자였으나 옥스퍼드대학교 학생 시절에 그리스도교인이 되었다. 과학과 신학 분야의 대표적인 저서로 「과학 신학」(A Scientific Theology, 3 Vols.)이 있다.

예수의 부활 사건을 경험한 제자들은 죽음을 두려워하지 않고 오히려 죽음을 넘어서는 선교 활동을 전개하게 되었다. 그래서 예루살렘의 한 다락방에서 120명으로 조용하게 시작된 그리스도교는 오늘날 전세계 인구의 최대 종교가 되었다.

그리스도교의 생명력은 십자가와 부활의 신비로부터 나온 것이다. 영국의 과학자이며 신학자인 맥그라스 교수가 했던 고백처럼, 십자가와 부활의 신비는 우리의 질문을 기다리는 사건이 아니라 우리에게 질문을 던지는 사건이다.

05
시스템으로서의 현대 과학

과학은 옳고 그른 것에 대해 진술하는 것이 아니다. 과학은 우리에게 알려진 것의 확정성의 정도를 진술할 뿐이다.

- 파인만(Richard Feynman 1918~1988)

5.1 현대의 과학 시스템

피코크(Arthur Peacocke)는 성공회 성직자이자 신학자이자 생화학자로서 옥스퍼드 대학에서 신학과 과학 두 분야에서 박사학위를 받았고 교수로 활동하였다. 2001년에 종교의 노벨상이라 불리는 템플턴상을 수상한 그는 과학을 전세계적 언어라고 본다. 그는 인지과학자인 베흐텔(W. Bechtel)과 아브라함센(A. Abrahamsen)의 간략한 도표를 정교하게 다듬어서, 현대 과학 시스템을 잘 보여주는 일종의 과학 지도를 제작하였다.[1] 이 도표(그림 14)는 현대 과학 시스템을 쉽게 이해하는 데 좋은 길잡이 역할을 한다. 우리는 이 지도를 통해서 과학의 다양성과 상호관계를 살펴볼 수 있다.

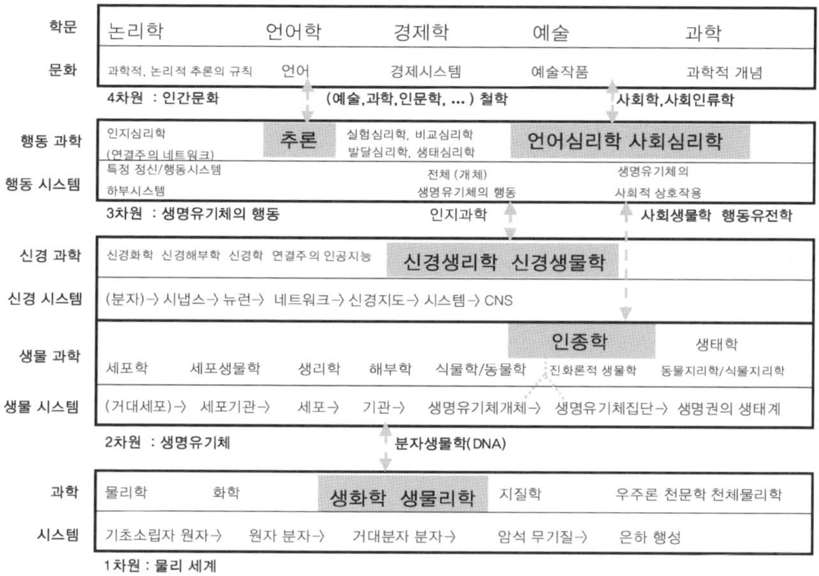

| 그림 14 | 현대의 과학 시스템

5.2 상위 차원과 하위 차원

현대 과학 시스템은 4개의 차원으로 구성된다(그림 14). (1) 물리 차원 → (2) 생명유기체 차원 → (3) 행동 차원 → (4) 인간문화 차원은 하위 수준(lower level)에서 상위 수준(higher level)으로 배열한 것이다. 하향은 물리적 수준을 향한 것이며, 상향은 추상적인 수준을 향한 것이다. 예를 들어, 신경과학은 생물과학보다는 상위 수준에 있지만, 행동과학보다는 하위 수준에 있는 것으로 분류될 수 있다.

상위 차원과 하위 차원 사이에는 넘기 어려운 불연속성이 있다. 가령, (1) 물리의 세계는 (2) 생명유기체가 전제하고 있는 '생명'을 포함하지 않는다. (2) 생명유기체 차원은 '생명유기체의 행동'을 포함하지 않는다. (3) 생명유기체의 행동 차원은 인간의 고유한 영역으로 분류되는 요소들을 포함하지 않은 차원이다. (4) 인간문화 차원이란 다른 동물들과는 엄연하게 구별되는 인간 고유의 지능적 행위들을 전제로 한다.

5.3 다리를 놓는 과학

20세기 이후 현대 과학의 가장 특징적 현상은 상위 차원과 하위 차원 간의 '다리놓기'라고 할 수 있다(그림 14). 우선 DNA연구로 대표되는 분자생물학은 물리 차원과 생명 차원을 연결하는 역할을 하였다. 물리적 현상으로부터 생명의 현상을 연결하여 다룰 수 있는 길을 열어준 것이다.

수직 방향으로 상하위 차원 곧 상하위 수준을 연결하는 과학은 현대의 특징이다. 1950년대에 분자생물학은 1차원과 2차원을 연결해 주었다. 인지과학은 1960년대에, 사회생물학과 행동유전학은 1970년대에 2차원과 3차원을 연결해 주고자 탄생한 과학이다. 3차원과 4차원을 연결해 주는 과학으로는 철학 및 사회학이 거론될 수 있다.

5.4 복잡성

현대 과학 시스템에는 일종의 복잡성(complexity)이 반영되어 있다(그림 14). 복잡성이 가장 높은 영역은 4차원의 가장 오른쪽에 위치한 복합과학이 다루는 과학적 구상이고, 복잡성이 가장 낮은 영역은 1차원의 가장 왼쪽에 위치한 기초 소립자와 원자이다. 아래에서 위로 올라갈수록, 즉 하위 수준에서 상위 수준으로 올라갈수록 복잡도는 증가한다.

가령, 우리의 뇌의 복잡성은 적어도 세 가지 차원에서 살펴보아야 한다. 먼저 가장 하위 수준인 뉴런의 차원에서의 복잡성을 보아야 하고, 뉴런과 시냅스가 연결된 차원에서의 복잡성을 보아야 하고, 마지막으로는 자의식(Self-Consciousness) 차원에서의 복잡성을 보아야 한다. 이 우주에서 인간의 자의식은 은하나 행성보다 복잡하다. 과학적으로 파악하기 위해서는 그만큼 고려해야 할 변수가 많다는 뜻이다.

동일한 차원 내에서도 복잡성의 차이가 있다. 이것은 부분과 전체의 문제와도 관련이 있다. 예를 들어, 가장 복잡한 차원인 문화의 차원에 의하면 논리학은 언어학보다 단순한 것을 다룬다. 이것은 논리적 추론의 규칙이 언어 내의 한 부분이라는 것을 의미한다. 반면에 경제 체제는 언어보다 더욱 복잡하며, 언어는 경제 체제의 한 부분이 된다.

5.5 부분과 전체

인간을 살펴보기 위해서는 물리학적 차원과 생물학적 차원과 행동과학적 차원과 문화적 차원에서 접근해야 한다(그림 14). 여기에서, 문화란 자연적으로 주어진 환경을 변화시킨 인간 행위의 과정과 결과를 의미한다. 인간은 분명히 물리적 존재이며, 동시에 생물학적 존재이고 행동과학적 존재이나, 특별히 문화적 존재이다. 그래서 이 모든 차원의 연구가 필요하다.

물리학적 분석의 결과를 두고 인간 전체를 설명했다고 할 수는 없다. 그것은 인간의 물리적 속성을 설명한 것이며 인간의 한 부분을 규명해준 것이다. 이어서 인간의 생명을 설명해주는 과학이 필요하고 또한 인간의 행동을 설명해 주는 과학이 필요하다. 그리고 마지막으로는 인간만이 가지고 있는 문화가 설명되어야 한다. 그때에야 비로소 인간에 대한 전체적인 조망이 이루어진다.

이처럼 과학에서는 어떤 대상을 전체의 차원에서 다룰 수가 있고, 어떤 경우에는 부분의 차원에서 다룰 수가 있다. 그 다음의 문제는 전체와 부분의 관계를 어떻게 볼 것인가에 달려 있다. 만약 전체가 부분의 합이라면, 굳이 복잡한 전체를 다루기보다는 나누어진 부분을 다루는 것이 효과적일 것이다. 그러나 만약 전체가 부분의 합 이상이라면, 부분에 대한 연구를 통하여 전체의 속성을 온전하게 파악할 수 없을 것이다. 바로 이 점에서 고전 과학 시스템과 현대 과학 시스템은 다른 견해를 가지고 있다.

5.6 현대 과학, 무엇이 다른가

> 과학은 오류가 체계적으로 비판되고 적절한 시기에 수정되는 유일한 인간 행위일 것이다.
>
> - 칼 포퍼(Karl Popper, 1902~1994 오스트리아의 과학철학자)

인간은 새로운 과학적 문제에 직면하였을 때 두 가지의 방향으로 문제를 해결하려고 하는데, (1) 현재 가지고 있는 과학 시스템을 확장하거나, (2) 현재 가지고 있는 과학 시스템과는 다른 새로운 과학 시스템을 만들어서 해결하고자 한다. (1)이 연속적인 확장이라면 (2)는 불연속적인 대체에 해당한다. 20세기 이후에 등장하는 현대 과학 시스템도 상대성 이론과 양자 이론 이전의 고전 과학 시스템과의 연속적 면과 불연속적인 면을 지니고 있다(그림 17). 현대 과학의 이론은 고전 과학의 고전 이론(classical theory)과는 확연히 구별되는 새로운 특성을 가진 시스템으로 구축되었는데, 두 이론 사이의 차이점을 살펴보면 다음과 같다.

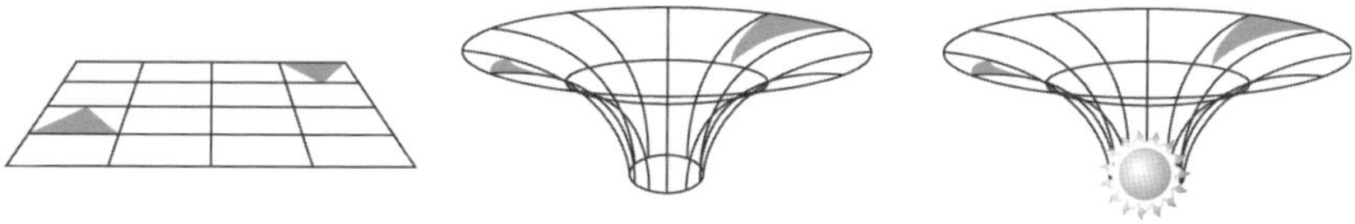

| 그림 15 | 우주에 대한 고전적 우주 공간과 리이만 공간과 아인슈타인 우주 공간

5.6.1 고전 과학은 거시 세계(Macro World)의 과학이지만, 현대 과학은 미시 세계(Micro World)의 과학이다. 현대 과학은 원자 수준의 미시적인 세계를 다루는 시스템이다(그림 21). 미시 세계를 다루면서 과학자들은 거시 세계의 법칙이 더 이상 적용되지 않는다는 것을 깨닫게 되었다. 그리고 미시 세계에 적용되는 법칙을 추구한 결과로 양자 이론(quantum theory)을 구성하게 되었다.

5.6.2 고전 과학은 연속적(continuous) 물리량을 다루는 과학이지만, 현대 과학은 불연속적(discrete) 물리량을 다루는 과학이다. 고전 과학 시스템은 물리량을 연속적인 것으로 전제하고 다루었으나, 현대의 양자 이론에서는 물리량을 불연속적인 대상으로 다루게 되었다. 불연속적인 물리량은 실수가 아닌 정수의 값으로 이해된다.

힘	작용 범위	상대적 세기	작용 대상	운반 입자
중력	무한대	10^{-39}	모든 입자	중력자
전자기력	무한대	10^{-2}	전기적 전하를 띤 입자	광자
약력	10^{-15}cm	10^{-5}	렙톤과 하드론	W, Z 보손
강력	10^{-13}cm	1	색 전하를 띤 입자	글루온

| 그림 16 | 물리 시스템의 네 가지 기본 힘

5.6.3 고전 과학은 결정론적 접근(determinism)이지만, 현대 과학은 비결정론적 접근(non-determinism)이다. 고전 과학은 모든 것을 분석하면 확실하게 알 수 있다고 생각한 시스템이었다(그림 18). 세계를 하나의 거대한 기계 장치로 보았기 때문이다(mechanism). 그러나 현대 양자 이론에 의하면 측정(measurement)이란 사건이 발생하기 이전에는 결코 모든 것을 확실하게 알 수 없다. 현대의 양자 과학은 물리 세계에서 일어날 수 있는 수많은 가능성에 대하여 인간은 확률적인 지식을 가질 수 있을 뿐임을 보여 주었다(그림 19). 인간이 가질 수 있는 지식의 제한을 물리 세계의 속성이 규정해 주는 셈이다.

5.6.4 고전 과학은 절대 공간과 절대 시간(absolute space, absolute time)을 전제하였지만, 현대 과학은 상대적 시공간(relative spacetime continuum)을 전제한다. 뉴턴의 고전 과학은 분리된 절대 공간과 절대 시간의 개념을 기반으로 물체의 운동을 설명하였다. 반면에 아인슈타인 일반상대성 이론 이후의 현대 과학은 물체의 운동을 시간과 공간이 서로 분리될 수 없는 연속체라는 개념을 기반으로 하여 설명하고 있다.

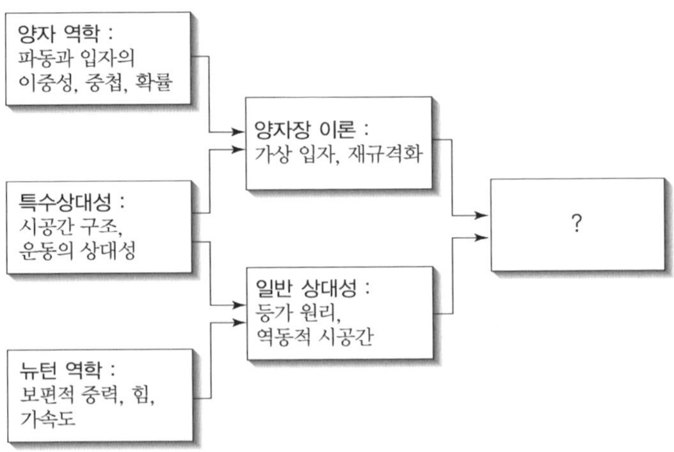

| 그림 17 | 물리학 이론의 흐름

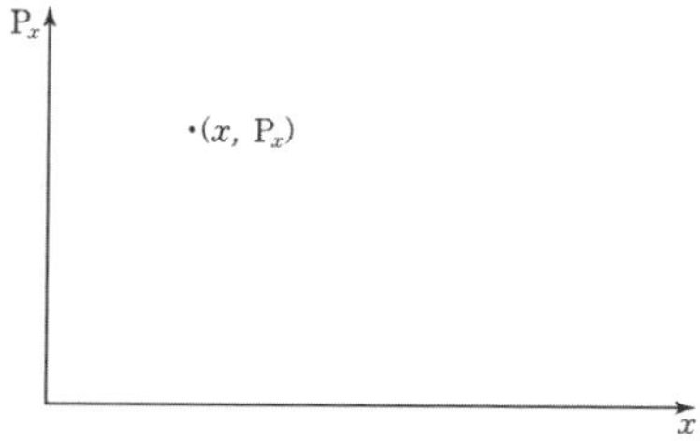

| 그림 18 | 고전 시스템

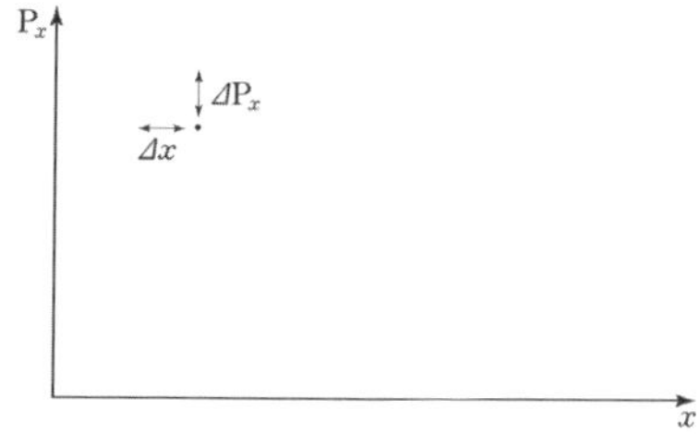

| 그림 19 | 양자 시스템

현대의 물리 이론이 공간과 얽혀진 시간을 전제함으로써 공간의 휘어짐을 설명할 수 있게 되었다(그림 15).

5.6.5 고전과학은 환원주의적 접근(reductionism)을 강조하였지만, 현대 과학은 비환원주의적 접근(non-reductionism)을 강조한다. 근대 환원주의적 접근은 데카르트가 물체를 작은 것으로 쪼개어 보는 원리(tomism)와 관련되어 진행되었다. 어떤 대상을 더 작은 단위로 나누어 본 후에 다시 종합해서 이해할 수 있다는 전제가 내재되어 있다. 반면에 현대 과학은 차원 사이의 불연속적인 속성이나 경계를 무시하지 않는다. 전체로서의 속성이 부분으로서의 속성으로 모두 환원될 수는 없다고 보는 것이 현대 과학의 입장이다.

5.6.6 고전 과학은 국소성(locality) 기반의 상향식 인과율(bottom-

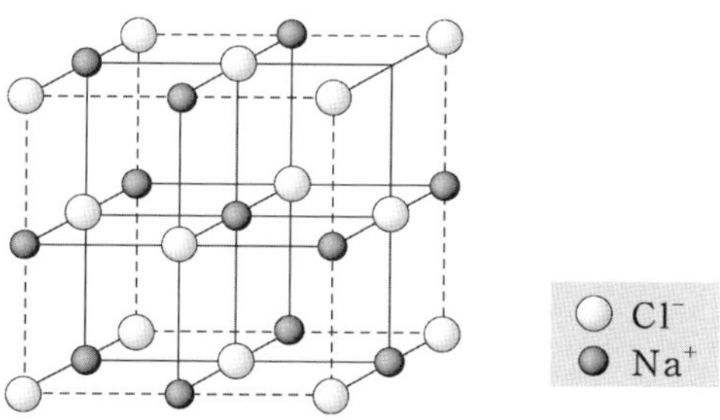

| 그림 20 | 소금의 결정 상태
소금을 부분의 차원에서 보면 나트륨(Na^+)과 염소(Cl^-)는 소금이라는 전체 차원의 주요 속성인 '짠맛'을 부분 차원에서 지니고 있지 않다. 이것은 하향식 인과율의 필요성을 보여준다.

up causation)을 강조하였지만, 현대 과학은 비국소성(non-locality 전역성) 기반의 하향식 인과율(top-down causation)을 강조한다. 인과율의 문제는 5.6.5의 내용과 직접 연관되며, 확연히 다른 강조점을 보여준다. 고전 과학에서는 국소성(local property)을 고려하여 하위 수준에서의 어떤 원인이 상위 수준의 어떤 결과를 가져온다고 보았다. 반면에 현대 과학에서는 전역성(global property)을 고려하며 상위 수준의 원인을 찾아서 하위 수준의 결과를 규명하고자 노력한다(그림 14와 그림 20).

5.6.7 고전 과학이 두 개의 진리값을 갖는 논리(two-valued logic)에 의해 설명될 수 있지만, 현대 과학은 세 개 이상의 진리값을 갖는 논리(multi-valued logic)에 의해 설명될 수 있다. 고전 과학의 수학적 표준은 모든 결론을 두 개의 진리값(예를 들면, 참과 거짓)으로 특

	구조	크기
분자	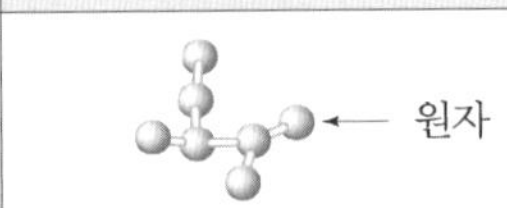	10^{-6}, 10^{-7}cm
원자	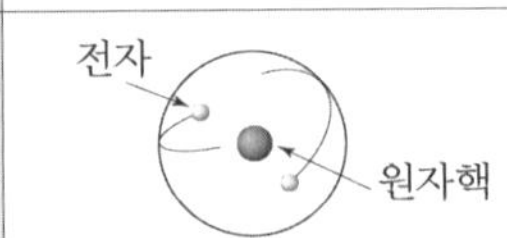	10^{-8}cm
원자핵	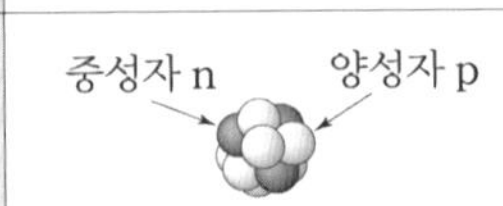	10^{-12}cm
양성자	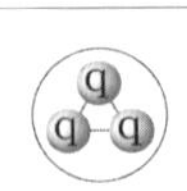	10^{-13}cm
쿼크, 전자	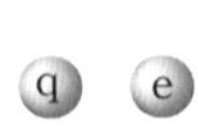	10^{-16}cm

| 그림 21 | 입자들의 구조와 크기

성화시키는 것이었다. 그러나 현대 과학의 수학적 표준은 셋 이상의 다양한 진리값(예를 들면, 참과 거짓과 결정불가)으로 특성화시키는 것이다. 양자 이론을 소화할 수 있는 양자 논리에서는 이것과 저것의 중첩상태(superposition)를 표시할 수 있는 제3의 값을 다룰 수 있어야 한다.

5.6.8 고전 과학에서는 관측에 있어서 관측자(observer)의 역할이 고려되지 않았지만, 현대 과학에서는 관측자의 역할이 중요한 요소로 고려된다. 예를 들면, 양자 이론에서는 입자에 대한 관측자의 일정한 참여가 이루어지기 전까지는 결정되지 않는다고 본다. 물리적 관측의 대상은 관측자와 무관하지 않다는 것이다. 관측의 주체와 대상은 분리될 수 없으므로, 이를 둘러싸고 '발견'이냐 '발명'이냐 '상호작용'이냐를 묻는 다양한 논쟁이 제기된다.

현대 과학 시스템은 고전 과학 시스템과는 다른 새로운 인식의 전제와 도구들을 가지고 있다. 과학적 대상에 관한 우리의 지식은 확률적 지식으로서 절대적 지식이나 결정적 지식이라고 하기에는 여러 가지 한계를 지니고 있다. 현대 과학에 의하면 우리가 무엇을 안다는 것은 그것에 다가가는 일종의 참여를 전제하고 있으며, 그 상호작용의 결과는 미리 결정될 수 있는 것이 아니다. 우리가 현대 과학 시스템의 교훈을 존중할 때, 인지는 무엇에 대해 확정적으로 안다는 것이라기보다는, 아는 것의 확실성과 불확실성의 정도에 대한 표현임을 깨닫게 된다. 나는 내가 가진 시스템의 틀 속에서 보는 것일 뿐이며, 확률적 논리 속의 이해임을 조심스럽게 고백할 수밖에 없기 때문이다.

06

죽음 그리고 죽음 너머

"나는 사후 세계가 존재한다고 생각합니다."

- 펜로즈 (Roger Penrose 1928~, 2020년 노벨물리학상 수상)

6.1 호킹의 그랜드 디자인

영국 케임브리지 대학의 스티븐 호킹 박사는 『위대한 설계(*The Grand Design*)』라는 제목의 공저를 통하여 세상의 주목을 받았다. 영국의 가디안(Guardian) 지에 발표된 인터뷰기사(2011년 5월 15일자)에서 호킹은 죽음 이후의 세계와 하늘나라를 부정했다. 종교에서 말하는 천국이나 사후 세계에 대한 믿음은 죽음을 두려워하는 사람들에게 해당되는 동화에 불과하다는 것이다. 호킹 자신은 죽음이 두렵지 않다고 했는데, 인간의 뇌를 컴퓨터로 간주하고, 죽음을 고장난 컴퓨터의 작동중지로 비유했다. 과연 죽음 이후의 세계는 부정되어야 하고, 인간의 죽음은 컴퓨터의 폐기에 불과한 것인가?

호킹 박사는 천재라는 소리를 듣기에 충분한 업적을 가진 위대한 물리학자이다. 21세에 운동신경이 제 역할을 하지 못하여 몸을 거의 사용하지 못하게 되는 불치의 질병 속에서 그러한 신체적 역경을 훌륭하게 극복했다는 점에서도 그는 존경받아 마땅한 인물이다. 특히, 호킹이 일반 대중들을 위해 쓴 과학서적들은 정말 탁월한 저술이라고 찬사를 보낼 수밖에 없다.

본래 호킹은 세계적인 베스트셀러가 된 『시간의 역사(*A Brief History of Time*)』에서 신의 존재가 우주에 대한 과학적 이해와 반드시 양립할 수 없는 것은 아니라고 생각했었다. 이 주장은 신의 존재와 우주과학이 양립가능하다는 것을 의미한다. 철학자와 과학자와 일반인들이 모두 참여하여 우주와 인간의 존재 이유에 대한 논의를 할 수 있게 되고, 그 문제에 대한 해답을 찾게 될 때, 인간이 '신의 마음'(mind of God)을 아는 것이라는 의미에서, 인간 이성의 승리를 말할 수 있다는 것이 호킹의 지론이었다. 그의 『만물의 이론(*The Theory of Everything*)』에 이르기까지 호킹은 우주에 관한 모든 이론 또는 궁극적인 이론을 표현할 때, '신의 마음'이라고 표현했었다.

호킹은 『위대한 설계』에서 중력(gravity)이 시간과 공간을 형성할 수 있다고 주장한다. 그는 중력 법칙에 의해 우주는 무로부터의 우주를 창조할 수 있다고 강변하면서, 이를 '자발적 창조'(spontaneous creation)라고 부른다. 이 자발적 창조야말로 다음과 같은 질문들에 대한 이유가 된다고 그는 주장한다.

- 왜 아무것도 없지 않고 무엇인가 존재하는가?
- 왜 우리는 존재하는가?
- 왜 다른 법칙들이 아니라 현재의 특정 법칙들이어야 하는가?

이러한 질문의 유형은 사실 어떻게(how) 형태의 질문이 아니라, 왜(why) 형태의 질문이라는 점을 주목할 필요가 있다. 왜냐하면 전통적인 과학적 영역의 질문(how)을 넘어선 종교적 영역에 충첩된 질문(why)이기 때문이다. 이러한 질문에 대하여 호킹은 자발적 창조가 그 해답이므로 이제 신의 역할은 필요 없다고 결론내린다.

6.1.1 여기서 호킹은 물리학자 파인만(Richard Feynmann, "The Relation of Science and Religion")이 논증한 과학과 종교의 관계에 관한 중요한 궤도를 이탈한다. 파인만의 논증과 결론에 의하면 과학과 종교는 양립가능하며, 과학은 신의 부재를 증명할 수 없기 때문이다(1.2.3 참조).

6.1.2 호킹의 논증에는 논리적 딜레마가 발견된다. 창조와 창조의 이유가 무엇인지를 설명하기 위해 그가 내놓은 근거는 자발적 창조라는 것이다. 이는 마치 '창조'를 설명해달라는 부탁에 대하여, '창조'란 '자발적 창조'라고 답하는 것과 다름이 없다. 이는 심각한 문제를 포함하고 있다. 창조를 x라고 하고, 자발성을 y라고 하자. x에 대한 질문에 호킹이 제시한 답은 yx라는 것이다. 즉 현재 x를 몰라서 질문한 것인데, 또 다른 y라는 알 수 없는 속성을 붙여서 yx가 설명이고 대답이라는 셈이다. 자세히 살펴보면, 여전히 x에 대하여 설명된 것은 없다. x가 설명되지 않았다면, yx는 더욱 설명되지 않은 복잡한 미지의 결과물이다. 모르는 것 x에 대한 답변으로 제시된 것이, 모르는 것 x에 모르는 것 y를 추가한 yx라는 셈이다.

6.1.3 '그랜드 디자인'이라는 호킹의 제목에서는 의미적 한계가 발견된다. '디자인'(design)이란 용어는 '목적'(purpose)이 담긴 행위를

의미한다. 따라서 과학에서는 목적이 없는 행위에 대하여 디자인이란 말이 적용되지 않는다. 그런데 호킹은 신이 필요하지 않다는 결론을 보이기 위해서, 오히려 우주에서 일어나는 물리적 사건에는 목적이 존재한다는 것을 전제하고 주장한 셈이다.

우주의 목적을 긍정하는 주장은 실상 무신론의 논거가 아니라 유신론의 논거로 흔히 사용되었다. 왜냐하면 목적이 전제된 디자인이란 개념은 단순한 우연(chance)과 양립될 수 없는 용어로 사용되기 때문이다. 그래서 디자인에는 반드시 목적과 관련이 있는 디자이너가 있어야 한다. 그렇다면 누가 우주의 그랜드 디자이너란 말인가? 적어도 중력 법칙과 같은 일개의 자연 법칙이 그 주인공이라는 호킹의 결론은 과학적 기대를 저버리는 대답이다.

6.1.4 생명과 죽음을 설명하는 호킹의 컴퓨터 비유는 적절하지 않다. 가디안지 인터뷰 보도에 따르면, 호킹은 죽음에 관한 질문을 받고 자신은 죽음이 두렵지 않다고 진술하면서, 죽음을 두려워하는 사람들에게나 필요한 천국과 사후세계의 동화는 자신에게 필요치 않다고 했다. 그리고 죽음은 컴퓨터의 작동중지와 같다고 보았다. 호킹이 보기에, 작동이 멈춘 컴퓨터를 위한 하늘 나라나 사후 세계는 존재하지 않듯이, 죽은 인간을 위한 하늘 나라나 사후 세계는 존재하지 않는다는 것이다.

호킹의 논조대로라면, 수리 후에 다시 가동되는 컴퓨터의 경우를 무엇이라 할 것인가? 재생? 아니면 부활? 무엇이라고 명명할 것인가? 더욱이 뇌를 컴퓨터로서 취급하는 것은 과학적 논란의 대상이 되지 않을 수 없다. 왜냐하면 뇌과학자들은 컴퓨터 모델만으로는 뇌를 설명할 수 없는 여러 가지 증거들을 가지고 있기 때문이다. 현재 컴퓨터의 구조와 기능에 대한 메타포를 가지고 뇌의 구조와 기능도 충분하게

다 설명할 수는 없다. 하물며 컴퓨터의 비유를 가지고 뇌보다 더욱 복잡하고 변수가 많은 죽음이란 사건을 다 포괄할 수 있겠는가?

6.2 죽음과 죽음 이후를 새로 보기

죽음이란 무엇인가? 이러한 질문에 대하여 공자(孔子)라면 '생명을 모르는데 어찌 죽음을 알겠느냐(未知生 焉知死)'라고 반문했을 것이다. 생(生)과 사(死)가 대칭적 사건이라면, 참으로 일리가 있는 이야기이다.

생명에 대한 수많은 연구와 설명에도 불구하고, 아직까지 생명은 과학에서 다 밝혀지지 않은 신비의 영역이라 할 수 있다. 단일한 정의와 설명이 아직까지 정립되지 못하고 있다는 사실은 확실하다. 물론 '어떻게 태어나는 가'를 묻는 것(과학적 유형)과 '왜 태어나는 가'를 묻는 것(종교적 유형)은 또 다른 차원의 문제임에 틀림없다. 죽음의 과정을 설명하는 것과 죽음의 당위성을 설명하는 것도 별개의 문제이다.

한 사람을 우주와 비교하여 이해할 수 있다면, 한 사람의 생명의 시작은 우주의 시작과 비교하여 이해할 수 있을 것이다. 그렇다면 우주에게 종말은 한 사람에게는 죽음과 같은 셈이다. 시작과 끝의 주제를 다룬다는 것은 '시간'(time)의 주제를 다루는 것이다.

호킹은 우주의 시간이 빅뱅(Big Bang)으로부터 생겨났다고 보여주었다. 물리학적 표현을 사용한다면, 우주의 시작에는 적어도 하나의 특이점(singularity)이 존재했다는 것과 같은 이야기가 된다. 우주가 없음에서 있음으로, 즉 무에서 유로 변화되는 유일무이한 포인트가 있었다는 것이다. 그런데 이 주장은 정말 믿음이 없이는 받아들이기 쉽지 않는 내용이다. 그런 특이점이 정말 존재한다면, 그 포인트는 우주

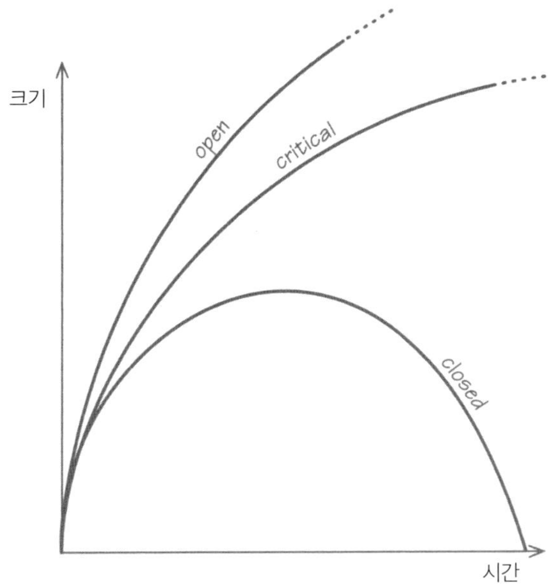

| 그림 22 | 우주의 미래

의 밀도와 온도가 무한이며 0차원 공간의 존재를 의미하기 때문이다. 즉 특이점은 무한과 유한의 문제가 걸려 있는 문제이다. 그러므로 인간이 감당하기 어려운 대상이요 주제이다. 빅뱅이론에서 무한을 제거하고자 하는 대표적 학자가 호킹이다.

반면, 호킹의 박사논문을 지도했고 빅뱅 특이점의 존재를 수학적으로 증명했던 수리물리학자 로저 펜로즈(Roger Penrose, *The Nature of Space and Time*)는 빅뱅에서 무한이 본질적인 부분이라고 주장한다. 2020년 노벨물리학상을 수상한 그는 우주의 시작에서의 무한과 종말에서의 무한이 매우 상이한 구조를 가지고 있다고 생각한다. 펜로즈는 의식(consciousness)이 뇌파의 파동함수가 붕괴될 때 발생하는 특정한 형식의 양자 사건(quantum event)이라고 보았는데, 의식이 양자 정보(quantum information)이므로 사후에도 우주 안에 존재한다고 해석한다. 양자 상태가 뇌 안에서 구조화된 사건이 의식이고, 이 구조화된 양자 사건은 죽음 이후에 뇌의 외부로 탈영역화(delocalization)를 거쳐 패턴으로서의 정보로 우주 내에 존재한다. 결국, 뇌의 외부에도 의식은 존재할 수 있으며, 육체가 죽어도 의식은 죽지 않는다는 결론에 도달한다. 그래서 펜로즈는 죽음 이후의 세계가 존재한다고 생각한다.

우주의 탄생과 죽음이 함의하는 다양한 의미는 통일된 결론의 부재를 보여준다. 예를 들어, 그림 22는 빅뱅이론 내에서도 우주의 죽음에 대한 세 가지 주장이 있음을 잘 보여준다.[2] 그림 22에서 세로축은 크기를 가로축은 시간을 표시한다. 닫힌 우주(closed universe)는 빅뱅 후 팽창하다가 다시 수축하여 빅크런치(Big Crunch)로 운명을 맞이하는 주장을 보여준다. 열린 우주(open universe)는 임계밀도보다 작은 밀도를 가지는 경우 무한히 확장되고 영원히 팽창한다. 그리고 임계 우주(critical universe)는 특정 임계밀도를 유지하며 지속적인 팽창이 가능한 한계점에 있는 우주를 표시한다. 우주의 미래는 세 가지 중 하나가 될 것이다.

호킹은 닫힌 우주를 생각했다. 호킹에게 인간의 죽음은 마치 우주에서 팽창-수축 후의 대붕괴(Big Crunch)로 해석될 수 있다. 반면, 펜로즈는 열린 우주를 생각한다. 펜로즈에게 인간의 죽음은 시간적으로 무한한 시간모델 위에서 해석될 수 있는 대상이다. 이처럼 우주의 죽음에 대한 과학적 해석이 다르듯이, 인간의 죽음에 대한 해석도 다를 수 있다.

그림 23은 시간여행이 가능한 여러 가지 이론적 모델을 보여주고 있다. 괴델의 회전하는 우주(Gödel's rotating universe), 회전하는 실린더형 우주(spinning cylinder), 회전하는 블랙홀(Rotating black hole), 평행한 우주의 에너지 끈(Parallel cosmic strings of energy), 웜홀(Wormholes) 등의 모델은 이론적으로 시간여행을 허용할 수 있

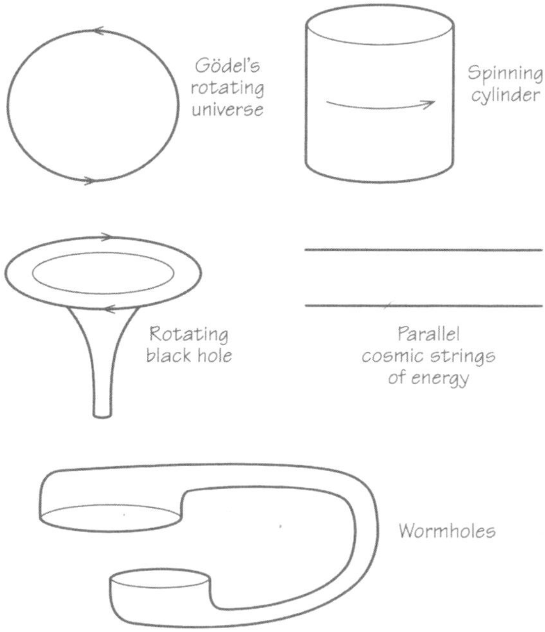

| 그림 23 | 시간여행에 대한 이론물리적 모델

다. 이 모델 내에서는 과거로 되돌아가는 사건(back to the past)뿐 아니라, 미래로 되돌아가는 사건(back to the future)도 가능하다. 시간여행은 현재에서 과거로, 현재에서 미래로, 미래에서 과거로 등의 여행을 포함하기 때문이다. 참고로 상대성 이론은 시간의 대칭성(symmetry)을 허용하지만, 양자 이론은 시간의 비대칭성(asymmetry)만 인정한다.

그렇다면 이러한 모델들 속에서 죽음이란 사건은 단지 과거에서 미래를 향한 일방향으로 움직이는 단선적인 시간을 전제할 수 없는 것이다. '결과가 원인에게 영향을 주는 놀라운 사건'이 발생할 수 있다. 시간여행을 허용하는 우주모델은 죽음이란 결코 쉽게 단정할 수 없는 과학적 사건임을 잘 보여준다. 결국 물리학적 모델에 의하면, '죽음 너머'라는 사건은 존재할 수 있다.

우주 상수의 크기와 물체의 분포에 따라 다양한 우주모델이 가능하다. 그러므로 죽음의 고전적 선형 인과성(linear causality)은 현대적 우주론에서는 그대로 적용될 수 없는 사안이다. 이와 같이 과학의 논리와 모델을 통하여 죽음이란 사건이 단순히 생명체의 중지 사건이거나 모든 것의 종말을 의미할 수 없음을 인지할 수 있다.

6.3 죽음을 넘는 존재

인지과학과 의학적 연구결과에 의하면, 일반적으로 5세 정도가 되면 인간은 자연스럽게 죽음을 인지한다고 알려져 있다. 그럼에도 불구하고 죽음이라는 사건에 대한 폭넓고 깊이있는 이해를 통해서 우리는 죽음과 죽음 이후가 가지는 새롭고 풍부한 의미를 발견할 수 있고, 이는 새로운 생명의 의미로 연결될 수 있다.

그리스도인에게 죽음과 죽음 이후는 무엇을 의미하는가? 먼저 그리스도의 모델을 분석하는 것이 필요한데, 그리스도에게는 십자가의 죽음이 있었고, 부활이 있었다. 즉 죽음이 있었고 죽음 이후의 삶이 있었다는 것이다. 이러한 관계는 그리스도인의 정체를 이해하기 위한 가장 중심이 되는 논리인데, 성서에서는 '영원한 생명'(*aionios zoe*)이라고 정의된다.

그리스도의 십자가의 죽음은 '유월절'(Passover)에 일어난 사건이었다. 유월절은 죽음을 넘어 생명으로 가는 구원 사건이었다. 유월절의 중심에서 일어난 십자가 사건은 곧 죽음을 넘어서는 과정이요, 부활은 죽음에서 생명으로의 특이점(singularity)이 아닐 수 없다. 유월절 사건은 죽음의 상태에 있는 노예들을 생명의 상태에 있는 자유로운 신의 자녀로 회복하는 구원사건이다.

요한복음서에 의하면, 그리스도인에게 영원한 생명(*zoe*)은 생물학적 생명(*bios*)과는 전혀 다른 것이다. 영원한 생명이란 (1) 오직 한 분이신 신을 알고, (2) 신께서 보내신 예수 그리스도를 아는 것으로 정의된다(17:3). 여기에서 안다는 용어는 '대상에 대한 지식'을 만드는 사건이 아니라 '상대에 대한 관계'를 만드는 사건을 뜻한다. 즉 신과 그리스도에 대한 관계 형성이 영원한 생명이라는 의미이다. 구약성서에서 그러한 관계는 남편과 아내의 '부부관계'로 묘사되었고, 신약성서에서 그러한 관계는 아버지와 아들의 '부자관계'로 묘사되었다. 그러므로 신과의 관계를 파괴하고 그 결과로 생겨나는 단절이나 소외의 사건이 생명(*zoe*)의 중단, 즉 그리스도교에서의 죽음을 의미하는 것이다.

바울의 체험과 깨달음에 의하면, 인간과 신과의 그 관계는 그 어떠한 것에 의해서도 단절될 수 없는 사랑의 관계였다(로마서 8:39). 죽음도 끊을 수 없었다. 생명도 끊을 수 없었다. 현재의 일도 끊을 수 없다. 미래의 일도 끊을 수 없다. 그 무엇도 그리스도 안에 있는 신과의 사랑 관계를 끊을 수 없다. 그리스도 안에 있는 신과의 사랑 관계가 바로 그리스도인에게는 영원한 생명의 근거이다. 그러므로 그리스도인은 그리스도 안에서 죽음을 넘을 수 있다. 이것이 그리스도 안에 있는 사람(*Christianos*), 곧 그리스도인들이 죽음을 넘어서 부활의 희망을 가질 수 있는 이유이자 약속이다. 그렇다면 그리스도가 부활이요 생명으로 고백되는 것은 타당하다(요한복음서 11:25).

그리스도는 사후의 부활이 없다고 주장하는 사두개인들에게 다음과 같이 가르쳤다.

> "신은 죽은 사람들의 신이 아니라, 살아 있는 사람들의 신이시다. 너희는 생각

을 크게 잘못 하고 있다." (마가복음서 12 : 27)

그리스도에 의하면, '아브라함의 신, 이삭의 신, 야곱의 신'이 의미하는 것은 아브라함, 이삭, 야곱이 그 과거의 죽음 속에 갇혀 있다는 것이 아니라, 바로 지금 아브라함, 이삭, 야곱이 신 앞에 살아 있다. 즉 아브라함, 이삭, 야곱은 신과의 관계 속에 존재한다. 그래서 그들은 모두 생명(*bios*) 차원으로는 죽었지만, 모두 '영원한 생명'(*aionios zoe*) 차원으로는 살아 있다는 뜻이다. 그들은 모두 죽음 너머의 세계에 신과 함께 있다. 영국의 수리물리학자이자 성공회 성직자인 폴킹혼(John Polkinghorne)의 생각에 의하면, 우리가 죽음 이후의 삶을 믿는 것은 영원한 존재인 신의 사랑과 성실하심에 기인한다. 신은 인간을 우주의 쓰레기 더미에 버려두지 않으신다.

그렇다면 죽음 이후의 인간은 어떤 상태로 존재하는가? 성서에 의하면 인간은 육체와 영혼의 분리체가 아니라, 하나의 단일체(unit)이다. 우리의 몸이 계속 변화되는 원자들의 복합 패턴으로 이해될 수 있다면, 우리의 영혼도 패턴으로 이해될 수 있다. 그렇다면 이 단일체는 질서를 가진 하나의 정보(information)로 이해되거나, 하나의 패턴(pattern)으로 충분히 이해될 수 있다.

죽음 이후에 인간의 패턴이나 질서를 가진 정보가 존재한다면, 과학적으로도 물질과 시간과 공간에 제한되지 않으며 운동하는 단일체를 형성할 수 있고 그 정체성을 보장할 수 있다. 패턴은 에너지의 보존법칙이나 엔트로피의 법칙으로부터도 자유로운 추상적 대상이다.

결국, 생명이나 죽음이나 그것을 바라보는 기준이 핵심이다. 이는 과학에서나 종교에서나 다르지 않다. 그렇다면 과학과 종교는 기준 자체를 철저하고 겸허하게 성찰하는 탐구과정이 되어야 한다. 죽음 너머는 단지 옛 세계로의 회귀가 아니라, 전혀 새로운 세계로의 변화로 이해될 수 있다.

조에(*zoe*)로서의 생명을 가질 수 있는 부활사건은 비오스(*bios*)의 죽음 이후 우주에서 신과 인간의 관계에 대한 재확인이고 특정 패턴의 재인식이다. 그 어떠한 공간, 그 어떠한 시간, 그 어떠한 물질 상태에 구속됨이 없이, 그리스도인들은 그리스도 안에서 신과 사랑의 관계를 형성하며, 죽음을 넘어 영원한 '조에'를 누릴 수 있다.

제 Ⅱ 부

성서와 과학

07

성서의 언어에서 과학의 언어까지

"너희는 성서도 모르고, 신의 능력도 모르니까, 잘못 생각하는 것이 아니냐?"
(마가복음서 12:24)

7.1 거룩한 책, 지도의 도서관

그리스도교에는 신의 말씀을 담은 거룩한 책으로 불리는 기록이 있다. 그래서 그리스도교는 성서의 종교이고, 그리스도교는 언어의 종교이다. 성서 안에는 신의 말씀이 담겨 있다는 명제가 그리스도교의 대전제이다.

성서는 그리스도교에서 신앙과 생활의 표준적 지도라고 여겨진다. 그러므로 이 표준 지도로서의 성서를 올바로 보고 사용하기 위해서는, 먼저 올바르게 독해하는 방법이 필요하다. 최적의 독해를 위한 방법은 무엇보다도 표준 지도로서의 성서가 기록되고 성립된 원리에서부터 찾아야 하는데, 이 원리는 바로 언어의 문제와 직결되어 있다.

7.2 지도가 지닌 제약

우리가 사용하는 지도 중 메르카토르 지도(그림 24)는 현재까지 항해를 위해서 가장 많은 장점을 가진 유용한 지도이다. 예를 들어, 이 지도에서 목표지점까지 직선을 긋고 그대로 따라 항해하면 틀림없이 목표지점에 도달할 수 있다. 이 지도에 의하면 북반구의 그린란드와 남반구의 남아메리카의 넓이가 대등하게 나타나 있다. 그러나 실제 지구상 남아메리카의 면적은 그린란드의 면적보다 9배나 더 넓다. 왜 이런 현상이 나타나는 것일까?

기하학적으로 볼 때, 지구는 입체이지만 지도는 평면이기 때문이다. 그런 이유로 인간은 2차원의 지도를 가지고 3차원의 지구를 완벽하게 표현해 낼 수가 없다. 3차원은 입체이지만 2차원은 평면이기에, 표현상의 제한이 있다. 그러므로 메르카토르 지도의 한계를 아는 사람이라면, 그린란드와 남미대륙이 실제 같은 넓이라고 강변할 수는 없는 것이다.

3차원의 입체를 볼 수 없고 단지 2차원의 평면만 볼 수 있는 사람

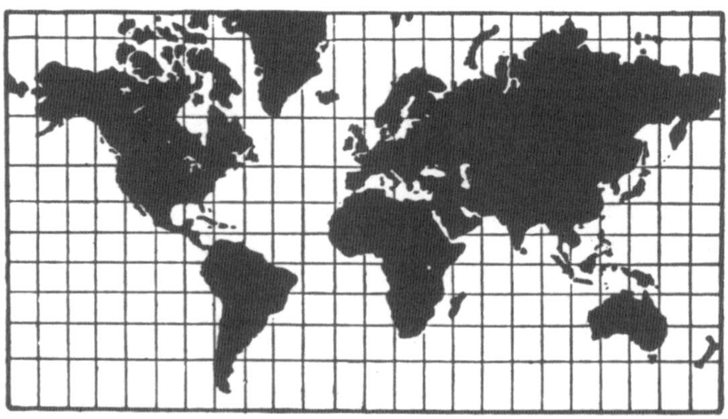

| 그림 24 | 메르카토르 지도. 네덜란드인 천재 메르카토르(G. Mercator 1512~1594)가 고안한 방식으로 지구를 투영하여 제작한 지도.

에게, 정육면체는 하나의 입체적 대상이 아니라 여섯 개의 사각형에 불과하다. 우리가 지도의 도움을 받아 목적지를 잘 찾아갈 수 있다고 할지라도, 표현된 지도를 가리켜 지구 자체라고 우겨서는 안된다. 지구와 지도의 관계를 깨달아 갈수록 인간은 겸손할 것이다.

7.3 새로운 언어로 쓰여진 지도

역사상 가장 위대한 사상가의 한 사람인 아우구스티누스(Augustinus)의 깨달음을 받아들이면, 우리도 새 계약인 신약성서에 비추어 옛 계약인 구약성서를 바르게 이해할 수 있고, 구약성서에 비추어 신약성서를 바르게 이해할 수 있다.

예수 그리스도의 이야기를 전하는 신약성서의 '복음서'(Gospels) 라 불리는 마태복음서, 마가복음서, 누가복음서, 요한복음서의 기록 언어를 자세히 살펴보면, 매우 특이한 현상을 발견할 수 있다. 왜냐하면 복음서의 기록 언어가 '코이네 그리스어'(Koine Greek)라는 사실 때문이다. 코이네 그리스어는 특정 지식층을 위한 고전 그리스어(classical Greek)가 아니라 통속 그리스어(common Greek)이다. 그래서 코이네 그리스어는 그레코-로만(Greco-Roman)시대에 국제적으로 널리 사용되던 공용어였다.

이것은 정말 놀라운 언어적 사건이다. 왜냐하면 예수께서 일상적으로 가장 빈번하게 사용하신 언어는 아람어(Aramaic)였기 때문이다. 아람어는 히브리어와 매우 가까운 언어였는데, 언어적 계보상 북서 셈족어의 가나안어에 속하는 언어이다. 아람어는 600 BC - AD 700에 근동의 전 지역에서 사용된 국제 공용어(*langua franca*)였고, 이스라엘의 바벨론 포로기(587 BC) 이후에는 유대인들이 사용하는 언어가 되었으며, 그리스도교 형성기에는 팔레스타인, 시리아, 메소포타미아 지역에서 일상어로 사용되었다.

청중들이 대부분 아람어를 사용한 것이 역사적 사실이므로, 예수께서는 아람어로 소통하였다. 하지만 복음서 기록의 언어는 아람어나 히브리어나 라틴어가 아니라, 코이네 그리스어였다. 복음서는 직접 말하고 들은 언어가 아니라 번역한 언어로 기록되었다.

신약성서의 기록자들은 성서의 기록을 위한 최적의 언어로 코이네 그리스어를 선택했다. 당시 코이네 그리스어는 종교용 언어도 아니었고, 학문용 언어도 아니었으며, 극소수 특정 계층을 위한 언어도 아니었다. 이 언어는 지중해를 중심으로 펼쳐진 세계에서 보편적으로 가장 널리 사용되던 언어였다. 그러므로 많은 사람들과 소통할 수 있던 언어로 적합했던 도구였다. 신약성서의 기록자들은 신의 말씀을 그 시대와 그 현장에서 전달하기 위한 인간의 언어를 선택할 때, 가장 보편적이고 소통에 적합한 통속 그리스어를 채택했다.

특히, 복음서의 기록자들에게 코이네 그리스어는 익숙한 모국어가 아니라 일종의 외국어였다. 그렇다면 그들은 자신에게 편리한 언어를 사용하기보다는 오히려 특별한 목적을 위하여 자신들의 불편함과 어려움을 감수했다. 독자들을 우선적으로 고려하여, 더 보편적이고 소통에 유리한 코이네 그리스어를 사용하여 신의 말씀을 전하고자 혼신의 노력을 다했던 것이다.

신의 말씀을 담기 위한 고정불변의 특정한 언어 도구는 존재하지 않는다. 이미 옛 계약으로서의 구약성서는 히브리어를 중심으로 기록되었다. 반면 새 계약으로서의 신약성서는 코이네 그리스어를 중심으로 기록되었다. 이것은 신의 말씀을 담는 언어 도구는 다양해야 함을 잘 보여준다. 물론, 신이 사용하는 언어가 다양하다는 것을 보여주는 것이 아니라, 인간이 사용하는 언어가 다양하다는 것을 보여줄 뿐이다. 지구를 향하는 여러 가지의 지도가 존재하듯이, 신을 향하는 여러 가지 언어가 도구로서 존재한다.

신약 복음서의 기록 과정과 흔적을 보면, 오늘날에도 신에 관한 이야기를 담는 도구와 복음을 전달하는 새로운 도구에 대하여 겸허한 자세로 진지하게 재성찰하는 작업이 필요해 보인다.

이 땅의 인간을 위하여 신이 예수 그리스도로 오셨다는 신의 '성육신 사건'(incarnation), 곧 신이 인간이 되었다는 핵심적 메시지가 성서의 형성 과정에 그대로 담겨있다. 1-2세기의 그리스도인들은 동시대의 세계인을 위하여 코이네 그리스어를 통하여 소통하려는 노력을 했는데, 이는 다름 아닌 '신의 성육신 사건'과 '말씀으로서의 신의 성육신 사건'에 대한 고백을 언어 사건으로 직접 구현한 것과 같았다.

신성한 메시지는 신의 메시지를 접하지 못한 사람들을 위하여 가장 보편적인 소통 언어였던 코이네 그리스어를 통하여 전파되었다. 이는 현대의 종교에서도 반드시 본받아야할 훌륭한 실천이며 고귀한 정신이 아닐 수 없다. 과학 시대에 기록자나 발화자가 아니라, 진정 독자와 청자를 위한 언어는 무엇인가?

7.4 과학 시대 종교인의 언어적 사명

역사와 문화를 통해서, 그리스도교는 신의 메시지와 신의 이야기를 널리 효율적으로 전달하기 위하여 다양한 도구를 사용해 왔음을 우리는 알고 있다. 때로는 철학이, 때로는 음악이, 때로는 그림과 조형작품들이, 때로는 건축이 그렇게 사용되었다. 우리가 '문화'라고 묶어서 부르는 구성 요소들이 현장에서 활발하게 사용되고 있었다.

언어라는 도구가 대체하기 어려운 고유한 특성을 지니고 있음을 부인할 수 없지만, 넓게 보면 언어도 하나의 문화적 도구에 속한다. 그러므로 재래의 언어가 현대의 문화에 어울리는 도구로서 생동하려면 종교는 그에 합당한 문화적 노력을 기울여야만 한다.

그렇다면 이 시대에 최적화된 보편적인 소통언어는 무엇일까? 그 후보에 과학의 언어가 제외될 수는 없다. 이미 합리적 이성 언어를 사용하여 종교를 풀이하고 전했던 종교가 새로운 시대와 새로운 세계를 위한 소통 언어를 고려할 때, 과학 언어야말로 최적의 도구가 아니겠는가? 과학의 시대에는 과학의 언어를 사용하여 종교적 메시지를 전하는 노력과 과정이 인류를 위해 공헌하려는 종교의 본 취지에 잘 부합되지 않겠는가?

과학 시대에 필요한 어법은 과학에 있다. 과학 자체가 이 시대에 가장 필요한 보편적 언어 도구이다. 과학 언어는 이미 일개 분야의 언어가 아니며, 모든 분야에서 사용하고 있는 언어이다. 과학 시대의 종교는 과학의 언어를 사용하여 종교 텍스트의 의미를 새롭게 구현할 필요가 있다. 신약성서 시대에 코이네 그리스어가 그리스인들만의 언어가 아니었듯이, 이 시대에 과학의 언어는 과학자들만의 언어는 아니다.

코이네 그리스어 자체가 텍스트가 아니듯이, 과학의 언어 자체가 종교의 텍스트 자체를 대체할 수는 없다. 단지, 과학 시대의 컨텍스트 내에서, 종교의 메시지를 효율적으로 전달하고 원만히 소통하기 위해서는 과학의 언어가 필요하다는 뜻이다. 1-2세기의 그리스도인들이 코이네 그리스어라는 보편적 언어를 사용하여 광범위한 소통을 시도했던 정신과 방식을 따라서, 이제는 과학 시대의 보편적 언어를 활용하여 신의 메시지를 전해야 한다.

과학의 생각과 말과 행동을 통하여 성서에 담긴 진리를 해독하는 작업, 특히 과학의 언어를 통하여 성서의 진리를 해독하고 표현하고 전달하려는 작업은 이 시대를 살아가는 그리스도인들에게 주어진 본연의 사명이다.

과학적 존재(*homo scientificus*)로서의 인간이자 종교적 존재(*homo religiosus*)로서의 인간은 언어적 존재(*homo loquens*) 안에 있다.

08

테크톤 예수와 과학자 동방박사

"이 사람은 마리아의 아들 테크톤(*tekton*)이 아닌가?" (마가복음서 6 : 3a)

8.1 테크톤, 예수의 직업

그리스도교의 창시자 예수와 과학기술은 어떤 관련이 있는가? 혹은 예수는 과학기술에 대하여 어떠한 입장을 가지고 있었을까? 예수는 요단강에서 세례를 받은 후 본격적으로 제자들을 모아 가르치고, 신의 나라를 선포하고, 병든 사람들을 치유하는 활동에 전념하였다. 그런데 그 전에 그는 어떤 직종의 일을 하였는가?

신기하게도 예수의 직종은 과학기술과 밀접한 관련이 있었다. 예수가 목수(木手) 일을 하셨다는 것은 이미 널리 알려진 사실이다. 이러한 내용은 성서에 의해서도 확인된다. 가령, 마가복음서에 의하면 예수를 배척하던 고향 사람들이 예수를 향하여 마리아의 아들 '테크톤(*tekton*)'이라고 언급하고 있다(마가복음서 6:3a). 테크톤을 목수라고 번역하여 이해하고 있었으나, 사실 테크톤은 단순히 동양적 배경을 전제로 '목수'라고 번역될 수 있는 단어가 아니다. 왜냐하면 그 당시 테크톤은 목공에 국한되기 보다는, 오히려 석공, 금속공, 수레제작, 건축, 각종 수리하는 기술을 가진 사람을 지칭하는 용어였기 때문이다. 심지어 그림 그리는 기술자도 테크톤이라고 불리웠다는 기록이 있다. 과학기술자의 범위를 넘어서 예술가까지도 포함하는 포괄적 의미를 가진 용어였던 것이다. 그러므로 테크톤을 현대적 어감에 맞게 번역한다면, '숙련된 전문기술자' '전문가' '장인' 정도로 번역되는 것이 적절하다. 예수는 숙련된 전문기술자였으며, 오늘날 우리가 이해하는 목수의 활동보다는 훨씬 더 다양한 기술을 구사하시는 활동을 하였다.

2세기의 순교자 유스티누스(Justinus Martyr, 100-165경)의 기록에 의하면, 예수는 테크톤으로서 멍에와 쟁기를 제작하였고 이를 통하여 생활을 하였다(*Dialogue with Trypho, 88:8*). 신약성서의 '테크톤'에 해당되는 구약성서의 용어는 '하라쉬(*harash*)'인데, 하라쉬라는 용어도 단지 나무를 다루는 기술자(이사야 44:13)뿐이 아니라, 돌을 다루는 기술자(역대상 14:1), 금속을 다루는 기술자(이사야 41:7) 등을 포함하는 표현이다. 즉 기술자와 장인을 포괄적으로 의미하는 용어다.

8.2 테크톤 예수의 작업 현장

예수 시대의 테크톤은 사회경제적인 기준에서 보면, 중산층에 해당된다. 헹엘(Martin Hengel)같은 저명한 성서학자는 테크톤이 무산계층이나 하층민으로 분류되는 일용직 노동자나 땅을 소유하지 못한 소작농에게는 적용될 수 없는 표현임을 보여준다(*Poverty and Riches in the Early Church: Aspects of a Social History of Early Christianity*).

그렇다면 아주 작은 규모의 농경 마을로 알려진 '나사렛'에서 테크톤을 위한 일거리가 충분하게 있었겠는가? 농촌 나사렛은 과연 테크톤의 작업 현장으로 볼 수 있는 것인가?

최근까지 고고학 발굴에 의하면, 나사렛에서 근거리에 있는 도시 '세포리스'의 건축물의 규모와 종류가 상당히 거대한 것이었음이 밝혀졌다. 세포리스는 옛날부터 유대인들이 '지포리(*Zippori*)'라고 부르던 도시였는데, 바빌로니아 탈무드 메길라(Megillah)에 의하면 산의 정상 보습이 마치 새(*zippor*)와 같다고 해서 붙여진 이름이라고 전해진다. 로마제국 시대의 로마인들은 세포리스를 '디오카이사레아(*Diocaesarea*)'라고 불렀는데, 이는 '신과 황제의 도시'를 의미했다. 세포리스는 헤롯 안티파스에 의해 새로이 건설된 군사와 상업과 행정의 요충지였으며, 헤롯 안티파스(BC 3 - AD 39)의 통치시기로부터 AD 17년경까지는 갈릴리 지방의 수도였다. 즉 예수가 살았던 지역의 수도였던 것이다. 세포리스는 농경 중심의 나사렛과는 비교할 수 없는 대규모의 도시였

| 그림 25 | BC 1세기 말경 갈릴리의 수도 세포리스에 세워진 4500석 규모의 로마식 대형 극장. 직경이 70미터에 이르는 거대한 크기이다.

기 때문에, 나사렛 사람들은 약 6km 거리에 불과한 세포리스를 늘 자유롭게 왕래하였다. 예수도 청소년 시절부터 세포리스를 자주 방문하였을 것이며, 여타 테크톤들과 마찬가지로 세포리스에서 테크톤으로서 작업 활동도 하였을 것으로 보는 것이 타당하다. 그렇다면 예수의 말씀이나 비유에 등장하는 도시를 배경으로 삼은 메시지들은 세포리스에서 그가 직접 경험하고 느낀 사안들이 반영되었을 가능성이 매우 높다.

8.3 신이 선택한 직업, 과학기술

알렉산드리아의 헤론(Heron)은 고대 최고의 발명가이자 과학기술자로 평가되는 인물이다. 그가 활동한 시기는 예수와 동시대인 AD 62-150년이었다. 헤론에 의하면, '과학'은 '테오리아'(*theoria* 이론)와 더불어 건축, 금속공, 목공, 석공, 조각, 회화와 연관되어 손을 사용하는 '테크네'(*techne* 실기)의 집합이라고 정의되었다. 그래서 당시 수학자도 테크톤이라고 부를 수 있었던 것이다. 그 당시의 어법을 이해한다면, 예수도 한 사람의 '과학기술자'로 불렸다.

예수의 이력서가 있었다면, 그 이력서에 기재될 수 있는 직업 또는 직종은 무엇이었는가? 지금 우리가 알 수 있는 대답은 '과학기술자'를 의미하는 '테크톤'이다. 사실, '과학자'(Scientist)라는 명칭도 1834년 3월 영국의 빅토리아 시대에 처음 등장하였는데, 그 이전에는 현재의 과학자에 해당하는 사람들이 '자연철학자'(Natural Philosopher)나 '자연신학자'(Natural Theologian)로 호칭되었다. 가령, 역사상 가장 유명한 과학자로 손꼽히는 뉴턴(Isaac Newton)도 그 시대에는 자연철학자로 불리거나 자연신학자로 불렸다.

직업인 테크톤으로서의 삶은 예수가 경제활동을 충실히 행했다는 면을 잘 보여주고 있다. 일찍 세상을 떠난 부친 요셉을 대신하여, 모친 마리아와 동생들 야고보, 요셉, 유다, 시몬, 그리고 누이들의 생계를 책임지는 가장의 책임을 다하기 위해, 예수는 테크톤으로 활동했다.

'테크톤'은 예수가 스스로 선택한 신성한 직업이다. 인류의 성인으로 추앙받는 예수가 (1)기술 지식, 곧 고대의 과학을 소중히 여기는 모범을 보여주었으며, (2)기술 지식을 적용하는 일, 곧 고대의 과학기술 직종에 최선을 다하는 모범을 보여주었다.

예수 그리스도는 그리스도교에서 신으로 고백되는데, 그가 과학기술자(테크톤)의 삶을 몸소 보여주었다는 이야기는 바로 과학기술이 신이 선택한 직업이었음을 웅변한다.

8.4 크리스마스의 동방박사

인간이 되신 신, 즉 예수 그리스도를 가장 먼저 발견하고 경배한 인물들이 동방박사들이었다는 이야기(마태복음서 2:1-16)는 고대의 종교와 과학의 밀접한 관계를 잘 보여준다.

정경화된 신약성서 텍스트 내에서 마태복음서가 가장 앞에 배정된 것은 마태복음서가 신약성서 전체를 향한 서론이며 전제임을 의미한다. 여기에서 마태가 전해주는 예수 이야기에 의하면, 예수가 탄생한 후 과학자들과 예수의 만남이 최초로 보도되고 있다(마태복음서 2:1-16).

예수를 만나기 위해 준비했고 만남을 위해 실천한 유일한 사람들은 '유대의 종교성직자'가 아니라 '이방의 과학자'들이었다. 이것은 독자들의 일반적인 예상을 뛰어넘는 파격적인 내용과 구성이 아닐 수 없다.

예루살렘으로부터 남쪽으로 9km 가량 떨어진 곳에 예수의 탄생지로 알려진 베들레헴이 있다. 현재 베들레헴에는 예수의 탄생지를 기념하는 예수탄생교회가 있는데, 이 교회는 본래 339년에 건축되었다. 후에 화재로 인하여 파괴되었다가 비잔틴 제국의 유스티니아누스 황제에 의해 531년 재건된 것이다.

이 예수탄생교회에서 614년 동방박사와 관련된 중요한 역사적 사건이 발생했다. 그 당시 페르시아제국 사산 왕조의 코스로에스(Chosroes II)의 군대가 베들레헴과 인근지역을 모두 점령하고 모든 기독교 교회를 파괴하였다. 그 때 유일하게 예수탄생교회는 전혀 훼손되지 않았다.

어떻게 예수탄생교회만 보존되었을까? 이 의문은 900년대에 바티칸 도서관이 소장하고 있던 7세기의 편지에 의해서 밝혀졌다. 그 교회의 내부 모자이크 벽화에 페르시아인으로 묘사된 동방박사들이 있었는데, 그 모습을 본 페르시아 병사들이 자신들의 선조 페르시아인 마고스의 모습을 알아보고 그 교회를 훼손하지 않고 오히려 보존하였다는 것이다. 이미 3세기 알렉산드리아의 클레멘트(Clement)와 오리겐(Origen)을 포함한 그리스도교의 교부들도 동방박사가 페르시아에서 왔다고 언급한 바 있었다.

| 그림 26 | 성모 마리아기념교회(이란, 우르미에)의 아지리아 신부. 그는 마고스들에 의해 처음 설립된 교회를 이어간다는 전승에 큰 자부심을 가지고 있다. 이 교회는 100여 명의 그리스도인이 모여 매주일 예배를 드리는데, 아지리아 신부는 놀랍게도 예수가 사용했던 2천 년 전의 '아람어'로 예배의 성서 봉독, 기도, 찬송을 인도한다.

옛 페르시아 제국 지역은 현재의 이란 지역에 해당된다. 이란 전역에는 현재에도 아르메니아 정교회 소속의 오래된 교회의 예배당들이 남아 있는데, 예배당들은 동방박사의 전승과 직간접으로 관련된 흔적을 보유하고 있다. 예를 들면, 예배당의 벽화는 동방박사의 경배 모습을 예외없이 반영한다. 특히, 이란 우르미에 지역의 성모 마리아기념교회는 유대의 왕 그리스도 예수를 찾아가 경배하고 돌아온 동방박사들이 세운 교회였다고 전해지고 있고, 동방박사 중 두 사람의 유골을 모시고 있었다고 전해진다. 이 교회는 아르메니아 정교회 소속의 교회인데, 아지리아 신부는 동방박사들이 아기 예수를 경배하고 돌아와서 세운 페르시아 최초의 교회 '샤르 아슈리' 교회의 터 위에 현재의 '나네 마리암'(성모 마리아)교회가 세워졌다고 한다. 또한 동방박사 중 '발타사르'와 '멜키오르'로 불리는 두 분의 유골을 보존했던 성지라고 강조한다.

7세기 중국 당나라에 전래되었던 동방 교회 네스토리우스파 그리스도교의 비문인 대진경교유행중국비(大秦景教流行中國碑, 781)에는 '페르시아인'(波斯)이 빛을 보고 도래하여 예물을 봉헌했다고 기록되어 있고, 마르코폴로가 13세기 말 페르시아를 여행하던 중 테헤란의 서남부 방향 24km정도의 거리에 위치한 사바(Sava)에서 동방박사의 성묘를 목격하였다는 내용이『동방견문록』제31장에 나온다.

서방 교회의 전승에 의하면, 콘스탄티누스 황제의 모후 헬레나가 콘스탄티노플에서 예루살렘 성지를 다녀오는 순례 여정 도중(327-328)에 시리아 지역에서 동방박사들의 성묘를 발견하고 그 유골을 콘스탄티노플로 옮겼다고 한다. 다소간의 전승 차이는 있지만, 동방박사의 유골이 콘스탄티누스 황제 시기에 콘스탄티노플로 옮겨졌다는 점에는 이견이 없는 것으로 보인다.

현재 이스탄불에 소재한 파티 모스크(Fatih Mosque)는 콘스탄티누스 황제 당시에 지어진 성 사도들의 교회(Church of Holy Apostles) 위에 세워진 것인데, 본래 이 교회에는 콘스탄티누스 황제의 영묘를 준비해 놓고 있었고, 그 주위에 예수의 열두 사도 등 사도들의 유골을 모아서 대리석으로 석관을 만들었다. 동방박사의 유골도 성 사도들의 교회에 보관되었다가, 현재 이스탄불의 성 소피아 대성당(Hagia Sophia)의 자리에 있었던 '메갈레 에클레시아'(*Megale Ekklesia*) 즉 '동방박사교회'에 유골이 이전 보관되었다.

콘스탄티누스 황제는 동방박사의 유골을 이탈리아 밀라노의 주교 에우스토르기우스(Eustorgius)에게 선물했다. 그 후 동방박사의 유골은 성 에우스토르기우스 교회(the Basilica of Sant'Eustorgius)에 보관되었고 그리스도교의 가장 중요한 보물의 하나로 여겨지며 밀라노의 자랑이 되었다.

12세기 신성로마제국의 황제 프레데릭 바르바로싸(Frederick I Barbarossa)가 밀라노를 정복한 후, 대주교 폰 다셀(Rainald von Dassel)은 동방박사의 유골을 콜로네 대성당(현재의 쾰른 대성당)으로 강제로 옮겼다(1164년 7월 23일). 훗날 이에 대한 사과와 보상의 성격으로 1904년 콜로네의 대주교 피셔(Anton Fischer)는 밀라노의 성 에우스토르기우스 교회에 동방박사 유골의 일부분을 다시 반환했다.

동방박사들의 출발지가 페르시아의 우르미에 지역이었다고 가정한다면, 우르미에로부터 베들레헴까지는 약 2,000km에 달하는 원거리이다. 이는 당시의 대상(caravan)이 낙타를 타고 하루에 평균 10km를

| 그림 27 | 쾰른 대성당에 보관된 동방박사 유골함(좌)과 유골함 내의 세 유골(우)

쉬지 않고 이동했다고 하더라도 무려 200여일이나 소요되는 긴 여정이었음을 의미한다. 그렇다면 동방박사들은 큰 위험을 감수하면서 전혀 안전을 보장할 수 없는 험난한 순례를 결행했던 셈이다.

크리스마스 이야기에 등장하는 박사는 어떤 일을 하는 사람들이었는가? '박사'는 본래 마태복음서에서 그리스어로 표기된 '마고스'(*magos*)를 번역한 말이다. 마고스의 복수형은 '마고이'(*magoi*)인데, 마태복음서에는 '마고이'라고 기록될 뿐, 사람수에 관한 언급이 전혀 없다.

헤로도투스에 의하면, 마고스는 메대 종족들 가운데 한 부족으로서 아케메니아 페르시아인들의 통치(BC 6-4세기) 아래에서 제사장과 예

| 그림 28 | 오른쪽에서 세 번째에 프리기아 모자를 쓰고 서 있는 인물이 '마고스' (*magos*)이다. 의자에 앉아 있는 사람(오른쪽 첫 번째)은 기원전 5세기경 페르시아의 아케메니드(Achaemenid) 왕조시대 황제이다. 오른쪽 두 번째 사람은 황태자이다. 여기에서 마고스의 높은 서열을 직접 확인할 수 있다. 이 부조는 페르세폴리스 왕궁에서 발굴된 것이며, 현재 테헤란에 소재한 고고학박물관인 Bastan Museum에 전시되어 있다.

언자로 활동했다. 마고스는 고대 페르시아에서 사용되던 '마구(magu)'로부터 유래된 것으로 볼 수 있다. 현재까지도 이란에서는 조로아스터교의 사제들을 '모그'라고 부르고 있는데, '모그'라는 호칭은 중세 시대의 페르시아의 문헌에도 등장한다.

마태복음서 외에, 구약성서의 다니엘서(2:2,24)와 신약성서의 사도행전(13:6,8)에 '마고스'가 나온다. 다니엘서에 나오는 마고스는 느부갓네살 왕의 꿈을 해석하는 일을 위해 불려온 '박수(개역 성서)' 또는 '점성가(공동번역 성서)'로 번역되었다. 다니엘도 '마고스'라 불렸고, 마고스들의 최고지도자로 알려졌다(다니엘서 5:7,11). 사도행전에 등장하는 마고스는 '마술사'로 번역되는데, 여기서 마술사로 불린 '바예수'(개역 성서) 또는 '바르예수'(공동번역 성서)는 거짓 예언자로서 사도 바울의 선교를 방해하는 부정적인 인물로 묘사되었다(사도행전 13:10). 성서 속의 마고스는 긍정적 이미지와 부정적 이미지를 모두 보여준다.

8.5 예수를 찾아 온 과학자들

예수 시대의 마고스는 현자, 점성학자, 연금학자, 의사, 사제 등을 지칭했는데, 과학과 기술을 분리하지 않았던 당시의 기준으로 보면, 점성술은 고대의 천문학이었으며, 연금술은 고대의 화학이었으며, 의술은 고대의 의학이었다. 예를 들어, 예수 시대의 인물, 이집트 알렉산드리아의 유대인 철학자 필로(Philo)가 과학자로서의 마고스를 잘 알고 있었다는 기록이 남아 있다(*De legibus specialibus m* 18:##100-1). 그리스 문화권에서는 별을 연구하는 사람을 '마테마티키'(*mathematici*) 라고 불렀다. 이 용어는 오늘날 수학자(mathematician)에게도 해당된다.

80-100년경 마태복음서가 기록된 때, 별을 연구하는 마고스는 (i)별의 관측, (ii)수학적 계산, (iii)종교적 해석을 포함하여 활동하는 과학자로 인식되었다. 마태복음서에 기록된 마고스는 '별을 통해 나타나는 신의 메시지를 해독하는 과학자'로 묘사된다.

예수 시대의 마고스는 최고 수준의 지식을 소유한 과학자이다. 현재의 과학의 수준으로 보면, 마고스를 별점을 치는 점성술사 정도로 과소평가할 수도 있다. 그러나 예수 시대에 점성술과 천문학은 전혀 구별될 수 없었으며, 마고스는 고대의 천문학자라고 보는 것이 타당하다. 그들은 '12궁도'나 주요 '별자리'를 잘 알고 있었다.

역사적으로도 1세기 초의 유대인과 기독교인들의 문서들에는 고대 천문학으로서의 점성술의 개념이 확산되어 있었다. 역사상 고대의 가장 위대한 천문학자로 불리는 프톨레마이오스(Ptolemaios Klaudios 100-170경)의 기념비적인 저술인 '테트라비블로스'(*tetrabiblos*)에서의 천문학은 점성학이었다. 프톨레마이오스는 별을 다루는 것이 제1과학이고, 별이 지상에 주는 영향을 다루는 것이 제2과학이라고 정의했다.

예수 시대의 점성학은 천문학과 동의어로 사용되었으며, 고대의 점성학자는 곧 고대의 천문학자를 의미한다. 그러므로 마태복음서에서 묘사된 내용에 따르면, 별을 관측하는 마고스는 고대 천문학의 전문적 지식을 소유했던 과학자로 보는 것이 적절하다.

이러한 전통은 과학혁명의 시기였던 17세기까지 그대로 통용되었다. 가령, 16세기 종교개혁자 마르틴 루터의 동지이자 종교개혁의 핵심 인물이었던 멜란히톤(P. Melanchton 1497-1560)은 그 시대를 대표하는 다재다능한 대학자였는데, 그는 천문과학으로서의 점성학을 굳게 신뢰했고, 1553년에는 직접 프톨레마이오스의 역작 '테트라비블로스'를 라틴어로 번역하였다. 아울러, 위대한 천문학자 케플러(J. Kepler 1571-1630)가 그라츠대학에서 점성학을 직접 가르쳤다는 점도 천문과학으로서의 점성학의 위치를 잘 보여준다.

8.6 예수와 과학자의 만남

페르시아의 과학자 마고스들은 하늘의 별을 관측한 후, 예수를 만나서 두 가지 직접적인 공헌을 한 것으로 해석해 볼 수 있다(베들레헴의 별과 관련된 분석에 관하여는 『과학의 눈으로 본 신학』을 참조하기 바람).

(1) 과학자들은 헤롯의 요청대로 헤롯에게 돌아가지 않고, 다른 길로 고국으로 돌아감으로써, 헤롯의 예수 살해 음모를 무산시켜 예수 가족이 이집트로 피신하는 것을 도왔다(마태복음서 2 : 13). 과학자들은 자신들의 신변의 위험을 무릅쓰고 예수의 생명을 구하는 일을 감행했다.

(2) 과학자들은 아기 예수에게 황금(gold)과 유향(frankincense)과 몰약(myrrh)을 예물로 드렸다(마태복음서 2 : 11). 예수 시대에 유향은 황금과 동일한 값을 받았으며, 몰약은 더욱 희귀한 물품으로 황금의 7배의 값을 받았다고 한다. 그렇다면, 과학자들의 예물은 예수의 가족이 이집트로 급히 피신하여, 헤롯이 죽기까지 최소한 2년 이상을 거주하는 동안에, 긴요한 경제적 자산이자 생계의 근거가 되었을 것이다.

결론적으로, 페르시아인 마고스들은 (1)그리스도의 탄생을 인지한 최초의 과학자들이며, (2)그리스도를 경배한 최초의 종교적 순례자이고, (3)그리스도에게 예물을 드린 최초의 경제적 후원자이고, (4)그리스도를 위해 신변의 위험을 감수한 최초의 협력자이다.

동방박사들은 예로부터 지금까지 전 세계 여러 곳에서 많은 이들에게 사랑을 받으며 다양한 문화적 이미지로 받아들여졌다. 때로는 세대륙을 대표하는 인물로 해석되기도 하고, 때로는 세 세대를 대표하는 인물로 해석되기도 하며, 다른 종교를 대표하는 인물로 해석되기도 하는데, 왕 중의 왕으로 고백되는 예수 그리스도를 가장 먼저 경배한 세 명의 위대한 왕으로 기념되기도 한다.

그리스도교에서는 2세기부터 1월 6일을 공현일(Epiphany)로 지키고 있는데, 이 공현일은 역사적으로는 12월 25일을 크리스마스 축일로 지키는 것보다도 훨씬 오래된 전통이다. 신이 예수 그리스도를 통해 공적으로 나타나셨다는 의미를 강조하는 이 공현일 혹은 주현일에서, 과학자와의 만남 사건을 그 중심에 두고 있다는 중요성은 아무리 강조되어도 지나치지 않다. 지금도 그리스도교의 정교회는 1월 6일을 크리스마스로 지키고 있다.

동방박사의 방문과 경배의 이야기는 과학과 종교의 긍정적 관계와 조화로운 관계를 보여주는 모델을 보여준다. 종교와 과학은 그리스도의 탄생 이야기부터 긴밀히 관련되어 있다. 동방박사의 이야기는 예수와 페르시아 과학자의 극적인 만남을 아름답게 묘사하고 있고, 과학적 행동이 종교적 행동과 조화를 잘 이룰 수 있음을 선명하게 보여준다. 동시에 동방박사의 이야기는 과학과 종교가 공감해야 할 상호작용의 메타포와 모델을 위한 영감을 제공한다.

09
태초, 빅뱅우주론과 성서의 공유

'태초에(*bereshit*)' 신이 천지를 창조하셨다. (창세기 1 : 1)

9.1 태초에

우주의 기원은 과학과 그리스도교에 있어서 서로 피할 수 없는 주제인 동시에 가장 소중한 공유 재산이 아닐 수 없다.[3] 현대 우주과학의 빅뱅이론과 그리스도교가 가질 수 있는 공동의 관심사가 있다면 바로 '태초'라는 사건일 것이다. 여기에서 태초라는 개념은 분명히 우주에 어떤 '시작'이 있었음을 전제한다. 그리스도교에서 신의 창조 사건 내에 '빅뱅(Big Bang)'을 인정한다면, 그것

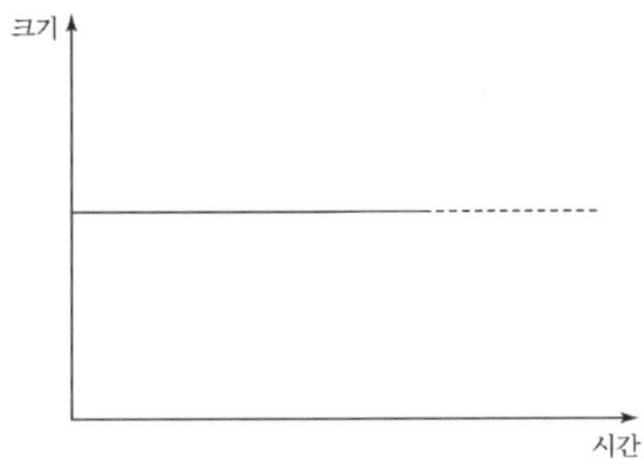

| 그림 29 | 정적 우주론
시간에 따라 크기가 변하지 않으며, 시작도 끝도 없는 우주이다.

은 우주가 탄생한 순간의 유일무이한 특이점(singularity)이 있었음을 인정하는 것이다.

'빅뱅우주론'이 성립된 20세기 중반 이전까지만 하더라도 우주의 시작이란 개념은 천문학계 내에서도 보편적인 것이 아니었다. 우주는 불변하는 무한한 시간과 공간을 상징하는 것이었기 때문이다. 그런 우주에는 시작도 끝도 없어야 한다. 이런 주장을 견지했던 우주론을 '정적 우주론'이라고 할 수 있다. 이러한 우주론을 대표하는 것이 '정상상태이론'(Stead-State Theory)인데, 이 우주론에 따르면 그 어떤 존재도 예외 없이 무한한 우주 속의 일정한 법칙 내지 질서에 따라야 한다.

9.2 빅뱅이론과 그리스도교

> "빅뱅으로부터 우리 우주와 같은 우주가 출현하는 것에는 상상할 수 없을 만큼의 기이함이 따른다. 내 생각으로는 우리 우주가 출현한 것에는 분명 종교적 함의(religious implication)가 들어 있다."
>
> - 스티븐 호킹(Stephen Hawking, 1942~2018, 영국의 천체물리학자)

1929년 에드윈 허블(Edwin Hubble)은 은하에서 오는 빛을 측정하고 분석하여 놀라운 결과를 제공해 주었다. 거의 모든 은하가 지구로부터 멀어지고 있다는 사실을 발견한 것이다. 그의 발견의 결과는 은하의 후퇴 속도가 지구로부터 은하의 거리에 비례한다는 '허블의 법칙'으로 성립된다. 먼 곳의 은하일수록 더 빠르게 멀어지는 우주 팽창의 증거를 관측한 것이다.

현재 승리한 우주론은 정적 우주론이 아닌 동적 우주론으로서의 빅뱅우주론이다. 빅뱅우주론은 단지 하나의 가설이 아니라 이미 검증을 거친 우주론이기 때문이다. 우리나라에서는 빅뱅이론을 대중에게 소개한 호킹 박사가 무신론자로 널리 알려짐에 따라, 한때 빅뱅이론을 무신론의 이론으로 동일시하려는 논리적 오류가 있었다.

그러나 우주의 출발점을 전제하는 빅뱅이론은 내용과 전제상 무신론자보다는 오히려 유신론자에게 친근할 수 있는 이론이다. 우주의 탄생과 우주의 팽창에 관한 이론 성립에 큰 공헌을 했던 벨기에의 천문학자 르메트르(Georges Lemaitre 1894~1966)는 로마 가톨릭의 사제였고, 로마 가톨릭 교회에서는 1952년 교황 비오 12세에 의해 빅뱅이론은 가설의 단계를 넘어선 이론으로 받아들여진 바 있다.[4]

| 그림 30 | 허블(Edwin Hubble, 1889~ 1953) 허블의 법칙을 제시함.

9.3 태초의 빛

"신이 말씀하시기를 "'빛'이 생겨라" 하시니, 빛이 생겼다." (창세기 1 : 3)

빅뱅이론의 승리를 위한 매우 결정적인 사건이 1965년에 일어났다. 펜지아스(Arno Penzias)와 윌슨(Robert Wilson)은 우주의 모든 방향에서 오는 마이크로파(microwave)의 우주배경복사(cosmic microwave background radiation)를 발견하였다. 태초의 빛의 흔적을 관측한 이들의 업적은 마치 우주 초기의 팽창에 대한 결정적인 고고학적 유물을 발견한 셈이어서, 빅뱅이론을 구성하는 데 필요한 기본 조건이 모두 충족되었다.

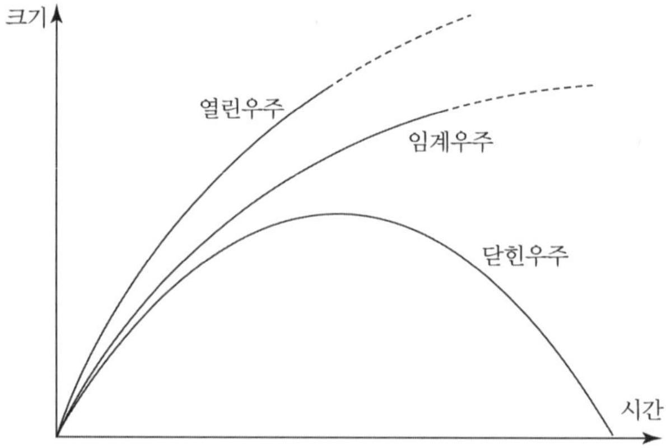

| 그림 31 | 팽창하는 우주에 대한 세 가지 가능성. 열린 우주는 무한히 확장되고 영원히 팽창한다. 닫힌 우주는 유한하고 빅 크런치(Big Crunch)를 향하여 수축한다. 두 우주 사이의 경계는 임계우주(the critical universe)라고 하는데, 우주의 밀도 파라미터 $\Omega = 1$이며 무한히 커지고 영원히 팽창한다. 열린 우주는 $\Omega < 1$이며, 닫힌 우주는 $\Omega > 1$에 해당한다.

태초의 빛에 해당하는 것이 마이크로파인데, 이 마이크로파는 파장이 7cm에 해당하므로 우리 눈으로는 볼 수 없는 영역의 빛이다. 그러니까 『창세기』에 나오는 태초의 빛은 우리가 눈으로 볼 수 있는 가시광선이 아니었다.

신약성서 『요한복음서』에서는 태초와 관련된 예수 그리스도에 대한 이야기가 기록되어 있다.

> "'태초에'(*en arche*) '말씀'(*logos*)이 계셨다. 그 '말씀'은 신과 함께 계셨다. 그 '말씀'은 신이셨다. 그는 태초에 신과 함께 계셨다. 모든 것이 그로 말미암아 창조되었으니, 그가 없이 창조된 것은 하나도 없다. 창조된 것은 그에게서 생명을 얻었으니, 그 생명은 사람의 빛이었다." (요한복음서 1 : 1~4)

예수는 태초에 신과 함께 있었던 '로고스'였고, 그가 없이는 창조가 일어날 수 없었다고 고백된다. 예수는 '빛'이고 '생명'으로 상징되며,

그 빛은 인간들이 볼 수 있는 세상의 빛이었다는 것이다.

특이점 정리. 우주의 생성에는 특이점이 존재해야 한다는 정리이다. 로저 펜로즈는 기하학적 통찰력으로 이 문제를 해결했는데, 중력의 작용에 의해서 빛이 영원히 과거로 진행될 수 없음을 증명하였다.

『창세기』와 『요한복음서』에 나타나는 '태초의 빛'에 대한 이미지를 연결하여 함께 고찰한다면, 태초의 빛은 본래 우리가 볼 수 있는 빛이 아니었지만, 태초의 빛이 볼 수 있는 빛으로 우리에게 다가왔다는 것을 의미한다.

9.4 태초의 시간

빅뱅우주론에서는 우주의 출발점이 전제된다. 그 출발점의 존재는 펜로즈(Roger Penrose)와 호킹(Stephen Hawking)에 의해 '특이점 정리'(Singularity Theorem)로 증명되었으나, 그 누구도 그 출발점의 본질에 대해서 많은 정보를 갖고 있지 못하다. 다만 태초의 특이점은 우주의 모든 질량이 무한으로 압축되어 있는 상태라는 것과 그 유일한 사건으로부터 우주의 모든 것이 시작되었다는 것을 암시한다.

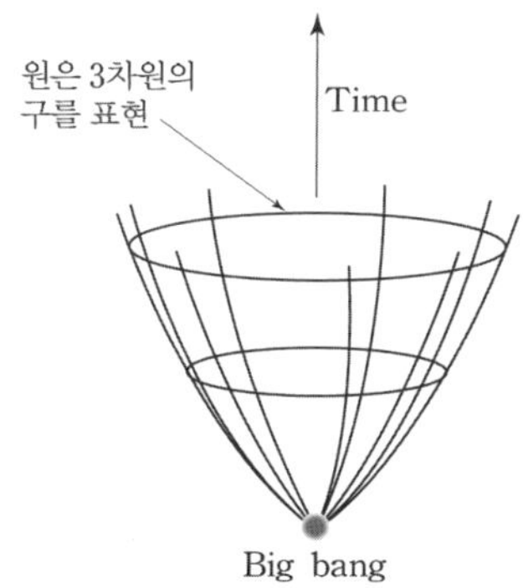

| 그림 32 | 빅뱅우주론에서의 시간

빅뱅이라는 창조적 사건이 보여주는 것은 우주에 '출발점'이 있었고 우주에 경계 조건(boundary condition)이 있었다는 것을 보여준다. 이 사건으로부터 (1) 공간과 (2) 시간과 (3) 물질이 탄생했다.

이러한 시간의 의미를 이해하고 있던 그리스도인이 있었는데, 히포의 아우구스티누스에게는 미래의 시간이나 과거의 시간이 없다. 그에게는 단지 '과거의 현재(*praesens de praeteitis*)' '현재의 현재(*praesens de praesentibus*)' '미래의 현재 (*praesens de futuris*)'라는 시간이 있었다. 과거의 현재는 '기억'(*memoria*)이고, 현재의 현재는 '보기'(*contuitus*)이며, 미래의 현재는 '기대' (*expectatio*)이다.

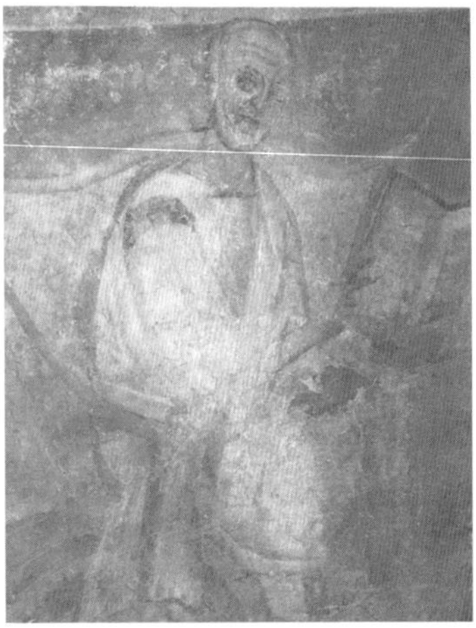

| 그림 33 | 현존하는 가장 오래된 성 아우구스티누스의 모습. 로마의 라테란에 있는 프레스코화

주교였던 아우구스티누스(Augustinus, 354~430)였다.

'우주를 창조하기 이전에 신은 무엇을 하고 있었는가?' 이러한 패러독스적 질문은 그리스도교 역사상 최고의 신학자였던 아우구스티누스에게는 문제가 될 수 없었다. 그는 창조와 더불어 시간이 생겨났다고 통찰할 수 있었던 최초의 인물이었다(『고백록』 제11권). 아우구스티누스는 신이 시간 속에 존재하는 분이 아니라 시간 자체를 창조한 분이라고 보았다. 그러므로 창조의 '이전'이란 개념은 시간이 생기기 이전에 논리적으로 적용할 수 없는 것이다. 질문 자체가 잘못된 것이 된다. 영원한 신이란 무한한 시간 내부의 신을 의미하는 것이 아니라, 시간 외부에 존재할 수 있는 신을 의미할 수 있다.[5]

9.5 태초의 공간

3차원 이상의 고차원의 공간을 표시하기 위해서는 '상공간'(phase space)이 사용된다. 이것은 다이내믹 시스템(dynamic system) 내의 상태를 표시하기 위한 것인데, 위치(position)의 좌표 x_1, x_2, …와 운동량(momentum)의 좌표 p_1, p_2, …를 x_1, x_2, …, p_1, p_2, …와 같이

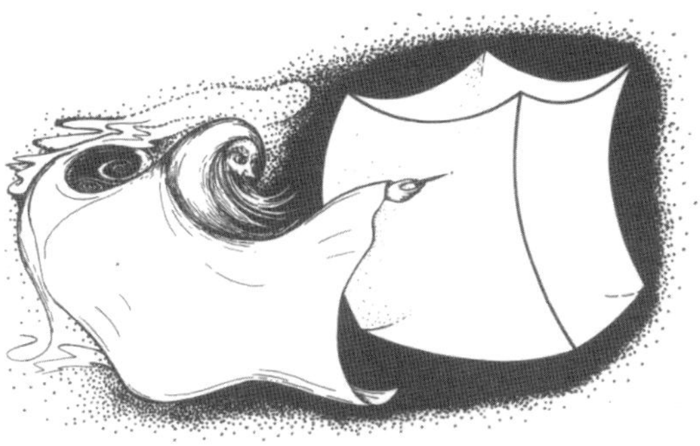

| 그림 34 | 태초의 공간을 만드시는 신 (펜로즈의 그림)

하나의 차원으로 설정할 수 있다. 이러한 상공간에서 태초의 공간을 표현한다면 어떻게 될까?

영국의 수학자이자 물리학자이자 인지과학자인 펜로즈(Roger Penrose)는 베켄슈타인(Jacob Beckenstein)과 호킹(Stephen Hawking)의 공식을 사용하여 상공간에서의 부피에 대한 값을 계산하였다. 그 결과에 의하면 우주가 태초의 특이점을 가지기 위해서는 10의 10승의 123승 분의 1, $\left(\frac{1}{10^{10^{123}}}\right)$의 정밀함이 필요하다(*The Emperor's New Mind: Concerning Computers, Minds, and The Laws of Physics*).

우리가 살고 있는 것과 똑같은 우주를 만들기 위해서는 신이 우주의 상공간(phase space)에서 10의 10승의 123승 분의 1에 해당하는 정밀한 점을 찍어야 한다(그림 34). 단지 우연에 의해 우주가 과거와 같은 초기의 특이점을 가질 확률은 10의 10승의 123승 분의 1 보다도 작다. 그렇다면 신은 그야말로 무한에 가까운 수치의 정확성을 가지고 점을 찍은 셈이 된다.

9.6 우주에서 신의 활동

"하늘은 신의 영광을 드러내고, 창공은 그의 솜씨를 알려 준다." (시편 19 : 1)

정적인 정상상태우주론에서는 (1) 신이 물리세계에 개입하지 못하거나, (2) 신이 개입함으로써 자연의 질서를 파괴하는 역할을 한다는 두 가지 방향의 갈등이 생길 수 있다. 말하자면 (1)은 신이 우주를 창조한 후 이 세계와는 무관한 그 어디엔가에 분리되어 있어야 한다는 것이고, (2)는 신이 우주의 문제에 직접 개입함으로써 우주의 질서를 뒤흔들어 놓아야 한다는 것을 전제로 한 것이다. 이런 점에서 정적 우주론을 주장하는 사람들은 신의 존재를 부인하려는 무신론을 선택하려는 경향이 있다. 변화없는 무한한 정적 우주를 전제하고서는 신의 창조라는 특별한 사건이 필요하지 않다고 볼 수 있기 때문이다.

그러나 동적인 빅뱅우주론은 열린 우주론이며 개방형 시스템이다. 빅뱅우주론의 입장에서 보면, (1) 신의 창조 활동과 (2) 신의 물리세계 내의 활동이 논리적으로 모순되지 않는다. 특이점이라는 사건을 전제하기 때문에 신의 창조 활동과 충돌할 필요가 없다. 또한 고정된 우주가 아니기 때문에 신의 물리세계 내의 활동이 기존의 질서나 법칙과 충돌해야 할 필요가 없게 된다. 신의 활동은 이제 움직임이 없는 우주 안에서의 불연속적 '개입(intervention)'이 아니라, 동적인 우주 안에서의 연속적 '활동'으로 이해될 수 있다.

9.7 빅뱅우주론의 창세기

"내가 땅의 기초를 놓을 때에, 네가 거기에 있기라도 하였느냐? 네가 그처럼 많이 알면, 내 물음에 대답해 보아라." (욥기 38 : 4)

왜(why) 우주의 시작이 있어야 하는가? 이에 대해 과학은 대답할 수 없다. 그러나 성서에 의하면 창조의 주체인 신이 창조를 시작했기 때문이다. '어떻게(how)'의 문제는 창조의 이유라기보다 창조의 과정에 관한 문제로서 이것은 과학의 영역이다. 신이 태양을 만들기도 전에 하루의 시간을 24시간으로 계산하겠다는 주장도 겸허한 믿음과는 거리가 있다.[6]

그리스도교가 창조의 '종교적 의미'가 아니라 '과학적 과정'에 집착하려 한다면, 그것은 오히려 성서의 기록 취지와도 거리가 먼 자세가 될 것이다. 우리가 '왜(why)'에 대한 통찰과 '어떻게(how)'에 대한 통찰을 서로 존중한다면 과학의 빅뱅이론과 그리스도교가 충돌할 이유는 없다.

| 그림 35 | 빅뱅 상상도

빅뱅우주론은 신이 있다는 것을 주장하거나 신이 없다는 것을 주장하는 이론이 아니다. 따라서 빅뱅우주론에 근거하여 신의 존재를 증명하려는 것도, 빅뱅우주론에 근거하여 신의 존재를 반증하겠다는 것과 동일한 논리적 오류를 범하는 것이 된다. 우주가 열린 우주이듯이 과학과 종교도 막힌 도구가 아니라 이해를 위한 열린 도구가 된다면, 서로가 풍부한 이해를 공유할 수 있다.

신께서 태초에 빅뱅을 허락하지 않으셨다고 판정할 수 있는 성서적 근거는 없다. 마찬가지로 빅뱅우주론에 의하면, 우주의 초기 시간에서 10^{-43}초 이전의 시기에 일어난 사건은 미지의 과학적 여백으로 남겨져 있음이 분명하다.

성서의 창세기 1장과 함께 읽어 볼 만한 빅뱅우주론의 창세기 내용은 다음과 같다.

- 빅뱅 특이점 : 양자불확정성으로부터 (1) 시간과 (2) 공간과 (3) 에너지가 혼돈의 상태로 우주가 출현.
- 플랑크 시기 : 아직 알려지지 않은 양자효과의 시기
- 10^{-43}초 : 대통일이론(Grand Unification Theory) 시기. 물질/반물질의 균형이 물질쪽으로 기울어진다. (반물질입자 10억 개당 물질입자는 10억 1개를 생성)
- 10^{-34}초 : 인플레이션이 끝나고 쿼크와 반쿼크가 지배한 시기
- 10^{-10}초 : 하드론과 렙톤 시기, 쿼크라는 입자가 결합하여 양성자, 중성자 등을 형성한다. [(1) 중력과 (2) 강한 상호작용과 (3) 약한 상호작용과 (4) 전자기력은 별개의 힘으로 존재]
- 1초 : 양성자와 중성자가 결합해서, 수소, 헬륨, 리튬, 중수소의 원자핵을 형성한다.
- 3분 : 물질과 복사가 결합하면서 원자가 생성된다.

- 30만 년 : 물질과 복사가 분리됨. 불투명하던 우주가 투명해지면서 우주배경복사가 방출된다. 이후 10억 년까지는 우주의 암흑시대.
- 10억 년 : 물질의 덩어리가 퀘이사, 항성, 원시 은하를 형성. 항성들이 무거운 원자핵을 합성하기 시작한다.
- 95억 년 : 태양계 형성과 지구 형성.
- 100억 년 : 생명체 탄생.
- 140억 년 : 새로운 은하들이 항성 주위로 밀집한 태양계들과 함께 생성. 원자들이 연결되어 복잡한 분자들과 생명 물질들을 형성한다.

9.8 인간원리에서 역인간원리로

> "나는 창조주가 세상을 어떻게 창조했는지 알고 싶다. 나는 어떤 현상이 일어났는지 관심이 없다. 나는 창조주의 의도를 알고 싶다. 그 밖의 것들은 사소한 것에 불과하다."
> - 아인슈타인(Albert Einstein)

우주의 현재 모습이 과연 최상의 결과인가? 아니면 오늘의 모습은 최적의 모습인가? 이에 대한 대답은 과학에서 찾을 수가 없다. 과학의 소관 사항이 아니기 때문이다. 그러나 우주의 생성 과정 속에서 생명을 가진 존재들이 나타나고, 특별히 의식을 가진 인간이 태어날 수 있는 확률에 대하여 묻는다면 현대 과학은 확률이 0에 가

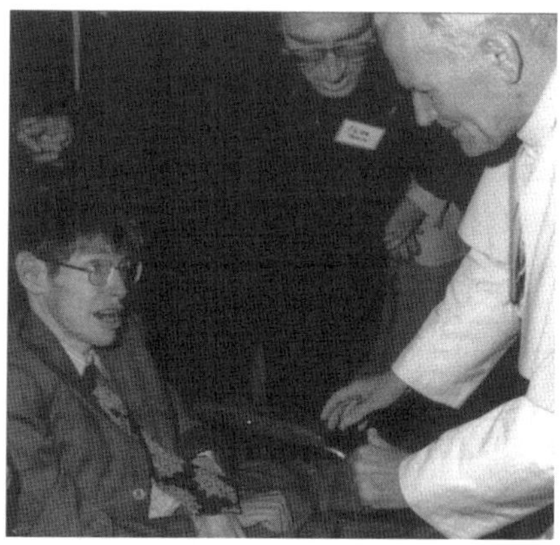

| 그림 36 | 호킹 박사(좌)와 교황 요한 바오로 2세(우)

인간원리는 1974년 영국의 천문우주학자 Brandon Carter (*Large Number Coincidences and the Anthropic Principle in Cosmology*)에 의해 공식화 되었다.

깝다고 분명하게 대답한다. 영국의 물리학자 호킹은 초기 우주의 사건이 가질 수 있는 확률과 관련하여 다음과 같이 표현했다(*The Illustrated A Brief History of Time*).

> "만약 빅뱅 1초 후의 팽창률이 1000억 분의 1만 더 작았다면, 우주는 현재의 크기에 도달하기 전에 다시 수축했을 것이다."

이렇게 신비롭다고 할 수 밖에 없는 원인과 결과를 연결할 수 있는 현대 과학의 법칙은 무엇인가? 과학자들은 확률적으로 불가능에 가까운 우주의 역사를 설명하기 위해서 '인간원리'(anthropic principle)라는 하나의 가설을 생각하게 되었다.

인간원리는 (1) 우주의 인과성과 (2) 관측자의 존재성 사이에 관계를 두고 보자는 것이다. 인간원리는 우주의 관측자인 인간의 존재를 위하여 필요한 조건들을 만족시키는 방향으로 우주가 조율되었다는 것을 전제한다. 즉 우주가 생명과 의식을 갖춘 인간을 내기 위한 필요한 조건을 형성하는 방향으로 진행되었다고 생각하자는 것이다. 이 주장에는 우주의 관측자로서 의식을 보유한 인간의 존재가 우주의 상수와 일종의 인과관계처럼 연결되어 있다.

인간원리에는 인간 창조와 우주의 역할의 정도의 차이에 따라 약한 주장에서부터 강한 주장까지 다양한 유형이 있을 수밖에 없다.[7] '약인간원리'(Weak anthropic prinicple)란 우주의 모든 다양성 가운데서 현재 우리가 살고 있는 우주에서 의식을 가진 인간의 시공간적인 위치를 다룬다. 약인간원리에서는 관측자의 출현에 필요한 우주의 특성에 한정시켜서 인간원리를 적용하며, 우주가 인간을 지원하는 시스템이 된 이유(why)에 대해서는 설명하고자

인간원리는 '우리가 인지하는 우주는, 우주를 인지해 줄 존재가 탄생하고 생존할 수 있는 환경을 가진다'고 전제한다.

시도하지 않는다. 이 주장은 '어떤(for some)'을 논리적으로 전제하며, 인간 탄생의 발연성(contingency)을 인정한다.

반면에 '강인간원리'(Strong anthropic prinicple)로 불리는 입장에서는 모든(for all) 우주가 인간을 지원하는 시스템이 된 이유(why)에 대해서도 설명하고자 시도한다. 강인간원리는 인간의 존재함이 자연법칙의 필연적(necessary) 결과라는 주장을 포함한다. 그러므로 다른 우주의 모든(for all) 영역에 적용시키려는 시도는 '강인간원리'와 관련된다. 이러한 강인간원리에서는 이론적 설명이 어려운 경우, 무리한 답변을 제시하려는 위험성이 나타날 수 있다.

인간원리에 의하면 우리가 살고 있는 이 우주가 현재의 모습대로 된 것은 인간이 그 우주를 관측하기 위하여 존재할 필요가 있다는 제약이 전제된다. 이러한 인간원리가 유일한 설명이 될 수는 없으나, 현재로서는 과학자들이 인간원리 자체를 무조건 거부하기는 어렵다. 왜냐하면 오늘의 우주가 형성된 조건을 일관성있게 설명할 길이 묘연하기 때문이다. 하지만 인간원리가 설명의 한계지점에서 만병통치(cure all)처럼 남용되면 안된다.

강인간원리보다는 약인간원리를 지지하고 있는 우주과학자들이 더 많은 것으로 알려져 있다. 약인간원리는 현재 지구상의 여러 가지 조건들이 인간이 존재하기에 적합한 것인가에 대한 설명을 제공할 수 있다. 예를 들면, 우리의 몸을 구성하고 있는 탄소나 산소를 생성되기 위해서 그 이전에 별이 생성되어야 했고, 수소와 헬륨의 일부를 탄소나 산소로 변환시켜주는 사건들과 그러

| 그림 37 | 배로(John Barrow) 영국 캐임브리지대학교의 물리학교수. 과학과 종교에 대한 공헌으로 2006년 템플턴 상을 수상. 인간우주원리(*The Anthropic Cosmological Principle*)의 저자

한 순서와 그만큼의 시간소요가 필요했다고 이해할 수 있게 도와준다. 그 조건들이 적합하지 않았다면 인간은 현재 지구상에 존재하지 않았을 것이기 때문이다.

그렇다면 인간은 지구라는 무대의 유일한 주인공인가? 인간에 대한 최고의 성서적 표현은 '신의 형상' (창세기 1장 27절)일 것이다. 그런데 신의 형상이란 용어는 자연을 돌보는 '청지기'(manager)를 의미한다는 점에서, 인간이 지구의 유일한 주인공이라는 의미와는 큰 차이가 있다. 청지기는 소유권을 가지고 있지 않다. 청지기는 소유를 위한 존재가 아니라, 관리를 위한 존재이다. 자연 만물의 소유권은 오직 신에게만 있다.

성서에서 등장하는 순서로 보자면, 인간이야말로 우주의 출연자들 가운데 까마득한 후배임에 틀림없다. 자연이 인간을 위한 환경이 되었듯이, 인간은 자연을 위한 또 다른 차원의 환경이 되어야 한다.

앞으로는 인간을 위한 우주 존재의 의미를 찾기 보다는 우주를 위한 인간 존재의 의미를 풀어내는 것이 새로운 과제가 되어야 한다. 이것을 '인간원리'에서 '역인간원리(Reverse anthropic principle)'로의 대전환이라 할 수 있고, '휴먼(human)'에서 '트랜스휴먼(transhuman)'으로의 대전환과 그 핵심과제라 할 수 있다.

9.9 우주의 재로부터

그리스도교는 신이 우주를 창조하였고 다스린다고 고백하는 종교이다. 빅뱅우주론과 그리스도교는 적어도 '시작'이 있었음을 공유한다. 현대의 우주과학은 그 특별한 '시작' 이후에 현재까지 확률상으로는 불가능해 보이는 물리적 사건들이 단 한 번의 순서적 오차도 없이 계속 이어졌음을 증언한다. 그 우주라는 무대의 마지막 장면에서는 인간이 마치 오랫동안 기다렸던 배우처럼 등장한다.

"'인간'은 '아파르'에서 나왔으니, '아파르'로 돌아갈 것이다." (창세기 3 : 19)

부활절(Easter)은 그리스도교의 가장 중요한 절기의 하나이다. 그런 부활절을 준비하는 기간이 바로 '사순절'(Lent)이라는 신앙훈련의 기간인데, 사순절은 '재의 수요일(Ash Wednesday)'이라는 날부터 시작된다. 재의 수요일은 바로 『창세기』 3장 19절의 의미를 되새기는 날이다. 그래서 인간은 '아파르'에서 나왔으니 '아파르'로 돌아가는 존재임을 기억하라는 것이다. '아파르'는 '먼지' 또는 '재'를 의미한다. 인간은 재로부터 왔으니 재로 돌아갈 것이다. 이것이 성서를 통하여 드러나는 인간의 우주 속 위상이다.

우주의 시간표에서 인간은 막내이다. 우주의 공간 속에서 인간은 지극히 작은 한 부분이다. 별의 일생에서 마지막 단계에 이르면 별의 핵에너지 생성 과정에 급격한 변화가 일어나서 헬륨은 탄소, 질소, 규소, 인의 생화학적 원소들로 바뀐다. 별이 초신성 폭발을 하게 되면 이러한 원소들이 뭉쳐서 은하계와 생명유기체를 형성하게 된다. 그러므로 폭발로 자신의 일생을 마감하는 '초신성(supernova)'이 남겨준 재가 없었다면, 지구도 없었을 것이다. 신이 인간을 지으실 때 사용된 물질적 재료는 다름 아닌 '먼지'요 '재'요 '흙'이었으므로, 우주의 재가 없었다면 지금과 같은 인간은 없었을 것이다.

10

빛, 양자물리학과 성서의 공명

"신이 말씀하시기를 "빛이 생겨라" 하시니 빛이 생겼다. 그 빛이 신 보시기에 좋았다." (창세기 1 : 3-4)

10.1 빛을 향하여

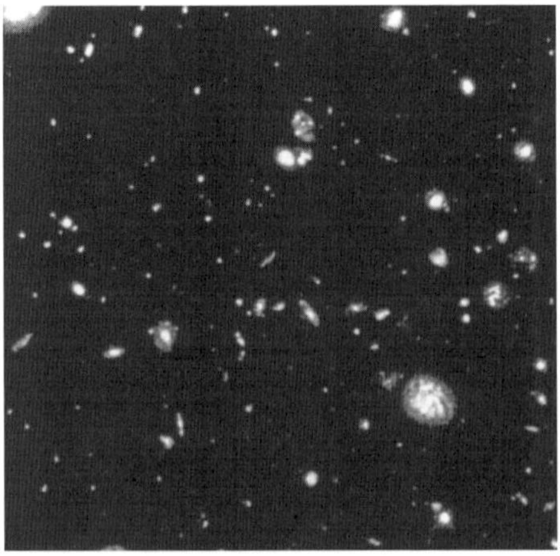

| 그림 38 | 1996년 1월 허블 망원경에 찍힌 100억 년 이전 우주의 모습

과학과 그리스도교는 진리 자체라기 보다는 진리를 찾아가는 진실된 질의와 응답의 과정으로 구성되는 시스템이다. 그리스도의 본성을 이해하고자 하는 그리스도론(Christology)은 언제나 빛으로 상징되는 그리스도교의 진리를 논리적으로 풀어보고

자 한 종교적 이론이며, 20세기의 특수상대성 이론(Special Relativity Theory)이나 양자 이론(Quantum Theory)은 빛의 연구를 통하여 세계에 대한 새로운 이해를 확보한 과학적 이론이라고 할 수 있다.[8] 현대 과학의 양자 이론은 역사상 처음으로 빛을 온전히 이해한 시스템이고, 빛에 대한 연구를 통하여 특별히 미시적인 양자세계의 새로운 질서를 처음으로 이해한 시스템이다.

10.2 그리스도교, 빛의 종교

창세기에 의하면 신이 가장 먼저 창조한 것은 다름 아닌 '빛'이었다. 그리고 그 빛은 신의 미적 수준에 만족될 만큼 아름다운 장관이었다는 것이다. 이 빛은 과연 어떤 빛이었을까? 아쉽게도 창세기에는 더 이상의 정보가 제공되어 있지 않다. 다만 우리는 현대의 물리학의 도움을 통해서 그 빛이 인간의 눈으로는 직접 볼 수 없는 마이크로파라는 빛임을 이해할 수 있다.

신약성서에 의하면 그리스도는 빛으로 자신을 표상하고 있다.

> "나는 '빛(phos)'로서 세상에 왔다." (요한복음서 12 : 46)
> "내가 세상에 있는 동안, 나는 세상의 '빛(phos)'이다." (요한복음서 9 : 5)

그렇다면 빛에 대한 풍부한 이해는 그리스도를 이해하는 것에 도움이 될 것이다. 왜냐하면 그리스도가 빛으로 표현되었다는 사실은 빛이 가질 수 있는 깊고 풍부한 의미를 반영하기 때문이다.

그리스도교는 예수를 그리스도라고 고백하는 사람들의 종교이다. 한 인간 속에서 신을 볼 수 있고 '주님'으로 고백할 수 있는 사람들이 그리스도인이다. 그리스도교의 역사를 보면 이미 초기부터 예수 그리스도를 이해하기 위하여 인성과 신성이라는 두 가지 기준에 따른 질문이 있었음을 알 수 있다. '그리스도는 인간인가, 신인가?'

두 가지의 기준은 너무도 대조적인 요소였기 때문에, 언제나 올바른 이해를 둘러싼 갈등과 논쟁이 끊이지를 않았다. 그러다 보니 일각에서는 인성을 강조하여 예수를 해석하고자 하였고(안디옥 학파), 다른 일각에서는 신성을 강조하여 예수를 해석하고자 하였다(알렉산드리아 학파). 또한 인간 예수가 시간이 흐름에 따라 신이 되었다는 견해도 등장했다(네스토리우스 학파). 자유로운 신앙의 허용은 교리분쟁을 낳기도 하였다. '마리아가 낳은 아기 예수는 인간이었는가, 신이었는가?'

그리스도의 인성과 신성과 관련된 논쟁은 451년 칼케돈 회의에서 여러 입장이 하나로 정리된 후 공표되는데, 이때 결정된 신조를 그리스도교의 '칼케돈 신조'라고 한다(Chalcedonian Definition). 칼케돈 신조에 의하면, 예수 그리스도는 '참된 신'이고 '참된 사람'으로서 그의 신성과 인성은 '섞일 수 없으며(*asynchytos*)' '바뀔 수 없으며(*atreptos*)' '나뉠 수 없으며(*adiairetos*)' '갈라질 수 없다(*achoristos*)'는 것이다. 그러나 이 신조는 결국 그리스도의 신성과 인성의 통일을 긍정적으로 설명했다기 보다는 금지된 주장을 부정한 표현이다. 따라서 칼케돈 신조가 모든 교리적 질문을 중단시키지도, 모든 사람에게 만족을 주지도 못하였으므로, 이후에도 그리스도교 역사에서 그리스도의 상반된 본성을 둘러싼 세부적인 논쟁은 계속되었다.[9]

빛에 대한 이해의 중요성은 그리스도에 대한 이해에만 국한되는 것이 아니라 곧 그리스도인 자신에 대한 이해와 직결된다.

> "너희는 세상의 '빛(phos)' 이다." (마태복음서 5 : 14)

그리스도를 따르는 그리스도인은 세상의 빛으로 정의될 수 있다. 이 빛은 무엇을 의미하는가? 그리스도를 표상하는 빛과 그리스도인들을 표상하는 빛은 동일한 빛인가?

원자의 크기는 1000만분의 1 밀리미터(10^{-10} m) 정도로 생각한다. 일반적으로 세포는 100분의 1 밀리미터 (10^{-5} m) 정도이므로 양자 수준이 아니다.

간섭은 파동이 갖는 특성으로 두 개의 파동이 중첩되면 전체의 파동이 높아지거나 낮아지게 되는 것을 말한다.

10.3 양자물리학, 빛의 과학

"양자물리학과 신학의 관계는 뜻밖의 친족 관계이다."
- 폴킹혼(John Polkinghorne, 1930~2021, 영국의 물리학자이자 신학자)

아인슈타인의 특수상대성 이론은 거시 세계에서의 고전적 절대 시간과 절대 공간의 개념을 근본적으로 바꾸어 놓았다. 절대적 시간이란 존재하지 않으며 공간과 관련된 시간만이 있어서 결국 질량과 에너지에 의해 시간의 흐름이 결정된다. 그러므로 서로 다른 관측자들이 절대적으로 동의할 수 있는 시간은 사라진 것이다. 하지만 어떤 경우에도 빛의 속도는 모든 운동을 측정할 수 있는 근거이다.

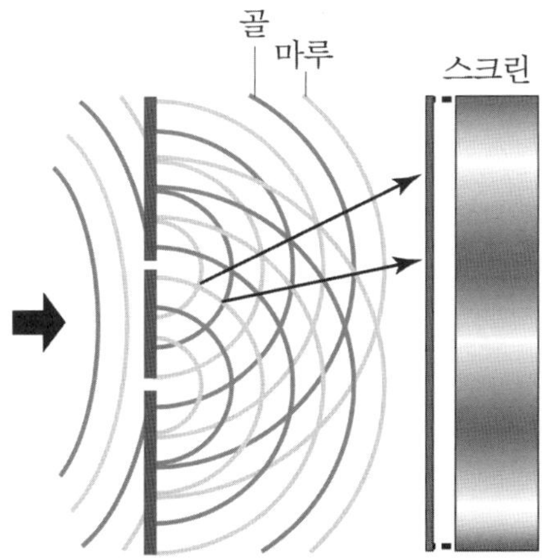

| 그림 39 | **빛의 파동설을 증명하는 실험**
골과 마루가 교차되는 곳에서 상호 소멸이 일어나서 스크린에 어두운 무늬가 표시됨.

원자 수준(10^{-10} m)의 마이크로 세계를 새롭게 규명해주는 양자 이론이 없었다면 빛은 과학적으로 이해될 수 없었을 것이다. 과학의 역사에서도 빛의 본성을 찾아가는 두 입장이 발견된다. 그 하나는 독일의 물리학자 플랑크(M. Planck)는 1900년에 빛의 파동이 일정한 정수 배의 에너지로 방출됨을 발견했다. 이때의 이산적인(discrete) 에너지 양을 양자(quantum)라고 불렀다. 그는 양자 개념을 도입함으로써 고온 물체로부터의 복사 문제를 해결하여 1918년에 노벨상을 수상하였다.

빛을 '파동'(wave)으로, 다른 하나는 빛을 '입자' (particle)로 이해하는 입장이다. 일반적으로 파동과 입자의 성질은 공유될 수 없는 대조적인 속성이었다. 고전물리학에서 빛은 파동과 입자 중 하나여야 했다. 입자는 특정 위치와 운동량을 가지고 있으며 뉴턴의 방정식에 의해 설명될 수 있으나, 파동은 파동방정식의 확률함수에 의해 설명될 수 있다. 입자의 위치는 시간이라는 한 개의 독립변수함수이지만 파동의 크기는 시간과 위치라는 두 개의 독립변수함수로 다루어져야 한다.

파동-입자 논쟁은 17세기 뉴턴과 호이겐스로부터 시작되었는데, 1800년에 의사이며 물리학자였던 영(Thomas Young 1773~1829)이 빛의 간섭(interference) 실험을 통하여 빛의 파동설을 주장한 이후 19세기 말까지는 빛을 파동으로 보는 것이 과학자들의 일반적인 견해였다. 그런데 플랑크(Max Planck 1858~1947)의 양자가설은 빛이 마치 입자처럼 움직인다는 이론을 지지하게 되고, '광전효과'라는 현상은 빛을 입자로 본 아인슈타인에 의해 설명될 수 있었다. 광전효과(photoelectric effect) 현상은 금속에 빛을 보내면 금속 중의 전자가 빛으로부터 에너지를 얻어 밖으로 튀어나온다는 현상을 말한다. 이로써 빛을 둘러싼 파동-입자 논쟁은

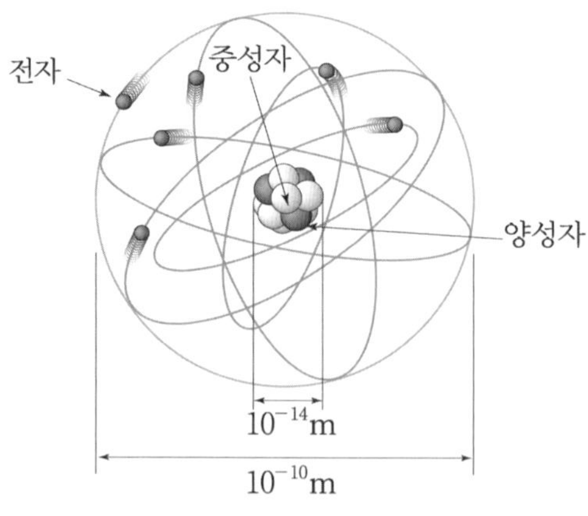

| 그림 40 | 탄소원자의 구조

재연되었다.

1912년 덴마크의 닐스 보어(Niels Bohr)는 원자에 대한 양자 모델을 만들었고, 1923년 프랑스의 루이스 드 브로이(Louis de Broglie)는 빛의 경우와 같이 고전적으로는 입자로 여겨졌던 물질들도 파동의 속성을 지닐 수 있다고 보고 물질파의 개념을 도입했다. 이에 깊은 영향을 받은 오스트리아의 에르빈 슈뢰딩거(Erwin Schrödinger)는 1926년 파동방정식을 통해서 빛에 대하여 우리가 오직 가능성을 예측할 수 있을 뿐이며, 측정의 순간에 일어나는 파동함수의 붕괴(collapse of wave function)를 통해서 확률적인 지식을 얻을 수 있을 뿐임을 증명해 주었다. 이것은 비결정적 상태벡터환원(the nondeterministic state-vector reduction)으로도 설명될 수 있다. 결국 양자 이론은 우리가 아무리 이상적인 실험을 가정한다고 해도 정확한 예견을 할 수 없음을 가르쳐 준 것이다. 현대물리학의 양자 이론은 사건에 대한 과학적 지식이 절대적인 지식이 될 수 없음을 가장 과학적 방식으로 가르쳐 주었다.

$$E\psi = -\frac{\hbar^2}{2m}\frac{d^2\psi}{dx^2} + V\psi$$

| 그림 41 | 슈뢰딩거 방정식(Schrödinger's Equation). E는 입자가 가진 총 에너지를 나타내고, m은 입자의 질량을 나타낸다. 에이치바(ħ)는 플랑크상수(h)를 2π로 나눈 값이고, 프사이(ψ)는 확률 진폭(probability amplitude)이며, V는 포텐샬 에너지를 표시한다.

1928년 영국의 물리학자 디랙(Paul Dirac, 1902~1984)에 의해 특수상대성 이론과 양자 이론이 결합된 양자장 이론(Quantum field theory)이 성립되면서 빛의 본성은 과학의 역사상 처음으로 모두에게 만족을 주며 명확하게 정리될 수 있었다. 이제 빛의 본성은 더 이상 패러독스가 아니며, 빛은

아인슈타인은 빛의 입자성을 강조하여 '광자'(photon)라는 말을 하였다. 그는 광전 효과를 광자에 담긴 빛 에너지 덩어리에 의해서 전자가 금속 밖으로 내보내지는 것으로 설명하였다. 이 업적으로 아인슈타인은 노벨상을 수상하였다.

| 그림 42 | 디랙(Paul Dirac, 1902-1984). 영국의 물리학자. 상대론적 양자론을 제시하고 양전자(positron)의 존재를 예측했다. 1933년 노벨물리학상 수상.

파동처럼 움직일 수 있고 입자처럼 움직일 수 있다는 것이 과학적 이론 간의 모순이 없이 설명된 것이다. 빛에서 시작된 연구는 양자 이론에서 일반화되어, 물질이 입자와 파동의 이중성(particle-wave duality)을 갖는 것으로 정립되며, 보어에 의해 '상보성원리'(Complementary Principle)로 불리게 된다. 양자 수준의 마이크로 세계에서는 입자가 파동처럼 행동할 수 있고, 파동이 입자처럼 행동할 수 있다는 것이다.[10]

10.4 불확정성 원리와 빛의 종교가 만날 때

"신은 우주를 놓고 주사위놀이를 하지 않는다."

- 아인슈타인(Albert Einstein)

"신에게 이래라 저래라 하지 마십시오."

- 보어(Niels Bohr)

막스 플랑크로부터 폴 디랙에 이르는 동안 물리학자들이 양자 이론을 정립하는 과정에서 가장 주목할 만한 결과는 베르너 하이젠베르크의 '불확정성 원리'(Uncertainty Principle, 1927년)라고 할 수 있다.

불확정성 원리란 어떤 물체의 운동량을 측정할 때, 한 시점에 위치의 불확정 정도와 운동량의 불확정 정도를 곱한 값은 항상 플랑크 상수보다 크다는 원리이다. 이것은 입자의 운동량(momentum) 정보와

입자의 위치(position) 정보를 동시에 정확하게 가질 수 없다는 것을 말한다. 입자의 위치를 정확하게 측정하고자 하면 그 속도를 정확히 알 수 없고, 속도를 정확히 측정하고자 하면 그 위치를 정확히 알 수 없게 된다. 그러므로 관측자와 관측은 관측의 대상과 분리될 수 없는 관계임이 설정되었다. 이 불확정성 원리는 시간과 에너지 사이에도 성립될 수 있다.

| 그림 43 | 베르너 하이젠베르크(Werner Heisenberg, 1901~1976)
1932년에 노벨물리학상 수상. 그는 종교적 언어와 과학적 언어를 혼합하는 것을 큰 실수라고 보았다. 그래서 종교적 생각에서 비롯된 윤리적 요구를 과학의 논리에 의해 무시해서는 안된다고 주장했다.

불확정성 원리에 의해서 물리시스템에서의 인과론과 결정론이 갖는 한계가 증명되었다. 물리학에서의 결정론은 어느 한 시점에서 우주에 존재하는 모든 입자들의 위치와 운동을 알 수 있다면 어떠한 시간에서도 그 입자들의 움직임을 계산할 수 있다는 것이다. 그러나 불확정성 원리에 의하면 현재 상태에 대한 정확한 정보를 가질 수 없으므로 결정론은 유지될 수 없다. 18세기 라플라스(Pierre Laplace, 1749~1827)가 모든 물질의 현재 상태를 정확히 알고 있는 생물이 있다면 우주의 미래에 대한 모든 것을 예언할 수

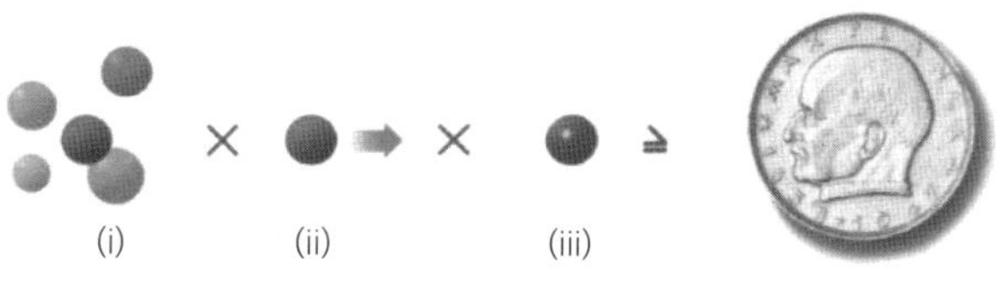

| 그림 44 | 하이젠베르크의 불확정성 원리
(i) 입자의 위치의 불확정성, (ii) 입자의 속도의 불확정성, (iii) 입자의 질량, 이 셋의 곱은 플랑크 상수와 같거나 크다. 동전에 새겨진 초상은 막스 플랑크의 얼굴이다. (Stephen Hawking, *The Illustrated A Brief History of Time*)

있을 것이라고 주장한 이른바 '라플라스의 괴물'은 불가능한 것으로 판명된 것이다.

10.4.1 물리시스템 내에 불확정성이 있다는 것은 물리적 대상들이 내재적으로 비결정성(indeterminacy)을 지니고 있음을 보여준다. 불확정성은 (1) 관측의 주체인 인간 지식의 한계로부터 유래되거나 (2) 관측자와 관측 대상 사이의 상호작용으로부터 유래되거나 (3) 관측의 대상인 물리세계의 본질에서 유래된다고 해석될 수 있다.

10.4.1.1 아인슈타인이나 플랑크의 견해를 지지하는 과학자는 물리세계가 실재라고 믿는 실재론자(realist)이며 그 질서가 모두 결정되어 있다고 본 점에서 결정론자에 속한다. 그러므로 이들에게 불확정성은 인간 지식의 한계로부터 유래되는 것일 뿐 물리세계가 불확정성을 가지고 있다고 동의하지 않는다. 가령, 아인슈타인은 결정되었으나 발견되지 않은 질서를 '숨은 변수'(hidden variables)라고 주장하였고, 봄(David Bohm)은 '드러나지 않은 질서'(implicit order)를 주장하였다. 이 입장에서 보면 미래는 결정되어 있으나 알려지지 않은 대상이다.

| 그림 45 | 보어(Niels Bohr 1885~1962) 덴마크의 물리학자
원자구조 연구와 원자에서 방출되는 복사 에너지의 연구 공헌으로 1922년 노벨물리학상을 수상.

10.4.1.2 보어나 하이젠베르크의 견해를 지지하는 과학자는 관측 주체와 관측 대상 사이의 상호작용을 과학적 도구로 보는 도구주의자

(instrumentalist)에 속한다. 보어는 양자 상태를 결정되어 있는 물리적 실재라기 보다는 측정과 인식을 통한 지식에 불과하며, 양자 이론은 실재에 대한 서술이 아니라 지적인 도구나 계산방식으로 보고자 하였다. 그러므로 보어의 견해에 동의하는 사람은 불확정성과 비결정성을 관찰이라는 상호작용의 한계로 해석할 것이다. 이들에게 과학적 진리는 실재에 대한 진리라기 보다는 관측자와 관측 대상의 상호작용 속에서 구성되는 것을 의미한다. 이런 점에서 이들은 구성주의적 진리관을 가졌다고 할 수 있다. 이러한 전제들을 가진 입장을 '코펜하겐 해석'(Copenhagen Interpretation)이라고 한다. 이 입장에서 보면 미래라는 것은 실재가 아니고, 관찰 이전에 알 수 없는 대상이다.

10.4.1.3 물리학자 존 폴킹혼(John Polkinghorne)이나 펜로즈의 견해를 지지하는 과학자는 비판적 실재론(critical realism)에 속한다고 할 수 있다.[11] 비판적 실재론에서는 인식론이 존재론의 이론적 모델(model)이 될 수 있다. 그러므로 존재론을 강조하는 실재론과 인식론을 강조하는 코펜하겐 해석의 연결적 위치에 있다고 할 수 있다. 이들은 물리적 실재를 인정한다는 점에서 분명히 존재론적으로 실재론자이지만, 모든 질서가 결정되어 있다는 주장에 동의하지 않는다는 점에서 고전적 실재론과는 분명히 다른 비결정론자들이다. 이들은 보

| 그림 46 | 폴킹혼(John Polkinghorne)과 지은이

영국의 물리학자이자 신학자. 그는 영국 케임브리지대학교에서 수리물리학 교수와 신학교수를 역임했으며, 과학과 종교에 관한 공헌으로 2002년 종교계의 노벨상으로 불리는 템플턴 상을 수상.

어가 주장하는 인식론적 한계의 문제를 충분히 이해하고 있다. 그러나 비판적 실재론자들은 불확정성과 비결정성이 단지 실재성이 없다거나, 관측자나 관측이라는 상호작용 영역 내의 한계로서 부정적으로만 이해될 수 없고, 이 물리세계의 한 질서로 긍정적으로 인정되어야 한다고 보았다. 이 입장에서 보면 미래는 결정되지 않은 실재이지만, 미래는 이해 가능한 대상이다.

10.4.2 물리세계에 대한 그리스도교의 견해는 그리스도교 고유의 불변적 지식이라기 보다는 일정 시대의 과학지식을 반영하거나 일정 시대의 과학지식을 고수한 것으로 보는 것이 타당하다.[12] 신과 물리세계의 관계나 성서의 물리적 사건을 이해할 때, 일정 시대의 과학 용어와 개념을 사용하여 해석했다. 예를 들면, 로마 가톨릭교회가 17세기에 갈릴레오를 파문할 때 선택했던 과학적 지식과 20세기에 갈릴레오를 복권할 때 선택했던 과학적 지식은 동일한 것이 아니다. 그러므로 지금까지 간략하게 다룬 양자 이론의 입장은 현재를 살아가는 그리스도교인과 밀접한 관련성이 있다.

고전물리학을 고수하는 그리스도교인과 양자물리학을 사용하는 그리스도교인은 신이 창조한 물리세계에 대한 이해와 그 물리세계 내에서의 신의 활동에 대하여 다른 차원의 이해를 하게 될 수밖에 없다. 이것은 신앙의 문제라기보다는 그 자신의 신앙을 이해하고 표현하는 문제와 관련되어 있다. 이런 점에서 신앙과 문화의 관계구조와 신앙과 과학의 관계구조는 동형적이다.

10.4.2.1 실재론의 입장을 수용하는 그리스도교인에게, 신은 이 세계의 모든 질서를 결정하여 창조하신 것을 의미한다. 따라서 미래는 모두 결정되어 있고 그대로 실현된다고 해석된다. 이 경우에는 개인의

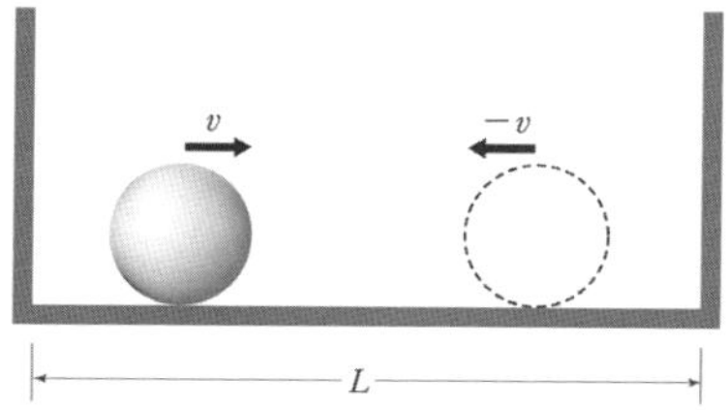

| 그림 47 | 상자 속의 입자의 운동에 대한 고전물리학의 설명. v는 속도임.

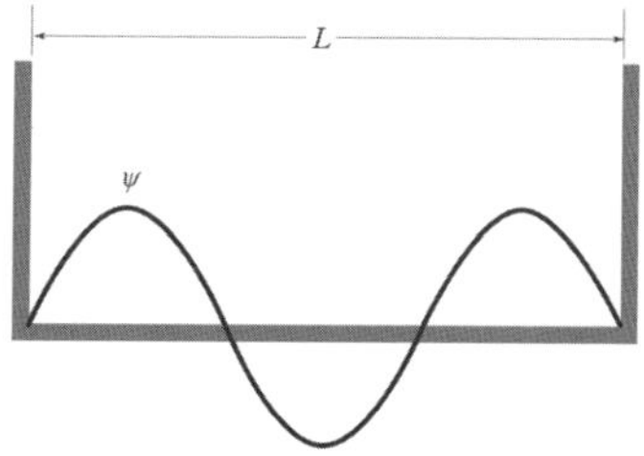

| 그림 48 | 상자 속의 입자의 운동에 대한 양자물리학의 설명. 프사이(ψ)는 파동함수임.

자유의지가 지닌 가치나 악과 악행의 책임을 적절하게 설명하기 어렵다. 불확정성이나 비결정성은 제거의 대상이다. 이 입장에서는 '기적'이란 신의 특별한 개입(intervention)이라는 개념 없이는 설명되기 어렵다.

10.4.2.2 도구주의의 입장을 수용하는 그리스도교인에게, 신이 창조한 이 세계 질서의 실재성은 보장될 수 없음을 의미한다. 따라서 세계의 결정이나 세계의 비결정은 의미가 없다. 세계는 인간이 관측하기 전까지는 결코 결정될 수 없는 대상이며, 관측한다고 해도 어떤 실재를 아는 것은 아니기 때문이다. 여기에서 개인의 지적 활동은 세계에 대한 이해를 구성하는 하나의 도구이다. 미래의 결정 여부는 중요하지 않다. 불확실성이나 비결정성은 관측 또는 측정과 관련된 문제일 뿐이다.

10.4.2.3 비판적 실재론의 입장을 수용하는 그리스도교인에게, 신은 결정되지 않은 질서의 세계를 창조하신 것을 의미한다. 그러므로 미래는 실현되기 전까지는 결정되지 않은 가능성의 상태로 유지되며, 그것으로부터 전적으로 새로운 사건이 가능하게 된다. 물리세계의 불확정성이나 비결정성은 제거의 대상이 아니라 신의 깊은 뜻이 담긴 창조작품에 포함된다. 이 입장에서는 '기적'이 신의 특별한 개입이라는 개념이 없어도 설명될 수 있다.[13]

물리학자이자 신학자인 로버트 러셀(Robert Russell)은 신이 세계 안에서 객관적으로 활동하며 그 행위는 자연법칙에 개입하거나 잠시 중단시키지 않고도 가능하다는 특별 섭리가 가능하다고 보았는데, 이를 '비개입주의적이고 객관적인 특별한 신의 행위'(noninterventionist objective special divine action)라고 했다.

10.4.3 그리스도교인이 고전적 세계로부터 양자적 세계까지를 포함하여 세계관의 지평을 확장할 때, 신은 고전적 세계에 국한된 창조자가 아니라 양자적 세계까지 포함하는 창조자임을 고백하지 않을 수 없고 그 창조의 영역에 새롭게 고려해야 할 사항들이 있다. 고전적 세계에서는 결정론적 의미의 질서가 제한없이 사용되었으나, 양자적 세계에서는 비결정론적 의미의 새로운 양자적 질서가 사용되어야 하며, 이 양자적 질서는 '필연성'의 부정과 동시에 '가능성'의 긍정을 뜻하는 발연성(contingency)과 혼돈(chaos)의 개념을 포괄하고 있다. 그러므로 양자세계를 창조한 신은 발연성과 혼돈을 그의 창조의 질서에 포함시킨 것이다.

양자세계를 창조하신 신을 고백하기 위해서는 비결정적이고 비기계적인 열린 세계를 창조하셨다는 점을 기억해야 한다. 그리고 모든 일에 있어서 전체가 부분으로 환원될 수 없는 세계를 창조하셨다는 점을 고려해야 한다. 특히 양자 이론과 관련하여, 물질의 세계를 이해하기 위해서는 반드시 관측자의 역할을 중요하게 창조한 신의 의도를 우리가 놓치지 않아야 할 것이다.

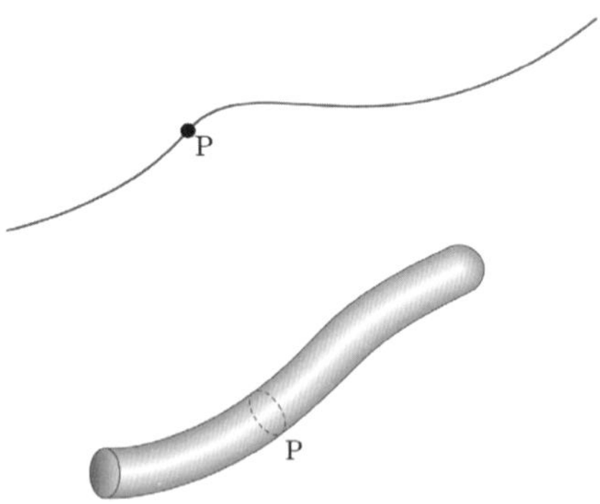

| 그림 49 | 3차원에서 점으로 보이는 것도 4차원에서는 원이다.

현대인은 근대과학의 기초를 놓은 뉴턴 같은 인물도 알지 못했던 사항들을 많이 알고 있다. 뉴턴의 신은 절대 시간과 절대 공간을 창조하신 분이었으나, 아인슈타인의

신은 3차원 공간에 1차원 시간을 결합하여 4차원 시공간을 창조하신 분이다. 어쩌면 우리는 양자 이론과 중력을 결합시켜 다루는 끈이론(String Theory)에 따라 10차원 또는 11차원의 시공간(M-Theory)을 창조하신 신을 고백하게 될 지도 모른다.

10.5 빛의 공명

그리스도교에서 그리스도에 대한 다양한 그리스도론으로 인하여 다양한 교리와 교파가 발생된 사실은 역사를 통해 증명된다. 마찬가지로 과학적 사실에 대한 다양한 과학 이론으로 인하여 다양한 학설과 학파가 생성된 사실도 역사를 통해 입증되고 있다.

빛의 종교 내에서는 나와는 다른 신앙적 견해나 이론이 있을 수 있다는 것은 자연스러운 사건이며, 빛의 과학 내에서는 나와는 다른 과학적 견해나 이론이 있을 수 있다는 것 역시 자연스러운 사건임이 분명하다. 빛은 신의 속성으로 움직일 수도 있고 인간의 속성으로 움직일 수도 있으며, 입자의 속성으로 움직일 수도 있고 파동의 속성처럼 움직일 수도 있다는 강렬한 실재이자 이미지이기 때문이다.

그리스도교와 물리학은 빛을 통해서 세계를 넓게 볼 수 있었고 깊은 깨달음을 가질 수 있었다. 그리스도교에서의 빛에 대한 이해와 양자물리학에서의 빛에 대한 이해 사이에도 빛의 공명은 가능하다. 진동수가 높아질수록 파동이 입자를 닮아가듯이, 그리스도와 그리스도인 사이에 빛의 공명이 일어나기 위해서는 먼저 파장과 속도를 조정하여 진동수를 맞추는 일부터 시작되어야 할 것이다. 그때 경이로운 에너지의 발생이 삶 속에서 경험되기 시작할 것이다.

11
연속 창조, 진화과학과 성서의 공감

"주님께서 주님의 영을 불어 넣으시면, 그들이 다시 창조됩니다. 주님께서는 땅의 모습을 다시 새롭게 하십니다." (시편 104 : 30)

11.1 창조, 점인가 선인가?

그리스도교 신앙에서 가장 기본이 되는 전제는 신의 절대적이고 자유로운 주권에 대한 인정이다. 신의 뜻과 활동을 제한할 수 있는 것은 신 자신밖에 없다. 만일 그리스도교의 신앙을 가진 사람에게 신의 '전능성'이나 '완전성'에 위배되는 듯이 보이는 제한적 사건이 발생했을 때, 그는 다음의 두 가지 해석 중 하나를 선택할 것이다. 하나는 신의 전능성에 대한 부정이고, 또 다른 하나는 신이 스스로 그 전능성을 제한한다는 해석이다.

그런데 이러한 해석은 전적으로 해석자와 그의 기준에 달려 있다고 할 수 있다. 예를 들자면, '진화'라는 사건은 신의 창조의 전능성이나 완전성을 부정하는 것으로 해석될 수도 있으나, 신의 자기 제한을 통한 사랑의 행위로 해석될 수도 있다. 이것은 결국 신의 전능성 자체가 다루어지고 있다기 보다는 신의 전능성에 대한 해석자의 전제나 개념이 다루어지고 있음을 보여주는 것이다.

신과 사람의 가장 두드러진 차이를 말할 때 흔히 '천지창조'를 언급하게 되는데, 이때 창조는 그리스도교에서 전통적으로 '무로부터의 창조(*creatio ex nihilo*)'를 의미한다.[14] 과학기술이 아무리 발달하여 인간이 모든 것을 할 수 있는 듯이 보인다고 하더라도, 창조 활동만은 인간의 능력을 넘어서는 신의 고유한 영역이라는 것이다. 그래서 그리스도교 역사에서 '무로부터의 창조'라는 생각은 신의 능력과 인간 능력의 연속성 보다는 불연속을 강조하는 것으로 사용되었다.[15]

무로부터의 창조 교리는 물질 세계의 가치를 인정하지 않는 그리스 사상과 그리스도교 사이에서 발생된 창조에 대한 논쟁을 반영하고 있는 역사적 산물이다. 그리스 사상의 영향을 받은 영지주의자들은 신이 선재된 물질을 사용하여 세상을 만들었다고 생각했고 창조주 신(구약)의 위상을 영적 세계의 신(신약)과 분리시켜 격하시키는 심각한 문제를 낳았다. 2-3세기 동안 교회와 교부들은 선재하는 물질이 필요하지 않은 '무로부터의 창조'를 주장하게 되었고 그 후 그리스도교의 고전적인 공식이 되었다.

창조 사건은 과연 불연속성을 강조하는 것인가? 만약, 불연속성을 점(point)으로 표시하고 연속성을 선(line)으로 표시한다면 신의 창조 활동과 그 사건은 하나의 유일무이한 완결된 점으로 표상될 수밖에 없는 것인가? 이에 관하여 성서의 기준을 살펴볼 필요가 있다.

11.1.1 "땅이 혼돈하고 공허하며, 어둠이 깊음 위에 있고…"

(창세기 1 : 2a)

여기에서 창조는 무질서한 혼돈으로부터 질서를 놓은 사건이다. 여기에서 말하는 창조는 무로부터의 창조라기 보다는 혼돈으로부터의 창조이다. 혼돈으로부터 질서가 생겨나는 자연계의 현상은 현재에도 일어나는 사건이다. 따라서 창조가 한 점으로 제한될 이유는 없다.

11.1.2 “주 하나님이 땅의 흙으로 사람을 지으시고…” (창세기 2 : 7)

흙이라는 재료를 가지고 사람을 만드는 활동은 선후, 곧 시작과 끝이 있는 과정이다. 과정은 점보다는 선으로 표현되는 것이 적절하다.

“주님, 주님은 우리의 아버지이십니다. 우리는 진흙이요, 주님은 우리를 빚으신 토기장이이십니다. 우리 모두가 주님이 손수 지으신 피조물입니다.” (이사야 64 : 8)

여기에서 고백된 창조 역시 단번에 이루어진 사건으로 제한되어 설명될 수 없다. 창조의 활동은 무로부터의 창조라기 보다는 진흙을 가지고 토기를 빚는 연속적인 행위로 묘사된다.

11.1.3 “이제 내가 곧 일어날 새 일을 네게 알려 줄 터이니, 이것은 내가 네게 알려주지 않은 은밀한 일이다. 이것은 내가 창조한 일이다. 옛적에 일어난 것과는 다르다.” (이사야 48 : 6-7)

예언자 이사야는 신의 창조 활동이 일회적인 사건으로 끝나는 것이 아니라 연속적으로 새롭게 창조되는 사건임을 분명하게 선포한다. 물론 이것은 기원 창조 사건에 대한 부정이 아니라 창조의 연속을 의미한다.

11.1.4 “모든 것이 그로 말미암아 창조되었으니, 그가 없이 창조된 것은 하나도 없다.” (요한복음서 1 : 2)

여기에서 ‘그’는 ‘말씀’ 곧 그리스어의 ‘로고스’(*logos*)인데, 이것은 요한복음서에서 그리스도를 지칭하는 표현이다. 그러므로 창조는 그리스도로부터의 사건이고 그리스도가 함께 참여하는 사건이다. 그리스도가 역사에 등장한 사건은 천지창조의 사건과 연결되는 창조의 연속이다.

11.1.5 “누구든지 그리스도 안에 있으면, 그는 새로운 피조물입니다. 옛 것은 지나갔습니다. 보십시오. 새 것이 되었습니다.” (고린도후서 5 : 17)

사도 바울에 의하면 창조는 그리스도 안에서 이루어지는 새 것이 되는 창조 사건이다. 새로운 피조물로 변화되는 이 사건은 시간의 제약이 없이 모든 사람을 향하여 열려 있는 연속 창조의 사건이다.

11.1.6 “주님께서 주님의 영을 불어 넣으시면, 그들이 다시 창조됩니다. 주님께서는 땅의 모습을 다시 새롭게 하십니다.” (시편 104 : 30)

창조는 신의 영의 활동과 관련된 사건이며(창세기 1:2), 창조는 신의 영을 통해 현재에도 일어날 수 있는 연속적인 사건이다.

11.1.7 “보아라, 내가 새 하늘과 새 땅을 창조할 것이니, 이전 것들은 기억되거나 마음에 떠오르거나 하지 않을 것이다.” (이사야 65:17)

“새 하늘과 새 땅을 보았습니다. 이전의 하늘과 땅은 사라지고 바다

도 없어졌습니다.… 보아라, 내가 모든 것을 새롭게 한다." (요한계시록 21 : 1, 5)

여기서의 창조는 새로운 창조(*creatio nova*)를 의미하는데, 연속 창조의 마지막에 일어날 창조의 새로움이 강조된다.

신의 창조는 하나의 '점'(point)으로 제한될 수 없다. 만일 신의 창조를 점으로 보고자 한다면 창조는 특정한 시점에 이미 완결된 사건이다. 하지만 성서는 창조가 단지 과거에 완결된 사건이 아니라 계속 완성을 향하여 진행되고 있는 사건임을 보여주었다. 그러므로 성서에서 고백되는 창조는 특정한 점의 차원에서 공식화될 수 있는 사건이 아니며, 선의 차원에서 표상될 수 있는 연속 창조(*creatio continua*)의 사건이다. 선은 점을 담을 수 있는 표현도구이다.

11.2 성서로 보는 창조의 과정

> "신이 말씀하시기를 '땅은 생물을 그 종류대로 내어라. 집짐승과 기어 다니는 것과 들짐승을 그 종류대로 내어라' 하시니, 그대로 되었다." (창세기 1 : 24)

신의 활동은 말씀하시는 활동이고, 땅의 활동은 생물을 내는 활동이다. 히브리어에서 신의 '말씀'(*dabar*)이란 곧 신의 '행위'이며 '사건'을 뜻한다. 그러므로 신의 창조 활동은 땅의 창조적 활동을 창조하시는 '말씀 행위를 통한 창조 활동'이다. 여기에서 직접적으로 생물을 내는 것은 신의 말씀을 받은 땅이라고 표현되어 있음을 주목할 필요가 있다. 이 장면에서의 창조 사건은 단번에 이루어지는 하나의 점이라기보다는 마치 하나의 선을 연상케 하는 창조의 과정이며, 땅이라는 자연을 동참시키시는 신의 창조 활동의 특성을 보여주고 있다.

『창세기』에 나오는 그 유명한 '6일' 동안의 창조 이야기는 창조의 과학적 연대를 지정해주는 것이라기 보다는 신의 창조 활동이 일련의 과정을 통해 이루어진 사건임을 분명하게 전달해주는 것이다(창세기 1 : 1-2 : 4). 말하자면 신의 창조 활동은 적어도 여섯 가지 이상의 단계를 거쳐 이루어졌다는 것이다. 『창세기』에서의 '날' 곧 히브리어 '욤'(*yom*)이라는 용어는 우리가 지금 사용하는 24시간으로 구성되는 하루의 개념에 직접 적용되기 어렵다.

> "신이 두 큰 빛을 만드시고, 둘 가운데서 큰 빛으로는 낮을 다스리게 하시고, 작은 빛으로는 밤을 다스리게 하셨다." (창세기 1 : 16)

하루를 24시간으로 측정하는 기준은 해와 달이다. 그런데 그 해와 달이 4번째 '욤'에 창조된 것이기 때문에 성서에 의해 그 논리적 근거가 상실된다. 창조의 과정에서 표현된 '욤' 이라는 시간 표현을 제한하지 말고 신의 '시간 단위' 정도로 남겨두는 것이 겸허한 해석이 될 수 있을 것이다.[16] 여기에서 아우구스티누스는 창조 이야기에 나오는 '저녁'은 '완성'을 의미하고, '아침'은 '시작'을 의미한다고 보았는데, 특히 7번째 욤에서 아침은 있으되 저녁이 없는 것은 시작은 되었으나 완성되지 않은 특별한 기간을 보여주는 것이었다.

창조의 연속되는 과정에서 신은 한 번만이 아니라 일정 단계마다 흡족해 하는 것으로 묘사된다.

> "그 빛이 신 보시기에 좋았다." (창세기 1 : 4)
> "(땅과 바다) 신 보시기에 좋았다." (창세기 1 : 10)
> "(식물과 나무) 신 보시기에 좋았다." (창세기 1 : 12)
> "(해와 달과 별) 신 보시기에 좋았다." (창세기 1 : 18)
> "(바다생물과 새) 신 보시기에 좋았다." (창세기 1 : 22)

“(땅의 생물) 신 보시기에 좋았다.” (창세기 1 : 25)
“(신의 형상인 인간) 신이 손수 만드신 것을 보시니, 보시기에 참 좋았다.”
(창세기 1 : 31)

이렇게 여러 차례 신의 감동이 표현된 미학 안에는 곧 신의 창조 활동이 연속적인 활동으로 이루어졌음이 잘 드러나고 있다. 인간이 창조의 아름다움을 충분하게 공감하기 위해서는 단 한 번이 아닌 연속적인 공감이 필요하다.

창조를 단번에 완결된 사건으로 보기보다는 신의 연속적인 활동으로 보고자 하는 것이 ‘연속 창조론’의 논리이다. 이러한 연속 창조론은 현대 진화론과 현대 창조론을 대화의 차원과 통합의 차원에서 볼 수 있는 근거를 제공할 수 있다. 현대 진화론은 비결정론적 진화론을 전제하고 고전적 진화론은 결정론적 진화론을 전제한다. 고전적 수준에서 발생되는 진화와 창조의 갈등과 대립의 문제의 대부분은 현대의 비결정론적 진화론과 비결정론적 창조론 사이에서는 상당히 해소될 수 있기 때문에, 이를 수용할 수 있는 연속 창조의 틀에서는 창조와 진화의 관계를 모순 관계로 볼 필요가 없다.

여기에서 다시 두 가지 입장으로 분화될 수 있다. 하나는 과학적 진화론을 통하여 신의 존재를 증명하려는 시도이고, 다른 하나는 신을 믿는 관점에서 과학적 진화론을 이해하려는 시도이다. 전자가 ‘자연과학을 도구로 사용하는 신학’으로서의 ‘자연신학’(Natural Theology)이라고 정의된다면, 후자는 ‘자연을 다루는 과학적 신학’으로서의 ‘자연을 연구하는 신학’(Theology of Nature)이라고 정의될 수 있다.

11.3 NOMA, 진화와 창조의 독립선언

1858년 린네학회에서 영국의 다윈(Charles Darwin 1809~1882)과 월리스(Alfred Wallace 1823~1913)가 자연선택설을 발표하고, 1859년 다윈이 『자연선택에 의한 종의 기원에 관하여(*On the Origin of the Species by Means of Natural Selection*)』를 발간한 이후 진화론에 대하여 그리스도교는 (i) 반대, (ii) 분리, (iii) 대화, 이렇게 세 가지 양상의 반응을 보였다.[17] 다윈의 저서가 발간되자 다윈의 이론에 대한 그리스도교 인사들의 반대가 주류를 이루었으나(i),[18] 이미 다윈 시대에도 영국 성공회의 사제였던 킹슬리(Charles Kingsley)는 다윈의 이론을 신의 활동을 잘 설명해 주는 그리스도교적인 이론으로 열렬히 지지했었다(iii). 이러한 두 입장과 달리, 창조론자들과 진화론자들의 갈등 속에서 종교와 과학의 영역을 분리해서 다루어 보려는 입장이 있다(ii).[19]

킹슬리는 25년에 걸친 지질학 연구를 통해서 고생스럽게 얻은 결과들을 포기할 수 없으며, 신이 필요하지도 않은 엄청난 거짓말을 바위에 기록했다는 것을 믿을 수 없다고 했다. 이외에도 당시에 다윈의 주장을 그리스도교적으로 수용한 인물로는 찰스 고어(Charles Gore)와 로이드 모건(Lloyd Morgan) 등이 있었다.

과학적 진화론과 종교적 창조론 사이의 독립관계를 주장하는 대표적인 과학자는 미국 하버드대학의 진화생물학자이자 고생물학자인 굴드(Stephen Jay Gould 1941~2002) 교수였다. 그는 진화론이 과학의 영역 내에서 다루어져야 하며, 종교의 주장은 종교의 영역 내에서 다루어져야 한다는 점을 주장하였다. 이 주장은 진화론을 공격하는 그리스도교의 문자주의적 근본주의 세력을 향한 비판과 함께 진

| 그림 50 | 스티븐 굴드(Stephen Jay Gould, 1941~2002).

화생물학계에서 벌어지고 있는 생물학적 결정론과 환원주의를 향한 내부적 비판을 동시에 담고 있었다. 그래서 굴드는 도킨스(Richard Dawkins)의 '유전자 결정론'이나 윌슨(Edward Wilson)의 '사회생물학으로의 환원론'의 기조에 반대하는 근본적인 질문을 제기한다. 그에 의하면 진화생물학은 그것이 어떤 수준과 어떤 형태가 되었든지 다른 영역을 결정하려는 우를 범해서는 안된다.[20] 이런 원칙은 과학과 종교 간의 영역에서도 그대로 적용되며, 종교를 존중하는 굴드의 'NOMA' 원칙으로 불린다(Nonoverlapping Magisteria, *Natural History* 106, Iss. 2, (Mar, 1997), *Rocks of Ages: Science and Religion in the Fullness of Life*).

굴드의 NOMA 원칙이란 '비중첩 교육권 영역'(*Nonoverlapping Magisteria*)의 약어로써, 과학과 종교가 가르칠 수 있는 권위는 중첩될 수 없다는 주장을 뜻한다. 과학과 종교는 각각 교육의 권위를 가진 영역(*magisterium*)이며 중첩될 수 없다. 과학의 교육권의 영역은 경험적인 영역에 해당되며, 종교의 교육권의 영역은 도덕적 가치와 궁극적 의미의 영역에 미친다. 그렇다면 과학과 종교는 고유의 질문과 논리와 가치 평가를 가진 시스템으로 서로 존중될 수 있어야 한다는 것이다. 굴드에 의하면 이 NOMA 원칙이 지켜지지 않았을 때, 갈릴레오에 대한 종교재판 또는 전쟁과 식민주의와 인종차별 등과 관련된 다윈주의의 잘못된 적용이 일어난다는 것이다.

복잡한 이론으로 구성된 현대진화론이 논의될 때, 그것이 모든 생물학자가 동의하는 유일한 하나의 표준모델을 두고 논의하는 것이 될 수는 없다. 20세기 유전학과 과학적 성과들을 모두 통합하고자 하는 현대진화론은 단순히 한두 가지의 견해로 대표될 수 있는 성질의 것이 아니며, 이미 그 내부에는 상충되는 이론들이 담겨 있는 다양한 이론들의 집합이다. 그러므로 현대의 진화론을 모두 반대한다는 것은 어차피 논리적으로는 성취할 수 없는 목표이다. 다윈주의로 언급되는 고전적 진화론은 진화생물학계 내에서도 그대로 사용되는 것이 아니라 다양하게 수정되고 보완된 형태로 사용되고 있다.[21]

11.3.1 현대의 물리학자들이 뉴턴의 업적과 한계를 구분하듯이, 현대의 생물학자들은 다윈의 업적과 한계를 구분한다. 가령, 다윈은 화석에 대한 통계적인 기법을 통하여 거시적인 차원에서 변화의 원리를 제시한 것이지 미시적인 차원의 과학적 설명을 제공하지 못했다.

11.3.2 다윈은 자연선택에 의한 점진적 변이가 유전된다고 보았으나, 변이의 유전적 원리를 밝히지는 못하였다. 이 변이와 유전의 과정과 법칙은 1865년 오스트리아의 수도원 성직자였던 멘델(Gregor Mendel)에 의해 밝혀졌다.

11.3.3 현대 진화론은 엄격히 말하면 다윈 진화론이 아니라 수정된 진화론이다. 기준과 시각에 따라 다윈과의 연속성 여부는 얼마든지 달리 평가될 수 있다. 예를 들어, 다윈은 라마르크의 획득 형질의 유전설을 받아들였었는데, 현재에는 이 가설이 받아들여지지 않고 있다.

| 그림 51 | 멘델(Gregor Mendel, 1822~ 1884) 오스트리아의 수도원 성직자이자 생물학자

11.3.4 다윈은 시간적으로 매우 오랜 기간을 거친 '점진적인 변화'를 주장하였다. 그러나 1970년대 굴드(Stephen Jay Gould)와 엘드리지(Niles Eldredge)에 의해 제기된 '단

속평형이론' (punctuated equilibrium theory)에 의하면, 캄브리아기(Cambrian period, 약 5억 7천만 년 전)의 화석 기록에서 점진적 변화론으로는 설명될 수 없는 단기간의 급격한 변화가 있었다. 화석 기록상으로 캄브리아기 대폭발 이후 생명의 역사에 새로 등장한 문(*phylum*)이 거의 없다. 단속평형이론에서 종들의 생존 성패의 차이를 결정하는 주요한 구성요소는 종의 수준에서 발생하는 비환원적 선택에 의해서 이루어진다.[22] 여기에서 진화적 변화의 논리는 점진적 변화 대 비약적 변화로 대조된다.

11.3.5 다윈은 본래 성직지망생으로 케임브리지 대학교에서 신학을 공부한 사람이었다. 후에 다윈은 교회와의 우호적 관계를 포기했는데, 이것은 그가 생물학적 이유로 그리스도교를 반대한 것이 아니라 일종의 불가지론적 입장을 취하게 되었기 때문이었다. 그가 불가지론적 입

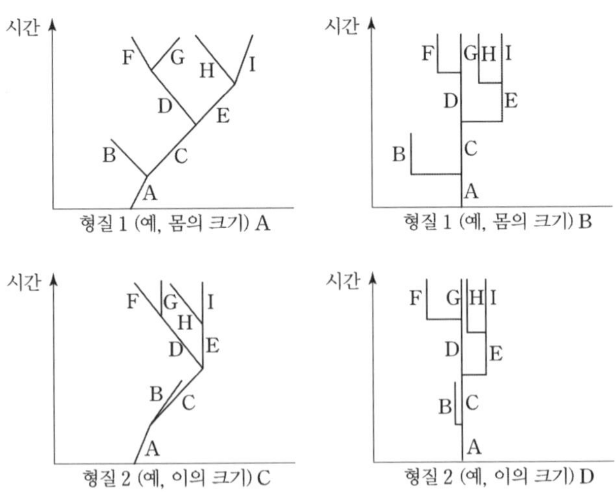

| 그림 52 | 점진형(A, C) 대 비약형(B, D)의 진화 모델

A와 C는 종이 점진적으로 분화됨을 나타내는 계통적 점진 모델(phyletic gradualism)이다. B와 D는 종이 급속히 분화된 후 조상의 종은 변하지 않고 유지됨을 나타내는 단속평형 모델(punctuated equilibrium)이다.

장에 빠지게 된 일차적인 원인은 진화에 대한 이론 때문이 아니라 재래의 자연신학 이론이 가지고 있던 설득력의 미비라는 문제에 있었던 것이다. 다윈을 비그리스도교인으로 전제하는 것과 반그리스도교인으로 전제하는 것 사이에는 현격한 차이가 있다.

| 그림 53 | **생물철학자 루스(Michael Ruse)와 지은이** 수학과 철학과 생물학을 전공.

현재의 영국 성공회는 다윈 탄생 200주년을 맞이하여 "당신을 오해한 것과 당신에 대하여 처음에 잘못된 대응을 한 것에 대하여, 그리고 다른 사람들이 당신을 오해하도록 한 것에 대하여" 공식적인 사과를 표명한 바가 있다.

11.3.6 다윈은 1860년 하버드 대학교의 자연학 교수였던 그레이(Asa Gray)에게 보낸 편지에서 우주와 인간의 본성에 관하여 모든 것이 목적없는 힘의 결과라고 결론짓는 것에 도저히 찬성할 수 없다고 하였다. 다윈 자신은 모든 것이 설계된 법칙들에서 기인한다고 보는 경향이 있다고 했다. 다윈은 신이 개별적인 종(*species*)을 창조하셨다기 보다는 진화법칙을 설계하셨다고 생각한 사람이었다. 다윈은 신께서 소수의 기원적 형태를 창조하셔서 다른 형태나 필요한 형태로 각기 전개를 할 수 있게 창조하셨다는 것을 믿는 것은 신의 법칙이 작용하고 그 결과로 생긴 빈 부분을 채우기 위해서 신께서 새로운 창조 활동을 하시는 것을 믿는 것 만큼 고상한 신학적 이론이라고 생각했다.

11.3.7 다윈이 본래 생각했던 '진화'는 자연선택에 의한 '변화를 수반한

상속'(descent with modification)의 개념이었다. 본래 진화의 의미에는 진보나 퇴보라는 가치평가적 의미는 전혀 포함되어 있지 않았다. '진보'로서의 진화라는 개념은 후에 스펜서(Herbert Spencer, 1820~1903)에 의한 작품이다. 다윈도 처음에는 진보라는 단어의 사용에 동의하지 않았다.

넓은 의미에서 진화는 시간에 따른 모든 변화를 의미할 수 있다. 그러나 진화라는 과학적 용어만큼 비과학적으로 사용되는 예를 찾기도 쉽지 않다.

11.3.8 진화론 자체는 유신론을 증명하거나 반증하는 이론이 아니다. 과학적 진화론을 가지고 종교를 다룰 때, 비로소 무신론적 진화론이나 유신론적 진화론이 생성된다. 무신론적 진화론과 유신론적 진화론은 과학의 영역을 이미 벗어난 일종의 종교적 전제나 철학적 편향이 결합된 주장으로 다루어져야 한다. 그러므로 과학적 진화론 자체는 무신론적 이론도 아니고, 유신론적 이론도 아니다. 그것은 진화에 관한 가설이 과학적으로 증명되는 만큼만 이론으로 인정되는 명제이다. 진화라는 사건은 그리스도교를 불가능하거나 불필요하게 하지 않기 때문이다. 다윈은 『종의 기원』 6판 (1872)에서 다음과 같이 명시한 바 있다.

> "나는 이 책의 견해들이 반드시 어떤 분의 종교적 감정에 충격을 준다는 것에 대해서 전혀 근거가 없다고 봅니다."

현재 진화생물철학의 대표적 학자인 루스(Michael Ruse)는 '다윈주의'와 '다윈주의적 자연주의'를 철저히 구별해야 한다고 주장한다.[23] 그리스도교를 배척하는 것은 다윈주의자가 아니라 유사 종교로서의 다윈주의적 자연주의자이다. 순수한 과학적 형태의 다윈주의는 그리스도교와 양립할 수 있다.

11.4 연속 창조, 진화와 창조를 담는 틀

"진화하는 세계는 신께서 스스로 만들어 가도록 허락하신 세계라고 이해된다."
- 폴킹혼(John Polkinghorne 1930-2021, 영국의 물리학자이자 신학자)

과학적 진화론과 종교적 창조론 사이에서 가장 본격적인 대화를 시도했던 인물은 프랑스의 가톨릭 사제이며 지질학자이자 고생물학자였던 테이야르 드 샤르댕(Pierre Teilhard de Chardin)이다(그림 54, 56). 신학자 큉(Hans Küng)은 『신은 존재하는가』에서 테이야르 드 샤르댕을 스스로의 사상으로 신학과 과학을 통합시킨 최초의 인물로 평가한 바 있다. 테이야르 드 샤르댕은 자신의 과학과 신앙을 다음의 네 명제로 요약했다(『나의 신앙』).

(1) 나는 우주가 하나의 진화라는 것을 믿는다.
(2) 나는 진화가 정신을 향하여 진행된다고 믿는다.
(3) 나는 정신이 인격에서 완성된다고 믿는다.
(4) 나는 최고 수준의 인격이 우주적 그리스도(Cosmic Christ)라고 믿는다.

| 그림 54 | 테이야르 드 샤르댕(Pierre Teilhard de Chardin, 1881~1955).

그에게 창조와 진화는 분리되지 않는다. 테이야르 드 샤르댕의 그리스도는 곧 우주적 그리스도를 의미하는데, 이는 진화하는 우주 전체 시스템의 유기적 중심이 그리스도라고 이해하는 것이다(『과학과 그리스도』). 그는 신이 그 우주의 진화 과정에 함께 참여하시며 최후의 수렴점인 '오메가 포인트'로

인도하기 때문에, 우주와 인간에게 '희망'이 있다고 보았다.[24] 테이야르 드 샤르댕의 독창적인 접근방식은 현대 신학자들이 과학과 신학, 진화와 창조를 바라보는 시각에 새로운 성찰을 불러 일으켰으며, 신학 내에서 진화의 문제를 긍정적으로 다루는 계기가 되었다.[25]

영국의 수학자이자 철학자였던 화이트헤드(Alfred North Whitehead)는 실재(reality)를 일종의 '과정'(process)으로 해석하였는데, 여기에서 과정은 양자적 성격을 가진 물리화된 공간으로서의 장(field)의 개념과 유사하다(『과정과 실재』). 화이트헤드의 과정사상으로부터 영향을 받은 신학자들은 신의 활동을 세상의 진화적 과정 내에서의 '설득'(persuasion)이란 관점에서 이해한다. 예를 들어, 과정신학을 대표하는 하트숀(Charles Hartshorne)은 신이 모든 만물을 그들 자신을 통해서 만들어 가도록 한다고 전제하며, 진화란 창조물의 자유가 세상에서 기본적인 역할을 가질 수 있는 방식이라고 해석했다(『신은 어떤 분이신가』). 최근 연속 창조의 틀에서 진화와 창조의 대화와 결합을 시도하는 생화학자이며 신학자인 피코크(Arthur Peacocke)는 신의 '있음'(being)에 관하여 말하는 것과 마찬가지로 신의 역동적인 '되어감'(becoming)에 관하여 말해야 한다고 주장한다(*Theology for a Scientific Age: Being and Becoming-Natural, Divine, and Human.*).

| 그림 55 | 화이트헤드(A. N. Whitehead, 1861 ~1947). 영국의 수학자이자 철학자

우리는 연속 창조의 구조를 전제하고 다음과 같은 논제들을 생각해 볼 수 있다.

11.4.1 신의 연속 창조는 과거 사건의 부정을 의미하는 것이 아니라, 신의 활동을 통한 새로운 사건의 발

생이 이루어진다는 것을 의미한다. 신의 연속 창조는 하나의 사건에 제한되는 것이 아니라 모든 사건을 통해 창조 활동이 이루어질 수 있다는 것이다.

헤프너는 인간을 '창조된 공동 창조자(created cocreator)'로 정의한다. 그에 의하면 인간은 생물학적으로는 창조된 존재이고 문화적으로는 공동 창조자라는 것이다.

11.4.2 신의 연속 창조에서는 자연 내에서의 새로운 생명체의 출현이나 퇴장이 금지되지 않는다. 연속 창조의 새로움에는 과학적 의미의 발연성(contingency), 혼돈(chaos), 비결정성(indeterminacy), 창발성(emergency), 자기조직화(self-organization)의 요소들이 포함될 수 있다.[26]

11.4.3 연속 창조는 신이 창조하신 시간과 공간과 물질과 스스로 참여하시는 상호작용을 의미하며, 비결정론적 진화, 비기계론적 진화, 유신론적 진화에서의 변화와 양립할 수 있다.

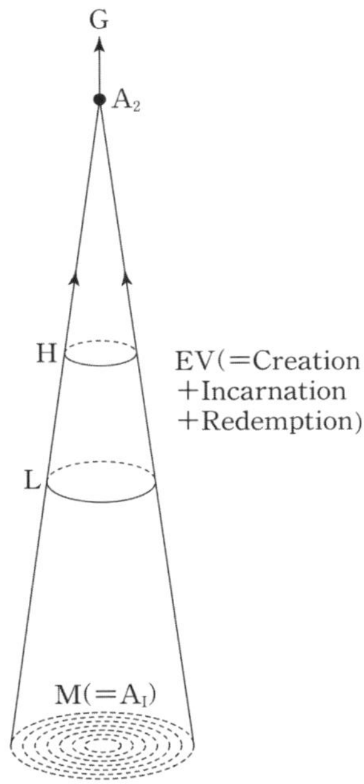

| 그림 56 | 테이야르 드 샤르댕의 우주 생성 (Cosmogenesis).
G는 신, A_2는 그리스도(제2아담), H는 인간의 자유와 죄가 나타나는 수준, L은 생명과 고통이 나타나는 수준임. M은 비존재(창조 가능하지만 필연적으로 창조되어야 하지는 않음)의 여러 가지 형태인데, 제1아담과 기능적으로 동등함. EV는 창조(creation)와 성육신 사건(incarnation)과 구속(redemption)의 진화 원추(Evolutive cone)를 표시한다. (*Christianity and Evolution*)

11.4.4 신은 연속 창조를 통하여 초월성과 제한성을 자유로이 사용함으로써 자신이 만든 세계 안팎에서 끊임없이 활동한다. 그러한 신의 연속 창조는 강압적인 통제가 아니라 신의 '자기 비움'(*kenosis*)의 사랑을 통해서 이루어진다.

> "오히려 자기를 비워서 종의 모습을 취하시고, 사람과 같이 되셨습니다."
> (빌립보서 2 : 7)

그러므로 신의 연속 창조에서는 자연과 인간이 단지 일회적 창조의 대상에 그치는 것이 아니라 연속적인 창조의 파트너가 된다. 예를 들면, 연속 창조에 있어서 인간은 시간적 차원으로는 창조의 '연속성'과 연결된 존재이고, 공간적 차원으로는 신이 창조하신 '공동' 창조자로서 이해될 수 있다.[27]

11.4.5 그리스도 사건은 인류 구원의 사건일 뿐만 아니라, 연속 창조에서 신의 사랑을 가장 잘 드러내 주는 창조 사건이다. 물리세계 내에서 신의 '자기제한적' 창조 활동은 그리스도의 '십자가 사건'에서 가장 잘 드러났으며, 신의 '초월적' 창조 활동은 그리스도의 '부활 사건'에서 가장 잘 드러났다.

11.4.6 신은 자의식을 가진 인간 예수 그리스도로 물리세계 안에서 활동하는 사건을 단번에 이루신 것이 아니라, 그 사건에 앞서서 여러 가지 창조 활동을 하였다. 예를 들어, 신은 그리스도 사건에 앞서 먼저 인간을 탄생케 하였고, 그 일에 앞서 생명체를 탄생케 하였고, 그 일에 앞서 우주에서 지구를 탄생케 하는 창조 활동을 한 것이다.

11.4.7 신과 그리스도의 연속 창조에는 성령의 활동과 역할이 중요

하다. 성령은 태초의 창조뿐 아니라 연속 창조에서 생명을 주는 신의 영이며, 물리세계에 임재하는 신의 영이며, 피조물과 의사소통 하는 신의 영이다.

> "내 속에 깨끗한 마음을 창조하여 주시고 내 속을 견고한 심령으로 새롭게 하여 주십시오. 주님 앞에서 나를 쫓아내지 마시며, 주님의 성령을 나에게서 거두어 가지 말아 주십시오." (시편 51 : 10-11)

11.4.8 연속 창조는 신의 뜻과 관련된 활동 과정이며 신의 나라와 관련된 사건인데, 신의 나라는 '연속 창조의 네트워크'(*network*)로 이해될 수 있다.

> "하늘나라는 겨자씨와 같다. 어떤 사람이 그것을 가져다가, 자기 밭에 심었다. 겨자씨는 어떤 씨보다 더 작은 것이지만, 자라면 어떤 풀보다 더 커져서 나무가 된다. 그리하여 공중의 새들이 와서, 그 가지에 깃들인다." (마태복음서 13 : 31-32)

신의 나라(*basileia*)는 신의 뜻이 이루어지는 사건이다. 그 신의 나라는 겨자씨로 비유될 수 있다. 겨자씨의 비유에는 '생성'과 '성장'이 강조되고 있다. 신의 나라는 처음에는 매우 작은 씨가 심어지는 사건이며 미래가 결정되지 않은 사건과도 같지만 시간의 흐름과 함께 변화되면, 어느 시점에 가서 가장 위대한 사건으로 형성되는 것이다. 그러므로 신의 나라는 신의 뜻이 이루어지는 모든 활동의 네트워크로 정의될 수 있다.

11.4.9 4세기의 그리스도교 사상가 아우구스티누스는 진화의 논리를 포함하는 창조 사건을 생각하고 있었다. 그는 신께서는 만드신 창조물을 통하여 지금도 일하신다고 했으며(*De Genesi ad litteram*,

V.12.28), 결론적으로 신의 창조는 동시 창조이자 연속 창조라고 설명했다(*De Genesi ad litteram*, VI.10.17-19).

> “신께서 하신 일을 분별해 보면, (1)어떤 일은 신께서 모든 것을 동시에 창조하신 날에 속합니다. 이 날은 눈으로 볼 수 없는 날입니다. (2)어떤 일은 신께서 원초적으로 감추어 놓으신 것을 시간 속에서 풀어놓으시는 활동을 하시는 모든 날에 속합니다. 이 날은 눈으로 볼 수 있는 날입니다.”(*De Genesi ad litteram*, VI.6.9)

여기서 (1)은 모든 것을 동시에 창조한 사건, 즉 기원 창조를 말하며 (2)는 시간 속에서 변화하는 창조 사건, 즉 연속 창조를 말하고 있다. (1)은 인간이 볼 수 없는 사건 곧 시간 외부의 사건이지만, (2)는 인간이 볼 수 있는 사건, 곧 시간 내부의 사건이다. 신은 만물을 동시에 창조했고(*De Genesi ad litteram*, I.15.29), 다양한 종의 창발을 위해 연속 창조했다(*De Genesi ad litteram*, V.11.27-28). 이는 모순이 아니다.

신은 자연의 인과법칙(*causales rationes*)을 창조했는데, 아우구스티누스는 이를 ‘씨앗 법칙’(*rationes seminales*)이라고 정의했다. 이 생물학적 모델에서는 시간의 변화와 환경의 조건이 조화를 이룰 때, 씨앗은 열매로 나타난다는 것이다. 창조의 시점에 가능태(potentiality)로 존재하는 생명은 어느 시점에 현실태(actuality)로 존재하게 된다. 그래서 수많은 생명체들은 미래에 완성될 씨앗 속에 보이지 않는 가능태로 창조된 것이므로 일시에 현실화되지 않는다고 분석될 수 있었다. 가능성의 기준으로 보면 만물은 동시에 창조된 것이지만, 실현성의 기준으로 보면 만물은 연속해서 창조된 것이다.

12
생명, 생명과학과 성서의 정보

"창조된 것은 그에게서 생명을 얻었으니, 그 생명은 사람의 빛이었다."
(요한복음서 1 : 3-4)

"짐승을 죽인 사람은, 생명으로 생명을 갚아야 하므로, 살아 있는 것으로 물어 주어야 한다." (레위기 24 : 18)

12.1 생명, 물질과 정보의 관계

"자연의 법칙들과 역사의 발연성(contingency)은 "생명이란 무엇인가?"라는 물음에 답하려는 우리의 탐구에서 동등한 자격을 갖는 동반자로서 역할을 해야 한다."
-굴드 (Stephen Jay Gould, 1941~2002 미국의 고생물학자이자 진화생물학자)

우리가 살고 있는 이 지구에는 생명이 존재하지 않았던 때가 있었다. 약 40억 년 전부터 지구에는 생명체가 살게 되었다고 추정된다. 그렇다면 생물과 무생물의 차이는 무엇일까? 현대 과학에서는 생명이 가진 속성으로 자율성(autonomy), 생식(reproduction), 대사(metabolism),

| 그림 57 | 데이비스(Paul Davies). **양자중력을 전공한 물리학자.** 우주론, 과학과 종교의 관계, 물리학과 생물학의 관계를 연구하여 대중화하는 책을 저술하고 있다. 1995년 종교계의 노벨상으로 불리는 템플턴상을 수상.

영양(nutrition), 복잡성(complexity), 조직화(organization), 성장과 발달(growth and development), 정보 내용(information content), 하드웨어와 소프트웨어의 뒤얽힘(hardware/software entanglement), 동시에 영구성과 변화(permanence and change)를 고려하고 있다(Paul Davies, *The Fifth Miralce: The Search for the Origin and Meaning of Life*). 동시에 여기에는 생명의 속성을 한 마디로 설명하기 어려운 고민이 담겨 있다.

양자물리학이 형성되는데 위대한 공헌을 했던 슈뢰딩거(Erwin Schrödinger)는 생명 시스템을 이해할 수 있을 때 과학의 통일이 가능하다고 생각하면서, 생명체는 생명의 정보를 저장하고 전달하는 시스템으로 보았다. 그리고 그는 다음과 같은 문제를 제기했다.

> "생명체라는 공간적 제한 속에서 발생하는 시공간상의 사건들을 과연 물리학과 화학으로 설명할 수 있는가?"

슈뢰딩거는 "생명이란 무엇인가?"라는 제목으로 1943년 아일랜드의 더블린에서 세 번의 연속 강연을 하였고, 이듬해 이 내용을 책으로 출간하였다(*What is Life?: The Physical Aspect of the Living Cell*). 그는 '질서로부터의 질서'와 '무질서로부터의 질서'를 기준으로 생명의 문제를 다루었다. 생명의 발생은 무질서로부터의 질서에 해당하는 사건이고, 생명의 유지는 질서로부터의 질서에 해당하는 사건이다. 그는 생명의 두 가지 주제인 유전의 본성과 생명 시스템의 열역학에 초점을 맞춘다. 슈뢰딩거는 종교적 질문에 대해 과학이 정보를 제공할 수 있고, 종교적 생각에도 도움을 줄 수 있다고 생각했다. 이 책의 마지막 부분에는 그의 결론적 생각이 다음과 같이 표현되고 있다.

> "나는 생명체의 가장 뚜렷한 특성을 다음과 같이 말하고자 한다. 첫째, 다세포 유기체에서 톱니들이 진기하고 흥미로운 분포를 하고 있다는 점이다. … 둘째, 개개의 톱니는 인간의 조잡한 작품이 아니라 신이 양자 역학의 방향을 따라 이룩한 가장 멋진 걸작품이라는 사실이다."

그는 '질서로부터의 질서'라는 기준을 통해서 유전의 최소 단위 문제를 다루면서, 오랜 진화의 시간 속에서도 유전자의 안정성을 유지해주기 위해서 '비주기적 결정체'(aperiodic crystal)로부터의 유전물질 형성을 주장했고, 유전자는 '코드활자' (code scripts)로 정보를 저장하고 있을 것으로 제안한다.

슈뢰딩거의 생각에 큰 감명을 받은 미국의 생화학자 왓슨(James Watson)과 영국의 물리학자 크릭(Francis Crick)은 1953년 DNA의 분자구조를 규명하고 생명체의 유전자 형성의 구조를 밝혔다. 이 연구로 생명 현상이 분자 수준에서 논의될 수 있게 되었으며, 곧 유전자를 연구하는 분자생물학이 현대과학에서 물리세계 차원과 생물세계 차원을 연결하는 다리가 되었다.

| 그림 58 |
슈뢰딩거(Erwin Schrödinger, 1887~1961) 양자 이론에 관한 공헌으로 1933년 노벨물리학상 수상.

자연선택에 의해 남겨진 변이가 다음 세대로 전달되는 과정을 통해 새로운 종이 출현한다고 보았던 다윈은 그 전달의 구조를 설명하지는 못했다. 이 문제는 오스트리아의 수도원 성직자 멘델(Gregor

Mendel)이 완두콩 교배를 통해 유전의 법칙을 밝혀 변이의 유전을 설명함으로써 해결되었다. 멘델은 그 당시에 유전자가 어떻게 형성되는가를 설명하지는 못했다. 그러다가 80여 년이 지나서 왓슨과 크릭이 세포의 핵 안에 있는 산성 물질(Nucleic Acid) 가운데 산소가 하나 없는 리보오스 핵산 즉 'DNA'(Deoxyribonucleic Acid)라는 유전물질의 3차원 이중나선 분자 구조와 그 기능을 밝히면서 생명체의 유전자 형성 구조의 문제를 해결하였다.

| 그림 59 | 제임스 왓슨(좌)과 프랜시스 크릭(우)

'단백질'(protein)에 대한 이해 수준이 생명에 대한 이해 수준을 좌우한다. 생명의 유전과 보존에 가장 필수적 요소인 단백질은 유전자가 가진 정보 및 유전 시스템에 의해 생성된다고 할 수 있기 때문에, 유전자에 대한 이해는 생명을 이해하기 위한 핵심적 기반이 된다.

천연 단백질은 20가지 종류의 아미노산(amino acid)에 의해서 구성된다. 그런데 아미노산은 DNA로부터 온 유전 정보인 '코돈'(codon)에 의해 정해진다. 코돈은 3가지의 염기(bases)로 이루어진 순서가 있는 배열(sequence)인데, 코돈을 구성하는 DNA의 염기는 A(adenine), G(guanine), C(cytosine), T(thymine) 4가지로 이루어져 있다.

이 유전정보 시스템을 언어 시스템에 비유하자면 다음과 같이 이해될 수 있을 것이다.

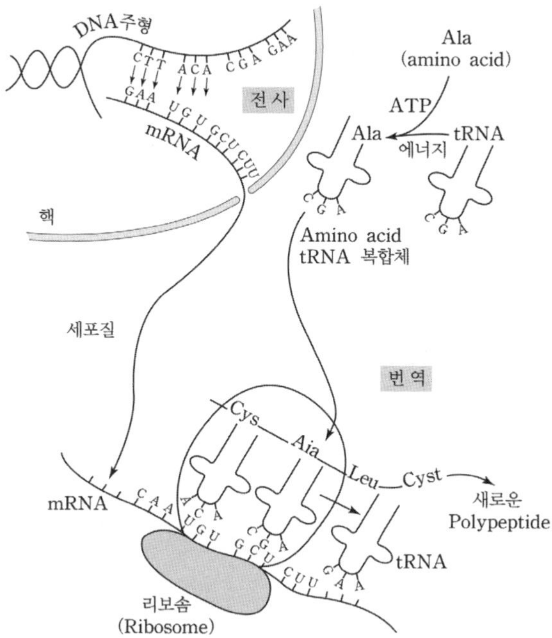

| 그림 60 | DNA 암호의 전사와 번역을 통한 단백질의 합성.

(1) 유전의 글자: A, G, C, T

(2) 유전의 암호: 세 가지 염기(triplet of bases)로 이루어진 코돈(codons) (예를 들면, 코돈 GAA는 글루탐산을 지정하는 암호의 역할을 함.)

(3) 유전의 단어: 문장을 만들어주는 정보인 20종류의 1차원 아미노산(amino acids)

(4) 유전의 문장: 3차원 단백질(proteins)

(5) 유전의 책: 다양한 단백질의 집합

이러한 과정을 보여주는 분자생물학의 '중심 원리'(Central Dogma)가 그림61이다. '복제'(copying)란 DNA에서 DNA로의 항등함수

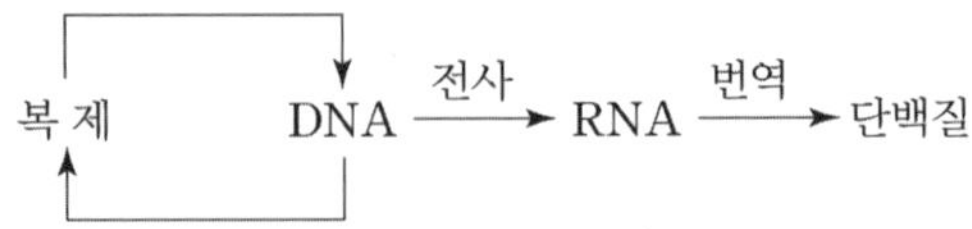

| 그림 61 | 크릭(Francis Crick)의 중심 원리(Central Dogma)

(identity map)와도 같다. DNA에서 RNA(ribonucleic acid) 합성까지는 '전사'(transcription)라는 작용이 일어나는데, 이것은 동일한 언어 사이의 함수(map)로 볼 수 있다. 그러나 '번역'이란 동일한 언어 사이의 함수가 아니라, 다른 언어 사이의 함수(map)를 의미한다. 그러므로 RNA에서 단백질 합성으로의 번역과정에서는 코돈과 아미노산이라는 다른 종류의 언어 사이의 관계가 맺어지는 것이다. 단백질이 없이는 DNA 복제가 불가능하고, DNA 없이는 단백질은 생성될 수 없다. 그렇다면 지구상에는 DNA와 단백질 중 어느 것이 먼저 생겨난 것인가? 논리적으로 설명되기 어려운 딜레마이다.

지금까지 진화와 유전에 대한 과학적 이해를 간략히 살펴보았는데, 그리스도교의 신앙과 직접적으로 충돌될 사항들이라고 보기는 어렵다.

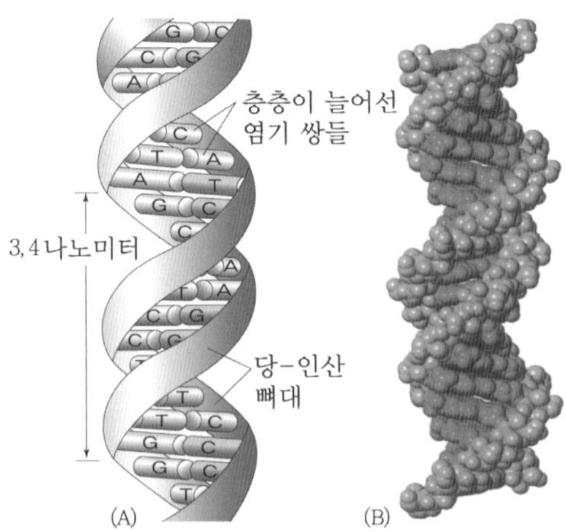

| 그림 62 | (A) 염기 쌍과 뼈대 (B) 개개의 원자를 표시

그럼에도 불구하고 충돌의 현대적 양상은 굴드의 NOMA의 원칙이 무시되면서, 확장된 진화론과 유전이론으로 그리스도교의 영역을 공격함으로써 발생된 것이다. 가령, 프랑스의 모노(Jacques Monod 1910~1976)는 자연환경 내에서의 경쟁인 자연선택을 필연으로 설명하고, 유전적 변이(genetic mutations)를 우연으로 설명하여, 진화를 우연과 필연의 조합으로 설명하면서, 우연은 유물론을 지지하며 유신론적 해석을 배제한다고 결론짓는다(『우연과 필연』). 그러나 그의 이러한 주장은 유신론에 대한 그의 제한적 정의와 고전적 결정론의 적용이라는 전제가 이미 처음부터 포함되어 있음을 보여주는 것과 다름 없다.

옥스퍼드 대학의 동물학자인 도킨스는 유전학과 진화론을 사용하여 자신의 무신론과 유전자 환원결정론을 주장하려는 의도를 다음과 같이 밝히고 있다 (『이기적 유전자』).

> "우리 인간은 생존기계이다. 유전자라고 알려진 이기적인 분자들을 보존하도록 맹목적으로 프로그램이 입력된 로보트 기계들이다."

도킨스는 인간의 이타적인 도덕 현상조차도 유전자로 '환원'(reduction)시켜 설명할 수 있으며(유전자 환원주의), 유전자는 '이기적(selfish)'이므로 이타적으로 보이는 행동들도 결국 동족의 생존을 위한 변모된 이기주의의 행동이라는 것이다. 도킨스는 인간을 생존을 위한 기계로 표현하지만, 한편으로는 밈(meme)이라는 문화적 유전자 개념을 도입하여 인간을 동물과 구별한다. 그는 문화적 유전자 밈을 통하여 진화라는

| 그림 63 | 도킨스(Richard Dawkins, 1941~)

메커니즘을 유지하고자 하였으나, 논리적으로 볼 때 '밈'을 도입한 것은 결국 생물학적 유전자(gene)로의 환원이 매우 제한된 길임을 스스로 보여준 것이다. 생물학적 유전자만을 가지고는 인간을 충분하게 설명할 수 없음을 보인 셈이다.

이 점에서 인간의 문명과 사회에 대하여 문화적 진화라는 말을 적용하는 것은 오히려 진화라는 과학적 의미를 혼란스럽게 만들 수 있다. 굴드의 지적대로, '문화적 진화'라는 말을 추방하고 '문화적 변화'라는 말을 쓰는 것이 바람직할 것이다.(『풀하우스』) 물론 진화는 진보와도 엄격하게 구별되어 사용되어야 한다.

종교에 관한 생물학적인 환원은 미국의 사회생물학자 윌슨(Edward Wilson)에게서 두드러진다(『인간 본성에 대하여』). 그는 도덕을 포함한 인간의 행동을 모두 생물학적으로 환원시켜 설명할 수 있다고 보았는데, 그에 의하면 종교란 유전적 이득과 진화적 변화라는 측면에서 설명될 수 있는 것에 불과하다. 여기에서 종교는 개인이 자신의 직접적인 사리사욕을 집단의 이익에 종속시키도록 설득하는 과정으로 정의되고 있다. 종교에 대한 그의 사회생물학적 견해는 다음의 말에서 잘 나타난다.

| 그림 64 | 윌슨(Edward Wilson, 1929~2021)

"만일 인류가 다윈의 자연선택을 통해서 진화된다면, 생물 종은 신에 의해 창조되는 것이 아니라 유전자의 우연과 환경의 필연에 의해 창조될 것이다"

윌슨에게 사회생물학의 가장 큰 적수인 종교는 사회생물학의 가장 커다란 도전 대상이자, 사회생물학이 진정 독창적인 분야로 발전할 수 있는 가장 흥미로운 기회를 제공하는 대상일 뿐이지 진지한 대화의 상대로 고려되지는 않는다. 윌슨의 접근과 주장은 진화론을 일종의 '세속적 종교'의 형태로 유지하고자 하는 것으로 평가될 수 있으며, 진화론이 과학이 아니라 종교적 형태를 띠는 '부정적인 혼합'의 모델로 전락한다는 의미에서 바람직하지 않다.

'생명'(生命)이라는 말에는 '살라는 명령'이란 의미가 담겨 있다.

그리스도교에 대한 공격적 주장에 나타나는 모노와 도킨스와 윌슨의 공통점은 (1) 무신론적 유물주의: 진화는 어떠한 신의 목적과 의도도 있을 수 없는 우연한 물질적 과정일 뿐이며, (2) 환원주의적 기계결정론: 인간은 유전자로 환원시켜 설명할 수 있는 일종의 기계이며, (3) 진화론적 무신론: 진화론은 신과 그의 설계가 필요 없음을 보여준다는 것이다. 이것은 그들에게 포기할 수 없는 일종의 신념이나 전제와도 같다. 이러한 점에서 그들의 주장이 과학적 영역을 넘어서 '종교적 신념'으로 작용되어 '과학적 위험 요소'가 되고 있다는 굴드와 루스의 지적은 타당하다.

그리스도교에서는 생명체가 단지 유전자를 재생산하며 유전자의 임시 운반자라는 시각과는 다른 차원에서 생명체를 바라본다.

> "신이 땅의 흙으로 사람을 지으시고, 그의 코에 생명의 기운을 불어넣으시니, 사람이 생명체가 되었다." (창세기 2 : 7)

인간 아담은 땅의 흙으로 지어졌는데, 이것은 인간과 자연의 연속성이 있음을 의미한다. 그러나 또 다른 차원의 연속성이 있어야 인간이 온전한 생명체가 될 수 있는데, 그것이 바로 신의 '생명의 기운'과의 연속성이다. 말하자면 생명체로서의 인간은 두 차원의 연속성이 전제되어 있다. 즉 물질과의 생명 연속성이 부정되거나 신과의 생명 연속성이 부정되면 인간은 생명체가 될 수 없다.

인간 게놈 프로젝트(human genome project)를 통해서 2003년에 인간의 유전자 지도가 해독되었다. 유전자 지도란 인간의 세포핵 내 염색체 안에 있는 염기가 배열된 순서를 밝혀주는 것이다. 그렇지만 아직까지 염기 서열과 유전 기능의 일대일 관계가 파악되지는 못하고 있다. 그러므로 1차원적 유전자로부터 3차원적 단백질까지의 구체적인 관계를 알 수 없는 상태이다.

인간의 복제는 가능한가? 우리가 어느 시점에서 인간과 관련된 인공복제를 현실로 받아들여야 할 지도 모른다. 그러나 동일한 유전자로부터 각기 다른 시간에 태어난 쌍둥이가 성장한다고 해서 동일한 자기정체성(self-identity)과 자의식(self-consciousness)을 가진 하나의 인간이 되는 것은 결코 아니다. 이 점에서 자연복제는 인공복제가 뛰어넘을 수 없는 한계의 성격을 정확하게 보여준다. 현대 생명과학에서도 유전자가 곧 생명체라고 동일화 되지는 않는다. 그렇다면 '유전자의 복제'가 곧 '생명체의 복제'라고 동일화 될 수는 없을 것이다. 유전자를 복제한다는 것과 생명체를 복제한다는 것은 결국 다른 차원의 문제이다. 더욱이 신과의 연속성 차원이 전제된 생명체 인간이 고려된다면, 유전자 차원의 복제를 논하는 것과 생명체 차원의 복제를 논하는 것은 전혀 다른 문제가 된다.[28]

12.2 에코, 신과 생명체의 가정

생태계를 의미하는 에코(*eco*)라는 말은 오이코스(*oikos*)라는 그리스어에서 유래된 것이다. 오이코스는 '집'을 의미하는데, 신약성서에서는 '신의 집'을 의미하여 '세계 전체'를 일컫는 표현으로 사용되었다. 에코 안에서 살아가는 생명체는 신의 집 안에 살고 있는 형제자매가

되는 셈이다. 현대의 진화론과 유전이론을 통해서 볼 때에도 인간과 생물들이 많은 것을 공유하고 있는 한 가족이라는 표현은 가능하다. 현대 과학에서는 '생명체가 사는 집'이라는 뜻으로 에코라는 용어가 사용되고 있다.

에코의 차원에서 일어나는 '질서와 무질서' 논쟁에서는 '엔트로피(entropy)'라는 열역학적 개념이 도입된다. 엔트로피란 물리 시스템의 무질서도를 나타내는 양으로, 시스템의 외형을 바꾸지 않은 채로 구성 성분을 재배열시킬 수 있는 경우의 수를 나타낸다.

슈뢰딩거의 수정된 결론에 의하면, 생명체는 엔트로피를 체외로 방출함으로써 생명을 유지한다. 그러므로 에코는 유기체들의 개방 시스템(open system)으로 볼 수 있다. 그렇다면 에코 내에서의 (1) 유기체들의 기능과 (2) 무질서도의 총량이 항상 증가한다는 '열역학 제2법칙'(Second law of thermodynamics)은 서로 모순이 되지 않는다.

생명은 생명을 발생시키는 '무질서로부터의 질서'와 생명을 지속시

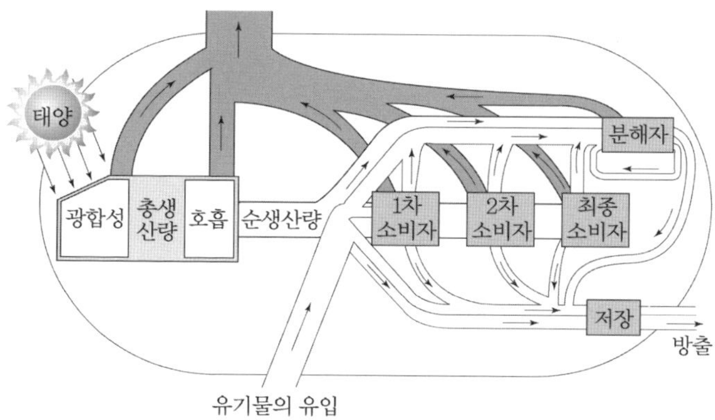

| 그림 65 | 생태계의 에너지 흐름
빛 에너지의 2%가 광합성으로 전환되어 화학에너지로 식물에 이용된다. 이 에너지는 1차 소비자인 초식동물이나 플랑크톤을 통하고, 2차 소비자인 동물을 통하여 결국 인간에게도 전달된다. 다음 단계로 에너지는 분해자인 미생물 세균류를 통하여 자연으로 방출된다.

키는 '질서로부터의 질서'라는 두 과정이 없이는 존재할 수 없다. 생명은 생존하라는 명령과 에너지를 분해하라는 명령 사이의 신비로운 균형을 의미한다.[29]

에코의 다양한 위기는 현대사회를 살아가고 있는 인간 삶의 시스템의 위기와 분리될 수 없다. 이 위기는 표면적으로는 산업화 과정과 결부된 것이지만, 심층적으로는 인간의 개체화로 표현되는 자연으로부터의 고립과 소외를 의미한다. 이러한 위기의 원인은 (1) 자연을 시스템 차원에서 유기적으로 보지 못함으로써 인간과 자연을 쉽게 분리할 수 있다고 생각하였고 (2) 인간 중심적 가치관에 의해 자연을 단순한 수단으로 여기고 지배하고 소유의 대상으로 삼은 것에 있다고 할 수 있다.

『창세기』 9장에 의하면, 인간뿐만 아니라 자연의 다른 일원들과도 언약을 맺는 신이 소개된다. 자연은 단지 인간의 소유물이나 지배의 대상이 아니라, 인간과 마찬가지로 신과 계약을 맺은 파트너이다. 그러므로 자연은 인간에게 신격화의 대상이 될 수 없으며, 동시에 자연은 인간의 소유물이나 인간을 위한 수단도 될 수 없다.

자연은 인간을 담고 있는 삶과 생명의 현장이다. 인간은 신에 의해서 자연 속에서 나온다. 인간은 신의 형상이기도 하지만 동시에 자연의 산물이다. 그래서 인간은 신의 형상으로서 자연을 성실하게 돌봐야 할 책임을 가진 자연의 일원으로서 살아가야 한다. 인간과 자연은 (1) 신과의 계약과 (2) 탄생의 과정에 있어서 분리될 수 없는 동반자이며, 하나의 생태 시스템(ecosystem) 내의 가족이다.

12.3 생명, 신과 인간과 자연의 활동

> "예수께서는 유대인들에게 말씀하셨다. "내 아버지께서 이제까지 일하고 계시니, 나도 일한다."" (요한복음서 5 : 17)

신의 모든 활동이 '창조'이다. 창조라는 특별한 활동이 신에게 한정적으로 지정되어 있는 것이 아니다. 신이 하시는 일이 모두 창조적 사건이다. 그러므로 신의 창조는 세계 내에서 연속된다. 활동하시는 신은 에코 안에서 계속 창조하고 계신다. 그러한 신의 활동은 사건의 단순한 반복이 아니며, 창조 사건의 연속이다.

생명이 있는 인간이 신의 형상이라는 것은 그리스도 안에서 자연과 더불어 신의 창조적인 활동에 참여해야 한다는 것을 의미한다. 그러므로 신의 연속 창조에 참여하는 그리스도인의 사전에 '마지막' 이란 단어는 없다.

13
인간, 현대 과학과 성서의 교차로

"신이 신의 형상대로 사람을 창조하셨다." (창세기 1 : 27)

13.1 신의 형상

『창세기』에서 인간은 '첼렘 엘로힘'(*tselem elohim*)으로 정의되었다. 우리말로는 '신의 형상'이라고 번역되었다. 신의 형상은 그리스도교의 인간 이해의 전제이자 목표가 되었는데, 여기서 (1)신(엘로힘)과 (2)형상(첼렘)이 가지는 조건의 의미를 살펴보면 다음과 같다.

13.1.1 신(엘로힘) : 인간을 이해하기 위해서는 인간을 창조한 신을 이해할 필요가 있다는 전제를 보여준다. 신에 대한 이해가 없이 인간에 대한 이해가 없다는 명제가 성립된다. 창조신에 대한 이해없이 피조물에 대한 이해는 완성될 수 없다.

13.1.2 형상(첼렘) : 인간은 '신'으로 창조된 것이 아니라 '신의 형상'으로 창조되었다는 전제를 보여준다. 그러므로 인간은 신과 동일하지 않았다. 가령, 시편에서 '사람을 신보다 조금 못하게 하시고'(8:5)라는 표현은 '동일하지 않음'을 고백하고 있다. 여기에서 '형상'이란 두 가지 의미로 해석될 수 있다.

(의미A) 본성으로서의 형상 : 신의 본성으로서의 형상
(의미B) 기능으로서의 형상 : 신이 부여한 기능으로서의 형상

근대 이전의 해석자들은 교리신학(dogmatic theology)에 의거하여 신의 형상을 (의미A), 곧 신이 창조한 인간의 본성으로 이해했다. 예를 들어, 영혼, 정신, 이성, 인격, 윤리 등으로 신의 본질과 속성으로서의 형상을 해석하는 것이다. 그렇다면 다음의 질문이 이어질 수 있다. 인간의 본성은 선천적인 것인가 아니면 후천적으로 실현되는 것인가? 타고난 것인가 아니면 만들어진 것인가?

> "사람이 무엇이기에 주님께서 이렇게까지 생각하여 주시며, 사람의 아들이 무엇이기에 주님께서 이렇게까지 돌보아 주십니까? 주님께서는 그를 엘로힘(신)보다 조금 못하게 하시고, 그에게 존귀하고 영화로운 왕관을 씌워주셨습니다."
> (시편 8 : 4-5)

다른 한편, 1787년 등장한 성서신학(Biblical theology)에 의해서 (의미B)에 주목하게 되었다. 고대 근동에 대한 고고학적 연구 결과, (의미B)는 인간을 신의 피조물 가운데 왕과 같은 존재로 보고 피조물에 대한 통치자의 기능을 표현한 것이었다. 태어날 때는 인간일지라도 왕이 되는 순간, 신과 같은 존재로 인정했다. 그러므로 신의 형상이라는 말은 '통치권의 위임'을 뜻했다. 이 통치권 안에는 모든 생물(시편

8:6)이 포함되는데, 가령 "모든 생물을 다스려라"(창세기 1:26)를 통해서 잘 드러나고 있다.

> "주님께서는 손수 지으신 만물을 다스리게 하시고" (시편 8 : 6a)

여기에서 명령의 대상에 주목할 필요가 있다. 다스릴 권한은 어느 한 인간에게만 위임된 것이 아니라, 남자와 여자 곧 인간 '공동체'에게 위임되고 있는 것이었다. 종합해 보면, (의미B) 신의 형상은 인간 공동체에게 주어진 신성한 통치의 기능을 뜻한다.

13.1.3 신의 형상에 대한 역사적 현실성은 어떠한가? 그리스도교에서는 인간의 타락으로 인하여 신의 형상이 훼손되었다고 생각했다. 그렇다면 죄를 지은 인간은 신의 형상을 전적으로 상실한 것인가? 만약 그렇다면 신의 형상은 어디서 발견할 수 있는가? 이에 대한 초대 그리스도교의 응답은 예수 그리스도였다. 예수 그리스도는 '보이지 않는 신의 형상'(골로새서 1:15)이고, 예수 그리스도를 통하여 신의 형상을 이해할 수 있다는 것이다(고린도후서 4:4-6). 그래서 초대 그리스도인들에게는 '크리스토포로스(*Christophoros*)'라는 별명이 있었는데, 이는 '그리스도를 품은 사람'을 의미했다. 그리스도인은 그리스도의 모든 것을 품고 가는 사람들로 인식되었던 것이다. 따라서 그리스도인은 그리스도 예수의 삶과 죽음을 포함한 모든 것을 지고 가야 한다. 이러한 상호관계를 다음과 같이 정리할 수 있다.

> 신(God) : 그리스도(Christ) : 그리스도를 따르는 사람(Christian)
> = 신(God) : 신의 형상(Image of God) : 신의 형상의 형상(Image of Image of God)

여기에서 참된 신의 형상은 그리스도인데, 그리스도는 신의 보이는 형상이다. 그러므로 그리스도를 따르는 사람, 곧 그리스도인은 그리스도의 형상(Image of Christ)이며, 결국 신의 형상의 형상이라는 뜻이다. 예수가 그리스도이며, 그리스도는 참된 신이고 참된 인간이다. 따라서 예수 그리스도는 참된 신의 형상을 포함하며 동시에 참된 인간의 형상을 포함한다.

13.1.4 시간의 기준에서 신의 형상은 (1)이미 실현된 신의 형상과 (2)아직 실현되지 않은 신의 형상으로 구분해서 이해할 수 있다. 인간은 (1)과 (2) 사이에 있는 존재인데, 타락하여 훼손된 신의 형상에 해당되지만 온전한 신의 형상의 회복을 향해 나아가는 존재를 의미한다(마태복음서 5:48).

신의 형상은 인간의 출발점이고, 인간의 종착점이다. 온전한 신의 형상의 회복은 인간의 완성을 뜻한다. 이런 점에서 인간은 모두 신들이고 가장 높은 신의 자녀라는 선언은 논리적으로 타당하다.

> "신께서 말씀하셨다. "너희는 모두 신들이고, '가장 높으신 분'의 아들들이지만" (시편 82 : 6)

> "'내가 너희를 신들이라고 하였다' 하는 말이 기록되어 있지 않느냐? 신의 말씀을 받은 사람들을 신께서 신이라고 하셨다." (요한복음서 10 : 34-35)

13.2 인간의 탄생

13.2.1 흙에서 나온 인간

"너는 '흙'에서 나왔으니, '흙'으로 돌아갈 것이다." (창세기 3 : 19)

과학의 용어로는 현생 인류를 '호모 사피엔스'라고 한다. 여기서 호모(homo)라는 라틴어는 바로 흙을 의미하는 후마스(humas)에서 연유된 표현인데, 인간을 뜻하는 휴먼(human)도 흙에서 나온 존재라는 표현을 담고 있다.

13.2.2 신에게서 나온 인간

> "주님께서 땅의 흙으로 사람을 지으시고, 그의 코에 생명의 기운을 불어넣으시니, 사람이 생명체가 되었다." (창세기 2 : 7)

여기에서 생명체로서의 인간의 탄생에 두 가지 필요한 재료와 조건이 있다.

(1) '흙' (*ha adamah*)
(2) '생명의 기운' (*neshamah*)

(1′) '하 아다마'(*ha adamah*), 특정한 흙이 필요했다. 인간이란 말은 히브리어로 '아담'(*adam*)으로 표현되었는데, 창세기 2장 7절에서 아담은 정확히 '그 인간' (*ha adam*)이라고 구별되어 있다. 즉 인류 전체로서의 인간을 표현하는 것이 아니라, 특정한 인간을 표현하는 것이다. 또한 '지으셨다'에 해당하는 히브리어 동사는 '야차르'(*yatsar*)였는데, 이는 '창조하다'에 사용했던 '바라'(*bara*)와는 구별된 표현이었다. 이러한 구성을 정리하면 다음과 같다.

$$ha\ adamah \xrightarrow{yatsar} ha\ adam$$

(2′) '네샤마'(*neshamah*), 특별한 무엇으로서의 '생명의 기운'이 필

요했다. 흙으로 만들어진 인간은 완성된 인간이 아니었다. 그 '하 아담'의 코에 신이 생명의 기운 '네샤마'를 입력해 주었을 때, 비로소 '네페쉬 하이야흐'(*nephesh haiyah*), '생명체'가 되어 진정한 '인간'으로 탄생했다는 것이다. 이러한 구조를 정리하면 다음과 같다.

$$ha\ adam \xrightarrow{neshamah} nephesh\ \ haiyah$$

인간은 단지 흙으로만 만들어진 존재가 아니라, '네샤마'가 결합되어 온전한 인간으로 탄생한 것이다. 신이 직접 입력해 준 생명의 '네샤마'가 없는 상태의 인간은, 외형상 인간의 모양을 하고 있다고 하더라도 동물에 불과하다.

13.3 자연의 청지기로서의 인간

"그리스도는 아들로서, 신의 집안 사람을 성실하게 돌보셨습니다." (히브리서 3 : 6)

신의 형상으로서의 인간은 우주를 돌보는 '청지기'이다. 신약성서에서 청지기는 그리스어 '오이코노모스' (*oikonomos*)인데, 이 말은 '오이코스'와 '노모스'가 결합된 것이다. 여기서 오이코스는 '집'을 뜻하고 '노모스'는 '돌봄'을 뜻한다. 그래서 오이코노모스는 집안일을 돌보는 사람이다.

신약성서에서 집은 자연 세계(*eco*)를 의미하였으므로, 곧 청지기는 우주를 돌보는 존재다. 우주는 인간을 위한 집이다. 신이 인간을 생각하고 돌보아 주듯이, 인간도 자연을 생각하고 돌보아야 한다. 이런 일이 '경제(economy)'의 어원이 된 그리스어 '오이코노미아'에 해당된다. 그리스도교에서 경제가 매우 중요한 임무와 사명을 담고 있는 개념임을 확인할 수 있다.

신의 형상으로서의 인간이 청지기라는 의미 속에는 인간은 결코 우주의 주인(Lord)이 아니며 관리자(manager)임을 전제하고 있다. 한 가정에 살림살이가 중요하듯이 신의 집안으로서의 우주의 살림살이가 중요하다. 훌륭한 청지기는 신의 집안 살림을 훌륭하게 하고 집안일을 훌륭하게 돌보아야 한다.

그리스도인은 신이 위임한 (1)시간과 (2)공간과 (3)물질과 (4)생명과 (5)인간을 잘 돌보고 관리해야 한다. 과거의 우주가 인간을 위한 집으로서 책임을 다했다면, 미래의 인간은 우주를 위해 봉사하는 새로운 집으로서 의무를 다해야 한다.

과학이 인간의 탄생과 생존을 위한 '인간우주원리'를 말한다면, 성서는 우주를 위한 '역인간원리'(Reverse Anthropic Principle)를 말한다.

13.4 신의 공동 창조자로서의 인간

> "셋도 아들을 낳고, 아이의 이름을 에노스라고 하였다. 그 때에 비로소, 사람들이 주님의 이름을 불러 예배하기 시작하였다." (창세기 4 : 26)

인간의 의식과 정신은 인간이 단지 생물학적인 존재에 그치는 것이 아니라 문화적 차원의 창조적 존재임을 증명한다. 문화적 존재로서 인간은 자연에는 없는 인공물들을 만들어냈고, 특히 도구를 활용하여 육안으로는 볼 수 없는 거시 세계와 미시 세계를 보면서 수식과 기호를 통해 과학적 기술을 발전시켰다. 또한 문화적 존재로서의 인간은 언어, 제도, 문학, 예술, 도덕 등의 문화를 창출해냈다. 이 문화적 면은 대부분 신체 내부적(endosomatic) 전달에 의한 것이 아니라 신체 외부적(exosomatic) 전달과 학습에 의해서 축적된 것이었다.

인간은 환경에 적응하는 방식 외에도 환경을 바꾸어 가는 방식을 사용할 수 있었던 특별한 존재이다. 이것은 인간이 단지 자연선택의 대상이 아니라 인공선택의 주체가 될 수 있음을 보여주는 근거이다. 신이 창조한 세계 속에서, 인간이 창조한 문화의 세계와 인공의 세계가 구성된다. 마치 인간이 무엇인가를 창조하도록 신이 인간을 창조한 셈이다. 인간은 신의 인형이 아니고, 세계는 인형의 집이 아니다.

인간에게는 '자유'가 있다. 그래서 자유로운 선택이 가능하다. 인간이 프로그램을 따르는 일종의 기계일 수 없는 이유가 바로 자유의지에 있다. 그런 자유의 결과는 때로는 예측할 수 없는 상황을 낳기도 하고, 때로는 원치 않는 상황을 만들기도 한다. 그렇다고 해도 인간이 선택한 긍정적인 결과와 마찬가지로 인간이 선택한 부정적인 결과도 자유의 대가이다. 악, 질병, 재난 등 원치 않는 상황도 허용하는 창조의 질서, 이런 질서를 신은 허용한다. 인간에게 자유를 선사한 신은 우주의 독재자가 되기를 포기한다. 신은 자기의 자유를 이렇게 사용하면서 인간의 고통을 함께 나눈다.

자유와 의식을 소유하고 세계 속의 존재가 된 인간이 행한 첫 번째 창조활동은 다음과 같다.

> "신이 들의 모든 짐승과 공중의 모든 새를 흙으로 빚어서 만드시고, 그 사람에게로 이끌고 오셔서, 그 사람이 그것들을 무엇이라고 하는지를 보셨다. 그 사람이 살아 있는 동물 하나하나를 이르는 것이 그대로 동물들의 이름이 되었다." (창세기 2 : 19)

여기서 인간은 언어를 창조한다. 인간의 언어 활동은 곧 창조 활동이다. 인간에게는 언어수행의 능력이 있고 내재된 언어지식도 있다.

인간이 이르는 것이 그대로 동물들의 이름이 된다. 여기서 '이름'은 단지 표시에 그치지 않는다. 이름은 '인간이 그 동물을 인지한다'는 관계 형성을 의미하는 언어 사건이다.

신의 언어 사건은 신 자신의 존재를 의미하기도 한다.

> "태초에 '말씀'이 계셨다. 그 '말씀'은 신과 함께 계셨다. 그 '말씀'은 신이셨다." (요한복음서 1 : 1)

여기서 말씀은 '사건'과 같은 의미인데, 곧 신의 언어는 신의 실현된 사건과 다름없다. 신의 언어는 특별한 언어 사건이다.

> "'말씀'이 육신이 되어 우리 가운데 사셨다." (요한복음서 1 : 14)

인간의 육신이 되는 신의 언어 사건(incarnation)이 있는데, 이 언어 사건은 정말 특별한 창조 사건이다. 이 사건을 그리스도 사건이라고 한다. 그러므로 그리스도를 따르는 그리스도인은 사건을 '언어화'하는 창조 활동과 더불어 언어를 '사건화'하는 창조 활동을 해야 한다. 이러한 모델은 언어 행위의 주체와 객체의 '관계'에 초점을 맞추면서 동시에 그 '상호작용과 경험'에 초점을 두고 체계화되어야 한다.

인간이 세계를 표상(representation)하는 다양한 시스템들이 있다. 그리스도교는 하나의 표상 시스템이고, 도서관으로서의 성서는 시공간을 초월하는 실재를 표상하는 위대한 시스템이자 창조적인 시스템으로 구축되었다. 이 시스템은 '사실'(*factum*)과 '진실'(*verum*)을 다루었는데, 실재를 표상하기 위해서 (1)청각 언어 (2)시각 언어 (3)은유 언어를 자유롭게 활용한다.

결국, 성서가 성서를 해석한다. 표상 시스템으로서의 성서는 공동 창조자인 인간에게 창조적 언어 사건이자 사건 언어이다.

14
무한과 불완전성, 수학과 신학의 성찰

"네가 전능하신 분의 무한하심을 다 측량할 수 있느냐?" (욥기11 : 7)

14.1 무한, 부분과 전체의 일치

"나와 아버지는 하나이다." (요한복음서 10 : 30)

『요한복음서』에서 나(그리스도 예수)와 아버지(신)는 하나라고 선포된다. 과연 아들과 아버지의 하나됨은 가능한가? 둘이 하나가 된다는 것은 둘이 가지고 있는 속성과 요소가 같아야 함을 전제로 한다. 그리스도와 신의 하나됨은 어떻게 설명될 수 있는가?

14.1.1 "너희는 아버지께서 내 안에(*en*) 계시고 또 내가 아버지 안에(*en*) 있다는 것을 깨달아 알게 될 것이다." (요한복음서 10 : 38)

| 그림 66 | 보드머 파피루스(Bodmer Papyrus)의 요한복음서 부분.
현존하는 가장 오래된 신약성서 사본이다.

14.1.2 "내가 아버지 안에(*en*) 있고 아버지께서 내 안에(*en*) 계시다는 것을, 네가 믿지 않느냐?" (요한복음서 14 : 10)

아버지와 아들의 하나됨은 아버지가 아들 안에 있고 아들이 아버지의 안에 있는 것으로 설명된다. 즉 신이 그리스도 안에 있고 그리스도가 신 안에 있으면 신과 그리스도는 하나라는 것이다. 서로가 안에 있다는 것은 어떻게 이해될 수 있는가?

14.1.3 칸토르-베른슈타인 정리(Cantor-Bernstein Theorem, 1890년대). 두 집합 X, Y에 대하여, X는 Y의 부분집합과 대등(equipotent)하고, Y는 X의 부분집합과 대등하면, X와 Y는 대등하다.

두 집합 사이의 일대일 대응(1-1 onto) 함수가 존재할 때, 두 집합 X와 Y는 대등하다. 즉 두 집합의 '원소의 개수'(cardinal 기수)가 같고, 두 집합의 원소들이 중복됨이 없이 서로 하나씩 대응될 때, 두 집합은 대등하다.

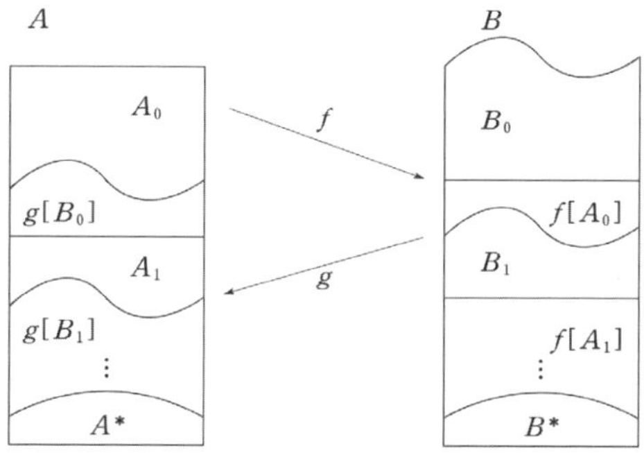

| 그림 67 | 칸토르-베른슈타인 정리를 설명해 주는 그림.[30] 함수 f와 g는 일대일(1-1) 함수이다.

칸토르-베른슈타인의 정리는 두 집합의 기수가 같다는 것의 의미가 X의 기수가 Y의 기수보다 작거나 같고, Y의 기수가 X의 기수보다 작거나 같을 때, X의 기수와 Y의 기수는 같다는 것을 알려준다. 두 집합이 서로 포함될 수 있으면 두 집합은 대등하며, 두 집합은 같은 집합이라고 볼 수 있다. 이것의 증명은 가령, 집합 A로부터 A의 부분집합 B로의 일대일(1-1) 함수가 존재하면 A와 B가 대등하다는 것의 증명을 통해서 이루어질 수 있다(그림 67).

그런데 어떤 집합 A가 자신의 부분집합 B와 일대일대응이 되는 함수가 존재한다는 것은 집합 A가 무한집합임을 의미한다. 또는 집합 A가 무한집합이라는 것은 A에서 A로의 어떤 함수가 존재하는데, 그 함수는 1-1이지만 onto는 아니라는 뜻이다. 그러므로 무한집합은 자

| 그림 68 | 뫼비우스띠. 두 가지 색으로 구별할 수가 없다.

신의 부분집합과 대등할 수 있는 집합이다.

작은 것(B)이 큰 것(A) 안에 포함된다는 것은 작은 것이 큰 것의 부분집합임을 의미한다. 큰 것이 작은 것 안에 포함된다는 것은 큰 것이 작은 것의 부분집합임을 의미한다. 물론 이것은 유한집합을 전제할 때는 가능하지 않다.

(유한의 세계) $f: k \rightarrow 2k$, (단, $k = \{1,2,3,4,5,6,7,8,9,10\}$인 유한집합)

1에서 10까지의 자연수의 세계는 유한의 세계이다. 유한의 세계에서는 전체집합과 부분집합(2의 배수의 집합) 사이에 함수 f는 일대일대응 함수가 될 수 없다.

그러나 무한집합을 전제할 때에는 함수 f가 일대일대응(1-1 onto) 함수가 될 수 있다. 다음의 예를 생각해 보자.

(무한의 세계) $f: k \rightarrow 2k$, (단, $k = \{1,2,3,\cdots\}$인 무한집합)

무한의 세계에서는 자연수 전체집합과 부분집합(이 경우, 2의 배수

| 그림 69 | 에셔(M. C. Escher)의 화랑(1956, Print Gallery). 청년과 화랑과 도시와 그림은 모두 포함관계를 가지며 무한을 표현

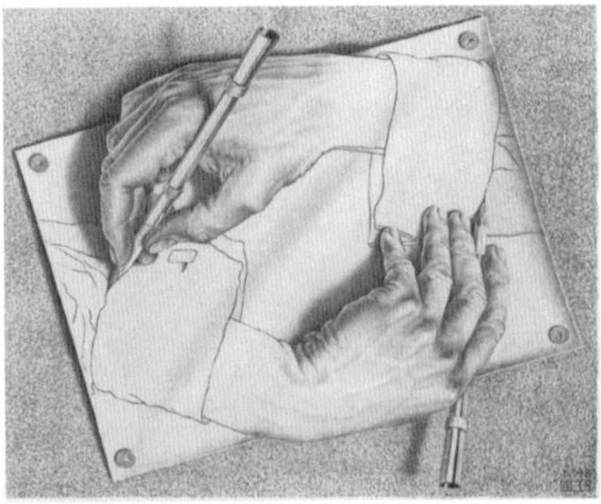

| 그림 70 | 에셔(M. C. Escher)의 그림 그리는 손(1948, Drawing Hands). 무한을 표현

의 집합임) 사이에 함수 f는 일대일대응 함수가 된다. 즉 부분과 전체의 크기가 같다. 부분의 원소와 전체의 원소가 정확하게 하나씩 대응될 수 있다. 전체와 부분의 관계는 무한이냐 유한이냐에 따라서 그 성격이 전혀 달라진다.

신을 집합의 개념으로 이해하면, 예수는 신의 부분집합이다(요한복음서 14:28). 그렇다면 큰 집합 신은 작은 집합 예수를 포함하고 작은 집합 예수는 큰 집합 신을 포함할 수 있다는 것은 바로 무한의 세계를 전제할 때에만 이해될 수 있다. 무한의 세계에서는 어떤 집합이 자신의 부분집합과의 사이에 일대일대응 함수가 존재하기 때문에 두 집합의 크기는 같다.

14.1.4 "아버지, 아버지께서 내 안에(*en*) 계시고, 내가 아버지 안에(*en*) 있는 것과 같이 그들도 하나가 되어서 우리 안에(*en*) 있게 하여주십시오." (요한복음서 17 : 21)

신과 예수의 관계, 예수와 제자들의 관계는 집합과 부분집합으로 이해될 수 있다. 신과 예수와 제자들이 서로 안에 있다는 것은 상호 포함관계임을 의미한다. 이것은 무한의 세계에서는 결코 모순이 아니다. 무한의 세계가 전제될 때, 신과 예수와 제자들은 하나가 될 수 있다. 현대수학의 집합론은 무한의 세계를 전제할 때, 성서의 세계가 이해될 수 있음을 알려준다.

14.2 무한의 세계

"수학은 무한에 대한 연구이다."
- 헤르만 바일(Herman Weyl, 1885 ~1995)

| 그림 71 | 바일(Herman Weyl, 1885 ~1955) 수학자이자 이론물리학자. 그룹이론을 양자역학에 적용하는 연구로 공헌. 수학의 기초와 철학에 관하여 다양한 연구를 하였음.

무한이란 주제는 수학 내에서도 가장 신학적인 주제이다. 수학자이자 물리학자인 바일은 수학의 목표는 유한한 수단을 사용하여 무한을 이해하는 데에 있다고 보았다. 그래서 수학에서 무한을 다루는 것은 종교적 직관과 같은 방향을 가지고 연구하는 것이다(*Philosophy of Mathematics and Natural Science*).

엄밀한 의미에서 19세기까지의 무한의 연구는 신학자들과 철학자들의 고유 영역이나 다름없었다. 사실상 수학자들이 미적분과 무한수열의 응용에서 무한이란 개념이 매우 중요한 것이었음에도 불구하고, 무한수열 등을 사용하기만 했고 무한의 개념 자체를 명확하게 설명해야 할 필요성을 느끼지 못하고 있었다. 1870년대에 '일대일대응'의 중요성을 깨닫고 기수(cardinal number)와 서수(ordinal number)에 대한 연구와 추상적 대상인 '집합'에 대한 연구를 체계적으로 시작한 인물이 게오르그 칸토르(Georg Cantor 1845~1918)이다.

| 그림 72 | 게오르그 칸토르(Georg Cantor). 힐베르트(David Hilbert)는 다음과 같이 말했다. "칸토르가 우리를 위해 만들어 놓은 파라다이스로부터 아무도 우리를 쫓아내지 못할 것이다."

칸토르는 역사상 어느 누구도 하지 못했던 무한 자체의 개념을 정립하였고, 무한에도 등급이 있음을 증명한다. 이때부터 무한의 개념을 우리는 '실무한' (actual infinity)으로 간주한다. 끝이 없이 계속 진행한다는 식의 '가무한'(potential infinity)

이 아니라 무한을 하나의 전체로 볼 수 있고 다룰 수 있게 된 것이다. 그에 의해서 불가침의 영역으로 여겨졌던 무한의 세계가 비로소 수학적으로 규명되기 시작한다.

칸토르는 그리스도교 프로테스탄트의 신자였는데, 무한과 신의 문제를 함께 생각하였다. 그는 실무한을 다음과 같이 세 가지로 구분한다("Über die verschiedenen Standpunkte in bezug auf das aktuelle Unendliche").

(1) 절대적 무한(absolute infinity): 신 안의(*in Deo*) 실무한
(2) 물리적 무한(physical infinity): 구체 안의(*in concreto*) 또는 창조된 세계 안의(*in natura naturata*) 실무한
(3) 수학적 무한(mathematical infinity): 추상 안의(*in abstracto*) 실무한

(1′) 절대적 무한은 신학적인 무한이다. 칸토르는 절대적 무한은 가

| 그림 73 | 바흐(J. S. Bach)의 '음악의 헌정' 중의 캐논 (Canon a 2 per Tonos). 전조(modulations)를 통하여 무한한 상승을 표현한 걸작.

장 완전한 형태로 실현되는 무한이며, 완전히 독립적이며 초월적인 존재 내에서 실현되는 '절대 무한'이라고 생각한다.

(2′) 물리적 무한은 창조된 세계 내에서 발생되는 무한이며, 그 세계는 '발연적'(contingent) 속성을 가지고 있다. 예를 들어, 무한히 작은 입자들로 이해되는 물리적 세계와 관련된 무한이라고 할 수 있다.

(3′) 수학적 무한은 수학자들이 연구하는 무한이라 할 수 있는데, 마음이 추상적으로 수학적인 양이나 수로 이해하는 대상이다. 칸토르는 물리적 무한과 수학적 무한을 묶어서 '초한'(transfinite infinity)이라고 한다.

칸토르의 무한 구분에 근거하여 주요 신학자와 20세기 주요 수학자들의 견해를 그림 74와 같이 분석해 볼 수 있다.

	절대적 무한(신)	물리적 무한	수학적 무한
Georg Cantor	○	○	○
Thomas Aquinas	○	×	×
Nicolaus Cusanus	○	○	○
David Hilbert	×	×	○
L.E.J. Brouwer	○	○	×
Bertrand Russell	×	○	○
Kurt Gödel	○	×	○

| 그림 74 | 세 가지 무한의 존재에 관한 신학자와 수학자의 견해
Rudy Rucker, *Infinity and the Mind: The Science and Philosophy of the Infinity*, 309.
O는 긍정, X는 부정을 의미한다.

14.3 무한의 유한화, 수학과 신학

"신은 절대적 무한이다."

- 게오르크 칸토르(Georg Cantor, 1854~1918)

무한한 대상을 유한한 인간이 어떻게 다룰 수 있을까? 수학과 신학은 무한의 속성을 연구한다는 점에서 닮았다. 현대 집합론에 따르면 g를 무한기수(infinite cardinal number)라고 할 때, 다음이 성립한다.

$$g \times g \times g = g^3 = g^1$$

즉 어떤 무한에 무한을 곱하고 또 무한을 곱해도 결국 무한이라는 뜻이다.

그리스도교에서는 신을 삼위일체의 신으로 고백한다. 물론 이 문제를 완벽하게 설명한 사람은 없다. 그러나 적어도 신을 표현하는 집합론의 무한기수 G를 이용하면 성부와 성자와 성령으로서의 무한한 신을 다음과 같이 수학적으로 표현할 수 있다.

$$G \times G \times G = G^3 = G^1$$

이러한 표현에는 논리적인 모순이 없다.

| 그림 75 | 현대 수학의 아버지로 불리는 힐베르트(David Hilbert, 1862-1943).

무한에 대한 유한화의 작업 가운데 주목할 만한 방법은 '컴팩트화'(*compactification*)이다. 이 구상은 우리가 무한을 다룰 때 무한에 어떤

요소를 추가하여 마치 무한을 유한을 다루는 것처럼 작업하려는 것이다. 예를 들어, 한 점이 빠진 원(그림 77)을 생각해보자. 이 원의 선은 실수(Real number)의 선이다. 그러므로 이 원은 한계가 없는(not bounded) 무한의 속성을 가지고 있다. 이러한 열린 구간(open interval)의 무한은 셀 수 있는 무한(countable infinity)보다도 더 큰 셀 수 없는 무한(uncountable infinity)이다. 우리는 이러한 무한을 아무리 계산하려 해도 다 처리할 수가 없다. 그러나 한 점을 추가해서 넣어주면 상황은 달라진다. 우리는 무한에 한 점을 추가함으로써 '유한화'에 성공할 수 있다. 한 점이 채워진 원은 닫히고 한계가 있는(closed and bounded) 무한집합이 되기 때문에, 마치 유한한 대상을 다루듯이 유한 번의 덮는 작업을 통해서 다룰 수 있게 된다.

위상공간(topological space)의 임의의 열린 덮개(open cover)가 유한부분덮개(finite subcover)를 가지면, 그 위상공간은 컴팩트(compact)이다. 그러므로 무한집합에 적당한 위상(topology)을 줌으로써, 컴팩트 공간을 만들 수 있고, 이 무한집합을 유한 개의 덮개로 덮을 수 있으므로, 마치 무한을 유한화하여 다루는 것과 같다.

수리논리 분야에서 사용되고 있는 컴팩트 정리는 다음과 같이 일반화될 수 있다.

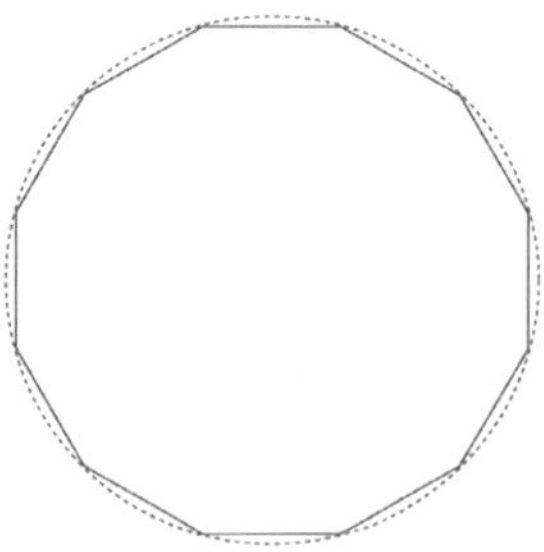

| 그림 76 | 쿠자누스가 이해한 무한. 신과 인지의 관계를 보여준다. 원은 신을 표현하고 내부의 다각형은 인지를 표현한다.

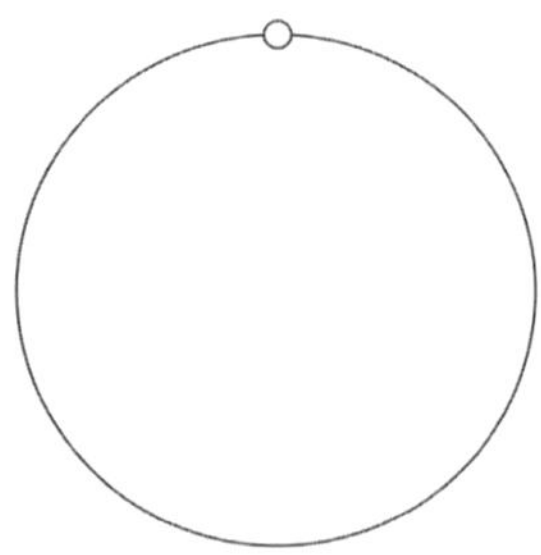

| 그림 77 | 한 점이 빠진 원. 셀 수 없는 무한으로서의 열린 구간이다.

컴팩트 정리(Compactness Theorem). 어떤 시스템의 모든 유한한 부분집합이 모델을 가지면, 그 시스템은 모델을 가진다.

유한한 인간은 무한을 무한 자체로 이해하기보다는, 무한을 적절하게 유한화하여 이해할 수밖에 없다. 수학의 방법론과 마찬가지로, 무한한 속성을 가진 문제들을 유한화하는 신학도 컴팩트화에 속한다. 무한에 어떤 점을 채워서 어떻게 유한화할 것인가에 따라서 신학적 모델은 다양하고 심오해 질 것이다.

14.4 괴델의 불완전성 정리

> "크레타 사람 가운데서 예언자라 하는 어떤 사람이 말하기를 '크레타 사람은 예나 지금이나 거짓말쟁이다' 하였습니다. 이 증언은 참말입니다." (디도서 1 : 12)

신학이 구축하려는 학문시스템은 어떤 것인가? 만일 믿음을 통해서 깨닫는 진리를 논리적으로 정교하게 증명하려는 작업과 관련이 있다면, 신학은 괴델의 불완전성 정리를 피해갈 수 없을 것이다.

오스트리아 출신의 쿠르트 괴델(Kurt Gödel 1906~1978)은 1931년의 논문 "수학원론 그리고 관련된 시스템들 내에서 형식적으로 결정불가능한 명제들에 관하여(On Formally Undecidable Propositions in *Principia Mathematica* and Related System I)에서, 러셀과 화이트헤드가 구성한 'Principia Mathematica'로 불리는 논리적 형식시스템과 그에 동등한 수학적 형식시스템에 모순이 없을 때, 그 시스템들 내에서 증명될 수도 없고 반증될 수도 없는 명제가 존재함을 증명함으로써 모순이 없는 형식시스템의 불완전성을 보였다. 이 정리는 수학과 논리학의 역사를 괴델 이전과 이후로 구분되게 할 만큼 결정적인 업적이었다.

| 그림 78 | 쿠르트 괴델(Kurt Gödel, 1906~1978).

괴델의 불완전성정리는 엄밀한 증명작업을 거친 수학적 산물이지만, 그 메시지는 철학, 컴퓨터과학, 언어학, 인지과학, 그리고 신학의 분야에서 반드시 성찰해야 할 문제를 제기하기에 충분했다.

14.4.1 괴델의 제1불완전성 정리(Gödel's First Incompleteness Theorem 1931) 페아노 산술시스템을 포함하는 형식시스템이 무모순이면, 그 형식시스템 내에는 진리명제이지만 증명할 수 없는 명제가 존재한다.

이 정리가 의미하는 것은 모순이 없는 형식시스템 내에는 그 형식시스템 내에서 긍정을 증명할 수도 없고 부정을 증명할 수도 없는 결정불가능한 논리식(괴델명제 G)이 존재한다는 것이다. 즉 그 형식시스템은 불완전하다. 이러한 놀라운 메시지를 보여주는 괴델의 정리를 이해하기 위해서 필요한 개념을 간략히 소개하면 다음과 같다.

(1) 재귀적 형식시스템(Recursive formal system)이란 현대수학의 기반이 되는 1차논리시스템(First-order logic system)과 동등한 계산가능성을 가지고 있고, 컴퓨터과학에서 표준모델로 사용하고 있는 계산시스템인 튜링기계(Turing Machine)와 동등한 계산가능성을 가지고 있는 것이다. 현대

괴델은 결정불가능한 명제에 관한 결과에 대해 1930년 9월 7일 쾨니히스베르크에서 열렸던 Second Conference on Epistemology of the Exact Science의 토론 세션에서 처음으로 공개하였다.

수학의 기본적 산술계산을 정의하는 페아노 산술시스템(Peano Arithmetic)은 대표적인 재귀적 형식시스템이다.

(2) 재귀적 형식시스템은 그 내부에 포함된 모든 명제에 대하여 증명 가부를 결정할 수 있도록 엄밀하게 고안된 시스템이다.

(3) 형식시스템이 '무모순'(consistent)이라는 것은 그 시스템이 논리적 모순을 허용하지 않는 시스템이라는 뜻이다.

(4) 재귀적 형식시스템이 그 시스템 내에서 표현된 모든 진리 명제를 증명할 수 있을 때, 그 시스템은 '완전한'(complete) 시스템이라고 정의된다.

(5) 괴델명제 G는 '나는 증명될 수 없다'는 내용을 담도록 구성된 자기지시적 명제(self-referential proposition)이다.

(6) 괴델명제 G는 형식시스템으로부터 구성된 진리명제임에도 불구하고, 그 시스템 내에서 결정불가능한 명제가 된다. 여기에서 결정불가능이란 그 시스템 내에서 G를 증명할 수도 없고 G의 부정을 증명할 수도 없다는 뜻이다.

(7) 결정불가능한 명제 G를 포함하고 있는 형식시스템을 '불완전한'(incomplete) 시스템이라고 한다.

괴델의 제 1 불완전성 정리는 참이지만 증명될 수 없는 명제가 존재한다는 것을 보여준다. 놀랍게도 모순이 허용되지 않는 형식시스템 내에서 이러한 일이 발생한다. 이 정리는 결국 수학적 진리의 세계가 수학적 증명의 세계보다 크다는 것을 증명한다. 이 정리가 신학에 적용될 수 있다면, 신학적 진리의 세계는 신학적 증명의 세계보다 크다는 의미를 제공하게 될 것이다.

괴델의 제 1 불완전성 정리는 유한한 공리(axioms)와 추론규칙(inference rules)에 의해 구성되는 형식시스템은 언제나 결정불가능한 명제를 가진다는 것을 증명하여 유한한 방법의 한계를 보여준다. 모든 수학적 진리를 증명하기 위해서는 유한한 방법에 근거한 증명으로는 불가능하다. 이는 무한에 대한 연구를 포기해야 한다는 의미가 아니라, 유한한 도구를 가지고 무한을 연구하는 학문에는 언제나 완전하게 결정할 수 없는 대상이 있음을 인정해야 한다는 의미이다.

14.4.2 괴델의 제2불완전성 정리(Gödel's Second Incompleteness Theorem 1931). 형식이론이 무모순이면, 그 형식이론의 무모순성은 그 형식이론 내에서 증명될 수 없다.

괴델의 제 2 불완전성 정리는 제1불완전성 정리에 대한 증명을 형식화함으로써 얻을 수 있는 결과인데, 더 놀라운 신학적 함의를 제공한다. 예를 들면, 체르멜로-프랭켈 공리적 집합론의 형식시스템인 ZFC (부록 1)의 무모순성은 ZFC 내에서 증명될 수 없다.[31] 수학이라는 시스템이 모순이 없는 형식이론시스템으로 환원될 수 있다면, 괴델의 제2불완전성 정리에 의해, 수학 내에서는 수학의 무모순성이 증명될 수 없다. 만약 인간의 뇌가 모순이 없는 형식시스템과 같다고 증명된다면, 인간의 뇌는 결코 그 자신의 무모순성을 증명할 수 없다. 마찬가지로, 신학이 무모순한 형식이론시스템으로 환원된다면, 신학 내에서는 신학의 무모순성이 논리적으로 확보될 수 없다. 괴델의 불완전성 정리는 수학적 증명을 위하여 안전하다고 알려진 형식시스템이 결코 안전하지 않다는 것을 증명하였다.

괴델의 불완전성 정리는 인간이 추구해오던 논리의 최정상에서 논리적으로 그 한계가 증명된 사건이다. 그렇다면 괴델의 정리는 단지 인간 이성의 한계를 증명하는 것인가? 불완전성 정리에는 또 다른 차원의 의미가 담겨 있다. 괴델이 불완전성 정리를 증명한 것 자체가 이미 인간 인지능력의 한계만이 아니라, 그 한계를 알 수 있는 인지능력을 입증한 것이 되기 때문이다. 일정한 한계를 알고 있다는 것은 한계를 모르고 있던 상태와 비교하여 더 높은 차원이 있음을 의미한다.

| 그림 79 | 괴델과 아인슈타인(1954년 프린스턴에서).

괴델은 이미 1931년 논문의 각주(48a)를 통하여 고정된 시스템에 새로운 증명과 공리를 추가함으로써, 고정된 시스템의 결정불가능한 명제를 해결할 수 있으며, 이를 통하여 시스템의 무모순성을 확보할 가능성을 열어 두었다.[32] 형식 시스템의 상대적 무모순성(relative consistency)을 강조하는 괴델의 이러한 구상은 괴델의 스피드업 정리(Speed-up Theorem 1936)를 통해서도 잘 드러나고 있다.[33]

14.5 불완전성 정리와 무한

어떠한 유한적 논리시스템도 자연수로 구성된 무한집합에 관한 모든 진리명제를 다 증명할 수는 없다. 이것이 괴델의 제1불완전성 정리가 무한에 관하여 보여준 의미라고 할 수 있다.

괴델의 제 2 불완전성 정리도 무한에 관하여 심오한 통찰을 제공한다. 이 정리에 의하면 공리적 집합론 ZFC(부록 1)은 ZFC의 무모순성을 증명할 수 없다. 마찬가지로 무한집합의 존재를 보장하는 무한공리(infinity axiom)가 ZFC의 다른 공리들과 모순이 없다는 것이 증명될 수 없다는 것이 제2불완전성 정리에 의해 도출된다. 그렇다면 무한집합의 존재를 인정하는 것은, 비록 그것이 자연수(natural numbers)나 정수(integers)의 무한집합이라고 해도, 결국은 믿음의 행위에 달려 있는 것이다. 이런 점에서 폴킹혼(John Polkinghorne)의 다음과 같은 고찰은 타당하다.

> "쿠르트 괴델이 우리에게 가르쳐 준 것은, 우리가 논의 중에 있는 공리적 시스템의 증명될 수 없는 무모순성을 믿도록 결정하는 바와 같이, 순수 수학에서도 지적 위험에 대한 용기있는 행위가 포함되어 있다는 것이다."[34]

괴델은 무한의 문제를 다룬 일련의 논문을 통해서(The Consistency of the Axiom of Choice and of the Generalized Continuum Hypothesis (1938), Consistency Proof for the Generalized Continuum Hypothesis(1939)), ZFC 시스템이 무모순이면 일반연속체가설(GCH: Generalized Continuum Hypothesis)을 추가해도 모순이 없음을 증명하였다. 연속체가설이란 1878년에 칸토르에 의해 제기된 것인데, 정수의 기수와 실수의 기수 사이에는 무한기수(infinite cardinal number)가 존재하지 않는다는 가설이다. 1908년 하우스도르프(F. Hausdorff)에 의해서 모든 무한기수에 일반화된 것을 일반연속체가설이라고 한다($2^{\aleph_\alpha} = \aleph_{\alpha+1}$).

괴델은 ZFC 내에서 구성가능한 집합(constructible sets)의 모델을 구축해서, GCH가 그 모델 내에서 참이란 것을 보임으로써, ZFC 내에서는 GCH의 부정이 증명될 수 없음을 증명한다. 이로써 괴델은 수학자들이 보편적으로 수용하는 ZFC에서 GCH를 사용해도 모순이 되지 않음을 보증하였다. 이 증명은 무모순성이 보장되지 않은 공리적 집합론 ZFC 내에서, 무한기수에 대한 가설을 안전하게 사용할 수 있도록 보장한 것이다.

괴델에게는 '무한'이란 단지 구성가능한 대상이 아니라 실재하는 대상이다. 그래서 괴델에게 GCH는 집합론에서 배제될 수 있는 문제가 아니다. 무한 기수에 대한 괴델의 '상대적 무모순성' 증명은 무한에 대한 믿음의 행위로부터 나온 수학적 열매이다.

14.6 수학과 신학의 겸허한 자기 성찰

> "신학은 신의 존엄을 표상하는 틀에 불과하며, 새로운 문화 양상을 형성하여 신의 존엄성을 이 시대에 새롭게 알리는 것이 신학의 소임이다."
>
> - 한태동(1924~, 역사신학자)

시스템 T가 무모순한 1차원의 형식이론시스템이라면, 괴델의 제2불완전성 정리에 의해서, T에서는 그 자체의 무모순성이 증명될 수 없다. 그러나 T가 새로운 공리와 증명을 추가함으로써 보다 상위인 2차원의 시스템이 될 수 있다면, 2차원의 T에서는 1차원 T에서의 무모순성을 증명할 수 있다. 한 가지 문제가 해결된 셈이다.

하지만 제2불완전성 정리에 의해, 2차원으로서의 T는 2차원으로서의 T의 무모순성을 증명할 수 없다. 증명불가능한 새로운 문제가 생긴 셈이다. 따라서 시스템 T가 2차원의 무모순성 문제를 해결하기 위해서는 다시 3차원의 시스템이 되어야 한다. 이러한 불완전성의 한계는 계속 증명된다.

| 그림 80 | 의학과 신학을 전공한 한태동 박사(1924~)와 지은이. 사학 방법론과 자연과학 방법론을 통하여 신학을 새롭게 조명. 세종대의 음성학 및 한국사상연구에 중요한 공헌을 남김.

괴델의 불완전성 정리는 (1)인간이 가진 인지능력의 한계를 보여주었지만, 다른 한편으로는 (2)인간이 가진 인지능력의 가능성을 보여 준다. 왜냐하면 인간이 추구하는 일정 단계 n에 인간이 머물러 있을 때의 제한성을 성찰한 결과가 괴델의 불완전성 정리라면, 인간이 단계 n에서 벗어날 수 있는 가능성을 성찰한 결과 또한 괴델의 불완전성 정리이기 때문이다. 이런 점에서 괴델의 정리는 무한과 관련된 진리를 추구하는 신학의 한계와 동시에 신학의 가능성을 성찰하기 위해서 꼭 필요하다.

더 높은 차원의 진리에 대한 인지가능성은 현재의 차원에서 겸허함을 확보하는 자기 성찰로부터 열린다.

15

마음, 미스터리, 정보

"그 무엇보다도 너는 네 마음을 지켜라. 그 마음이 바로 생명의 근원이기 때문이다." (잠언 4 : 23)

15.1 마음, 생명의 근원

인생에서 마음을 지키는 일이 무엇보다 중요하다. 삶의 샘이 마음으로부터 흘러 나온다는 말이다. 마음은 삶의 산실이다. 삶은 마음과 분리될 수 없고, 삶은 마음에 의해 좌우된다. 그러므로 마음을 지킨다는 것은 곧 삶을 지키는 것과도 같다.

우리 조상들이 사용했던 마음이라는 말을 살펴보면, '맏'과 '움'으로부터 나온 것임이 드러난다. 여기에서 '맏' 이란 '우선', '처음,' '으뜸' 을 의미하며, '움'은 '씨앗' 이나 '싹'을 의미한다. 마음은 곧 첫 씨앗을 의미한다. 마음이라는 우리말 안에는 사람의 마음이 마치 인생이라는 농사의 으뜸 씨앗과도 같다는 생각이 고스란히 담겨 있는 것이다. 인생이란 마음의 농사와도 같다.

우주에 '마음'이 등장하기 위해서는 빅뱅 이후 140억 년 정도의 시간이 필요했다. 우주에는 마음을 가진 존재가 탄생하기 전까지 우주를 이해해 줄 수 있는 그 어떤 존재도 없었던 것이다. 마음이 생성되기까지 이 우주에서는 정말 희귀한 사건들이 순서의 오차도 없이 그렇게 차곡차곡 변화되었다. 마음이야말로 우주 역사의 살아있는 증거요 실존하는 화석이 아닐 수 없다. 이해의 능력을 가지는 마음은 단지 인간을 위한 축복에 그치는 것이 아니라 우주를 위한 신의 축복이다.

현대 과학에서 보는 마음이란 어떤 것일까? 현대 과학은 마음을 어떻게 이해하고 있는가?

15.2 세 세계와 세 미스터리

마음이란 것이 과연 존재하는가?[35] 양자물리학은 물리세계에서 가장 중요한 숨은 변수가 바로 '인간'임을 증명해주었다. 물리세계를 구성하는 양자의 세계는 인간의 관측 없이는 알 수 없으며 파동함수의 값이 결정될 수 없기 때문이다. 그래서 양자 세계를 기술하는 상태벡터나 파동함수의 붕괴가 우리의 마음속에 있는 것으로 봐야 한다는 주장이 제기되기도 하였다.[36]

펜로즈는 이러한 견해에 동의하지 않았다. 그는 양자 세계의 실재성을 굳게 믿고 있으며, 현재 수준의 물리학으로는 의식을 밝힐 수 없기 때문에 새로운 물리학이 등장해야 한다고 주장했다. 그 새로운 물리학이란 현재 양자 수준의 물리학과 고전 수준의 물리학, 즉 비결정론적 물리학과 결정론적 물리학을 통합하여 비계산적(non-computational) 물리세계를 다룰 수 있는 물리학을 의미한다(*The Large, the Small and the Human Mind*).

15.2.1 마음의 '의식'에 대한 비계산적 물리학의 설명이 이루어져야 물리학의 목표가 달성된다고 생각하는 펜로즈에 의하면, 현대의 과학이 다루어야 할 세 가지의 실재 세계(real worlds)가 있다(*Shadows of the Mind: A Search for the Missing Science of Consciousness*). 첫째 세계는 플라톤 세계(Platonic world)이다. 이것은 수학적 세계(mathematical world)를 의미하는데 초시간적인 세계에 해당된다. 이 세계로부터 물리적 세계가 창발되어 나온다. 창발(emergence)은 '계획'이란 전제를 가지지 않고 다른 수준 및 차원 사이에 일어나는 사건 발생을 의미한다. 물리적 세계는 수학적 세계를 초월하여(beyond) 독립적으로 존재하지만, 놀랍게도 물리적 세계는 수학적 세계에 기초한다. 이처럼 물리적 세계가 수학적 법칙을 아주 정확히 따르는 것처럼 보이는 것이 바로 첫째 미스터리이다.

| 그림 81 | 펜로즈(Sir Roger Penrose, 1931~)와 지은이. 2020년 노벨물리학상을 수상한 로저 펜로즈는 이 시대의 저명한 수리물리학자로서 영국의 옥스퍼드 대학교 수학과의 석좌교수이다. 물리학자 스티븐 호킹의 박사학위논문을 지도했고, 1988년에 울프(Wolf)상을 공동으로 수상하였다. 펜로즈-호킹 특이점 정리와 펜로즈 삼각형 등이 유명하며, 최근 마음과 의식에 대한 양자물리학적 연구로 양자 마음(Quantum Mind)이라는 분야를 개척한 것으로 평가되고 있다.

15.2.2 둘째 세계는 물리적 세계(physical world)이다. 물리적 세계로부터 정신적 세계가 창발되어 나온다. 정신적 세계는 물리적 세계를 초월하여 독립적으로 존재하지만, 정신은 물질적 근거 없이는 생성되지 못한다. 뇌가 없이

의식은 생겨날 수 없는 것과 같다. 그러나 의식을 뇌의 분자상태로 환원시킬 수는 없다. 다시 동일한 양자적 결정이 일어난다는 보장이 없기 때문이다. 여기에 둘째 미스터리가 있다.

15.2.3 셋째 세계는 정신적 세계(mental world)이다. 그런데 수학적 세계는 이러한 정신적 세계로부터 창발되어 나온다. 수학적 세계는 정신적 세계에 초월하여 존재하지만, 마음에 의해서 이해될 수 있다. 이것이 셋째 미스터리다.

수학적 세계의 부분으로부터 물리적 세계가 서술될 수 있고, 물리적 세계의 부분으로부터 정신적 세계가 나올 수 있고, 정신적 세계의 부분으로부터 수학적 세계는 이해될 수 있다. 결국, 이러한 관계는 하나의 세계로 다른 세계가 완전히 환원될 수 없다는 것을 보여준다. 하나의 세계로부터 모든 것이 설명될 수는 없다는 것이다. 그래서 세 가지의 세계는 독립적 실재 세계이지만 그 관계에는 세 가지의 미스터리가 존재한다. 이러한 전제 위에서 뇌의 적절한 물리적 활동이 마음의 인지적 활동을 일어나게 할 수 있지만, 우리는 이 물리적 활동을 결코 적절

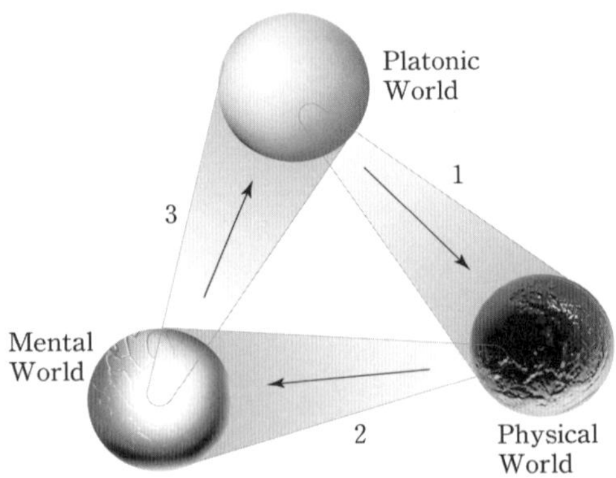

| 그림 82 | 펜로즈의 세 가지 세계와 미스터리

한 계산적 방식으로 모의실험(simulation)을 할 수 없다. 마음이란 시스템은 물리적 시스템과 연계되어 있으나, 마음의 인지적 활동은 계산적 물리이론만으로는 설명될 수 없는 것이다.

15.3 마음과 뇌와 컴퓨터의 과학

마음을 연구하는 인지과학은 가장 젊은 과학으로서 현대 과학의 특성과 방향성을 잘 보여준다. 인지과학이란 지능형 시스템(Intelligent Systems)의 구조와 기능에 대한 학제적 연구(Interdisciplinary study)라고 정의될 수 있다.[37] 인지과학의 연구 대상이 되는 지능형 시스템이란 (1) 인간의 마음, (2) 인간의 뇌, (3) 계산기계로서의 컴퓨터가 포함되고, 적어도 이 세 가지 시스템을 통합적으로 설명하고자 하는 접근이 인지과학의 조건이 된다.

인지과학의 과제는 어느 한 학문분과에 의해서 달성될 수 있는 성격이 아니다. 수학, 컴퓨터과학, 심리학, 신경과학, 언어학, 철학, 인류학 등 여러 학문의 상호 협력적 연구가 이루어지면서 인지과학은 탄생될 수 있었다. 이와 같이 한 가지 주제를 다루기 위해서 학문 분과의 경계를 넘는 다학문적 접근이 바로 최신 과학의 융복합적 흐름이 되었다.[38] 아비브(M. Arbib)는 인지과학의 ABC가 인공지능(Artificial Intelligence), 뇌과학(Brain Science), 인지심리학(Cognitive Psychology)이라고 제시하기도 했다.

그림 83을 통하여 인지과학의 구조를 이해할 수 있다.

15.3.1 행동(action)은 시간에서 공간으로의 함수(mapping)로 설명된다. 그러므로 행동에 포함되는 인지(cognition)는 시간에서 '마음

> 여기에서 '다이내믹스'로 정의된 함수는 통상 미분방정식의 해(solution)인데 시스템의 변화를 기술해 주는 것이다.

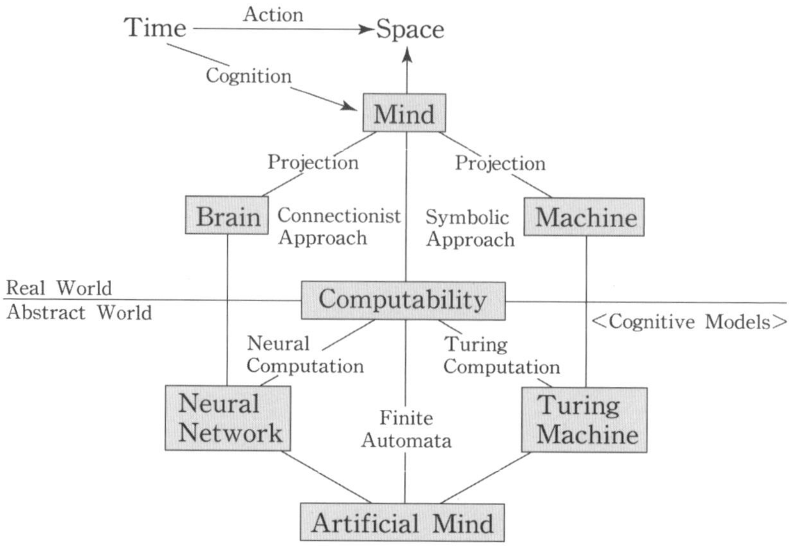

| 그림 83 | 인지과학의 구조(현우식) 계산 가능한 범위와 한계의 문제를 의미하는 계산가능성(computability) 연구는 인지과학의 핵심적인 주제이다. 뇌의 수학적 모델인 신경망(neural network) 모델의 계산이론을 연구하는 분야가 신경 계산가능성(neural computability)이고, 현재의 컴퓨터 모델인 튜링기계(Turing machine) 모델의 계산이론을 연구하는 분야가 튜링 계산가능성(Turing computability)이다. 유한 자동체(finite automata)는 기계와 세포를 유한 상태로 구성된 계산시스템으로 생각한 모델이다.

(mind)'이라는 특정한 하위 공간(subspace)으로의 함수로 이해될 수 있다. 이때 양의 실수(real number) 차원의 무한시간과 마음의 상태공간(state space)의 곱(product)으로부터 마음의 상태공간으로의 함수(mapping)를 다이내믹스(dynamics)로 정의하면, 마음은 연속동적시스템(continuous dynamical system)으로 해석될 수 있다.[39]

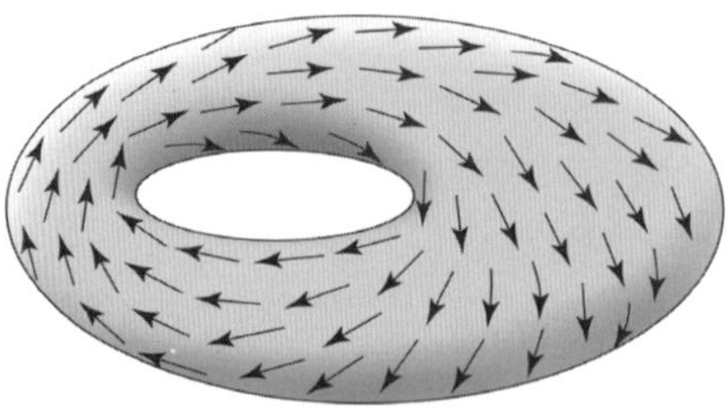

| 그림 84 | 연속 다이내믹 시스템

15.3.2 마음(mind)이라는 공간은 뇌(brain)와 기계(machine)

| 그림 85 | 폰 노이만(John von Neumann, 1903~1957)
수학자이며 현대 컴퓨터의 물리적 구조를 성립시킴.

라는 두 가지 차원의 공간을 통하여 이해된다. 즉 마음은 뇌와 기계의 공간의 곱(product of space)에 해당된다. 예를 들어, 마음의 특정 상태는 정확하게 뇌에서의 특정 상태와 컴퓨터에서의 특정 상태와의 대응이다. 말하자면 마음의 어떤 작용이 설명된다는 것은 뇌의 구조와 기능을 통해서도 설명되고 동시에 컴퓨터의 구조와 기능을 통해서도 설명될 수 있어야 한다.

15.3.3 기계를 통하여 마음을 이해하는 접근을 '기호주의적 접근' (symbolic approach)이라 한다. 이것은 컴퓨터에 대한 이해와 마음에 대한 이해의 차이를 줄여가는 방법이다. 이 방법의 계산모델은 '튜링기계'이며, 규칙 중심, 전문

| 그림 86 | 뉴엘(Allen Newell, 1927~1992)
인지과학의 건설자. 물리학, 수학, 산업경영학, 컴퓨터과학을 전공

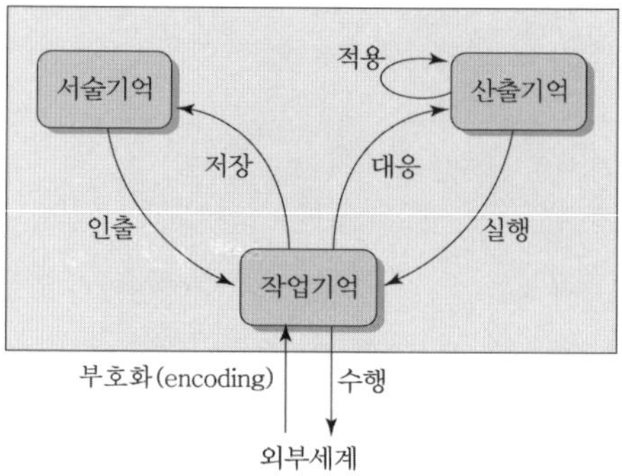

| 그림 87 | 앤더슨(Anderson)의 인지모델 Act-star

가형 중심, 결정론적 계산, 정확한 일치, 연역적 추론(deductive reasoning) 등이 중요한 지표가 된다. 이러한 기호주의적 접근을 위해서는 기본적으로 컴퓨터과학과 인지심리학의 연구가 요청된다.

인지과학에서는 인간의 지능을 과학적으로 이해하고 구현할 수 있는 인공지능의 목표를 달성하기 위한 연구가 계속 진행되고 있다. 이러한 연구가 목표를 달성한다면 마치 인간처럼 인간과 편안하고 자연스럽게 대화할 수 있는 컴퓨터가 등장하게 되고, 모든 주변 상황을 인간처럼 파악하여 스스로 행동을 결정하고 처리하는 컴퓨터가 등장하며, 음악과 미술, 문학 심지어는 종교적 활동까지 할 수 있는 컴퓨터가 등장하여 인간과 함께 생활하게 될 것이다. 이것은 현재의 자동제어, 세탁기, 기계번역, 시각 인식장치 등에서 사용되는 인공지능보다 질적으로 한 단계 높은 역할을 수행하는 컴퓨터가 항상 우리 주변에 있으면서(ubiquitous computer) 인간의 대리체(agent)로서 존재하게 된다는 것을 의미한다. 인간은 육체적 노동과 지식 축적으로부터 해방되고 창조적 행위에 주력하며 살게 될 것이다.

15.3.4 뇌를 통하여 마음을 이해하는 접근을 '연결주의적 접근'(connectionist approach)이라 한다. 이것은 뇌에 대한 이해와 마음에 대한 이해의 차이를 줄여가는 방법이다. 이 방법의 계산모델은 '신경망'이며, 규칙보다는 사례 중심, 전문가형보다는 데이터 중심, 결정

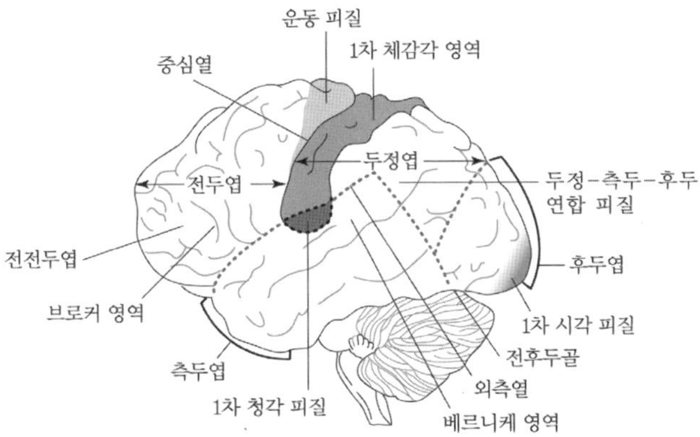

| 그림 88 | 인지를 담당하는 대뇌 피질의 주요 부분

론적 계산보다는 통계와 확률적 계산, 정확한 일치보다는 근사적 일치(approximate matching), 연역적 추론보다는 귀납적 추론(inductive reasoning) 등이 중요한 지표가 된다. 이러한 연결주의적 접근을 위해서는 기본적으로 신경과학과 인지심리학의 연구가 요청된다.

인간의 마음을 과학적으로 이해한다는 것은 인지심리학적 이해뿐만

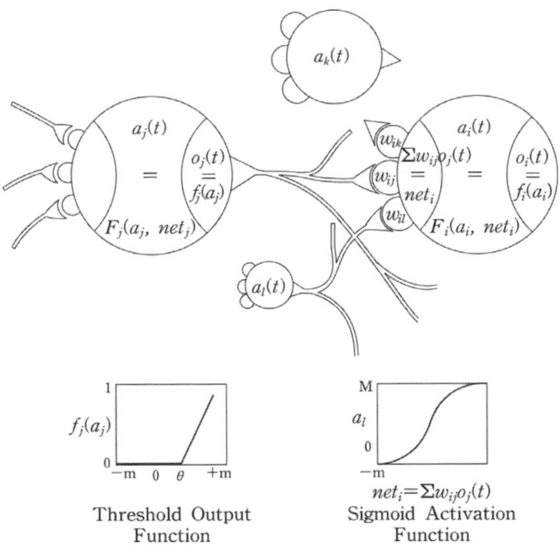

| 그림 89 | 연결주의 시스템

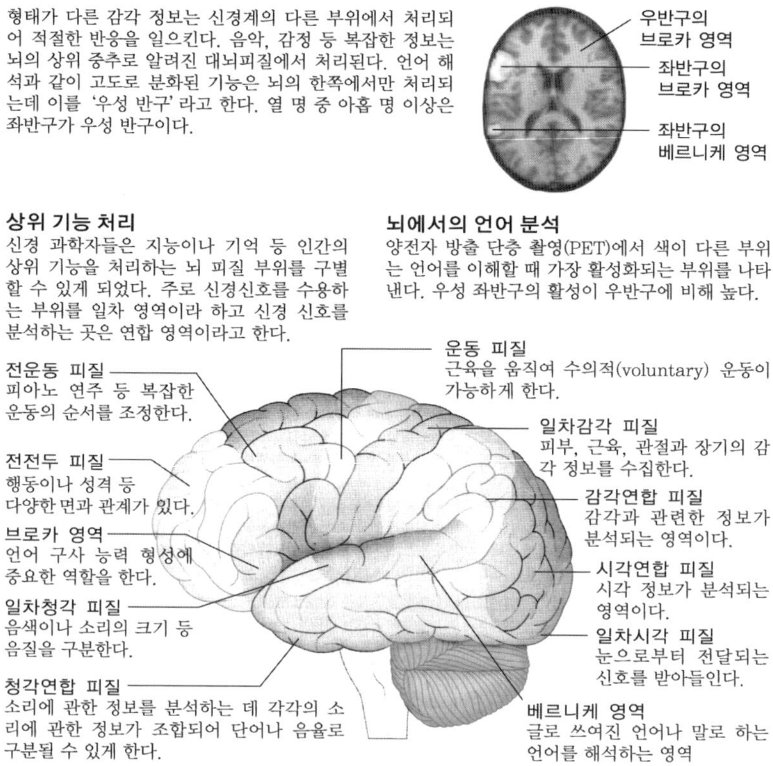

| 그림 90 | 뇌의 지도와 정보처리 기능

American College of Physicians Complete Home Medical Guide, Dorling Kindersley Publishing Book, 2003

이 아니라 인간의 뇌에 대한 신경과학적 이해를 전제하는 것이다. 인간의 뇌에 대한 연구는 특히 1990년대부터 미국과 일본과 유럽에서 장기적 연구 계획을 가지고 국가적 차원에서 지원하고 있고, 우리나라에서도 뇌연구에 대한 관심과 지원이 높아지고 있다. 뇌에 대한 인지과학적 연구가 계속 발전되면, 뇌와 신경질환의 치료와 예방을 위한 혁신적인 방안은 물론이고 더 나아가 의식의 형성과 기능에 관련된 놀라운 비밀을 밝혀 낼 수 있을지도 모른다.

튜링기계는 Alan Turing "On Computable Numbers, with an Application to the Entscheidungsproblem", Proceedings of the London Mathematical Society 42(1936): 230-265.에서 유래된 말이다.

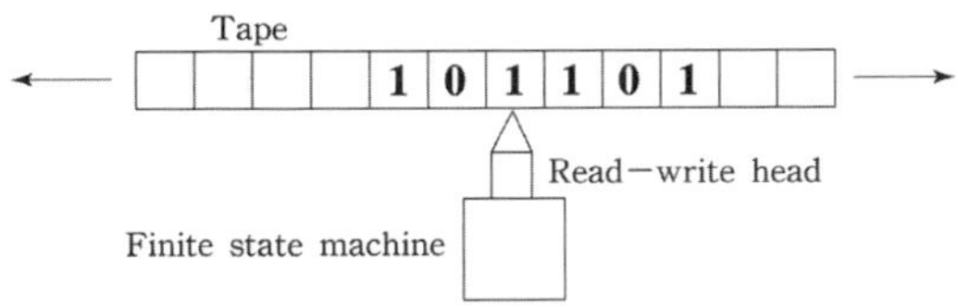

| 그림 91 | 튜링기계 개념도

그렇게 되면 문화적 변천의 핵심인 교육과 학습에 가히 혁명적인 변화가 일어나게 될 것이다. 현재와는 전혀 다른 교육의 평가가 이루어질 것이다.

15.3.5 실재 세계(real world)에서의 마음, 뇌, 컴퓨터에 대한 연구와 더불어 추상적 세계(abstract world)에서의 모델링 연구가 중요하다. 연결주의적 접근과 기호주의적 접근은 서로 환원될 수 없는 독립된 수리논리적 모델에 근거한 것이다. 이때 추상 세계에 속한 모델을 실재 세계에 속한 대상과 비교하는 것을 해석(interpretation)이라 한다.

15.3.6 기호주의적 접근의 모델은 튜링기계(Turing machine)인데, 계산하는 기계의 수학적 모델이다.[40] 튜링기계의 계산방식은 순차적 계산(sequential computation)이다. 이 모델은 중앙처리장치(CPU)가 있는 모델이며, 순차적 계산이므로 한 번에 한 가지의 계산만이 수행될 수 있는 논리적 계산기계이다.

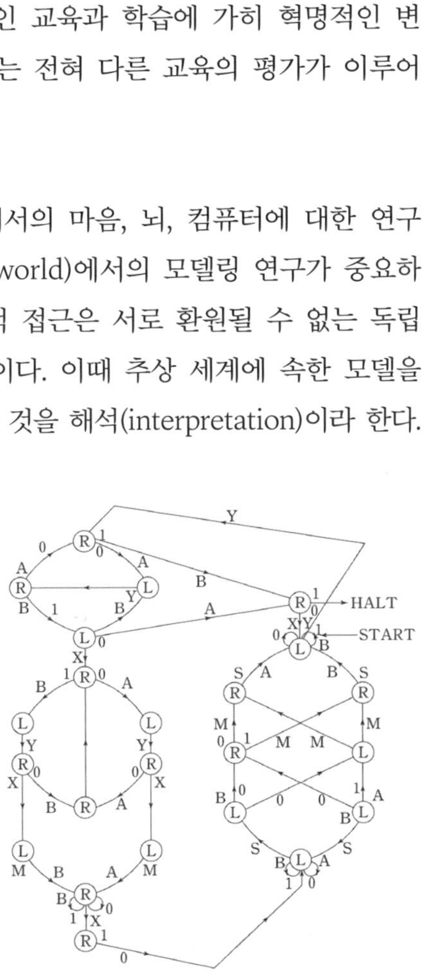

| 그림 92 | 다른 튜링기계의 계산을 복사할 수 있는 범용 튜링기계(M. Minsky)

| 그림 93 | 튜링(Alan Turing, 1912~1954). 오늘날 컴퓨터의 수학적 모델을 제시.

| 그림 94 | 머컬로크(Warren McCulloch, 1899~1969). 신경생리학과 수학과 공학의 통합을 추구했던 인지과학의 선구자.

현재 우리가 사용하는 디지털 컴퓨터의 계산모델이다. 그러므로 이론적으로는 튜링기계로 계산될 수 없는 문제는 그 어떤 수퍼컴퓨터로도 계산될 수 없다. 튜링기계는 물리적 모델이 아니라 수학적인 추상모델이며, 함수(mapping)로 이해될 수 있다. 예를 들어 x+y를 계산하는 튜링기계는 {(q_0, 1, 1, R, q_0), (q_0, 0, 1, R, q_1), (q_1, 1, 1, R, q_1), (q_1, 0, 0, L, q_2), (q_2, 1, 0, L, q_3), (q_3, 1, 0, L, q_4), (q_4, 1, 1, L, q_4), (q_4, 0, 0, R, q_5)}로 정의될 수 있다.

15.3.7 연결주의적 접근의 모델은 신경망(neural network)인데, 뇌의 수학적 모델이다.[41] 신경망의 계산 방식은 병렬식 계산(parallel computation)이다. 그래서 튜링기계와는 달리 중앙처리장치(CPU)가 없으며, 한 번에 여러 가지 계산이 병렬분산된 양식으로 수행될 수 있다는 것이 신경망 계산의 특징이다. 뇌의 기본구조를 뉴런(neuron)과 시냅스(synapse)의 연결망으로 추상화한 신경망 모델에서는 뉴런과 뉴런을 연결하는 시냅

최초의 신경망 모델은 Warren McCulloch & Walter Pitts, "A Logical Calculus of the Ideas Immanent in Nervous Activity", Bulletin of Mathematical Biophysics 5(1943): 115-133. 에서 시작된다.

| 그림 95 | 다층 신경망(multi-layer neural network). 그림에서 작은 원은 뉴런을 의미하고 선은 시냅스를 의미하며 W는 연결의 강도를 나타내며 수치화 된다. 그림은 은닉층(hidden layer)에 있는 i번째 뉴런에서 일어나는 계산 과정의 한 예를 보여준다.

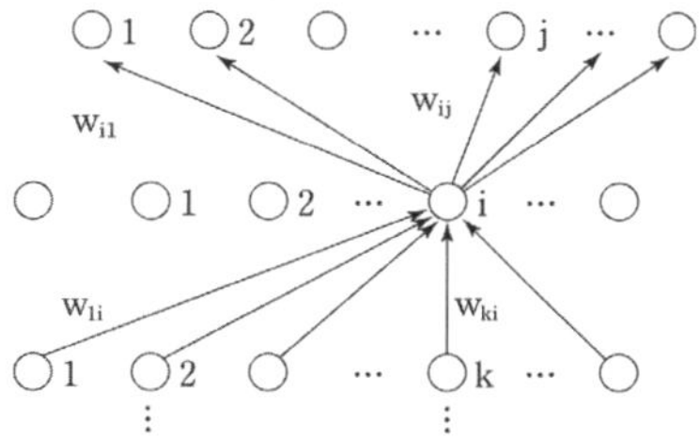

스에서의 연결의 강도(weights)를 조정하는 과정이 계산이다. 그래서 신경망은 자체 학습(learning)이 가능한 '적응형 시스템'(adaptive system)으로서 중요하다(그림 95, 96, 97).

15.3.8 연결주의적 모델과 기호주의적 모델의 이론적 통합이 성공된다면, 인지과학의 목표인 '인공 마음'(artificial mind)에 대한 모델을 만들 수 있게 될 것이다. 인공 마음 모델은 실재 세계에 있는 마음과 기능적으로 동등한 것으로 증명되어야 한다.

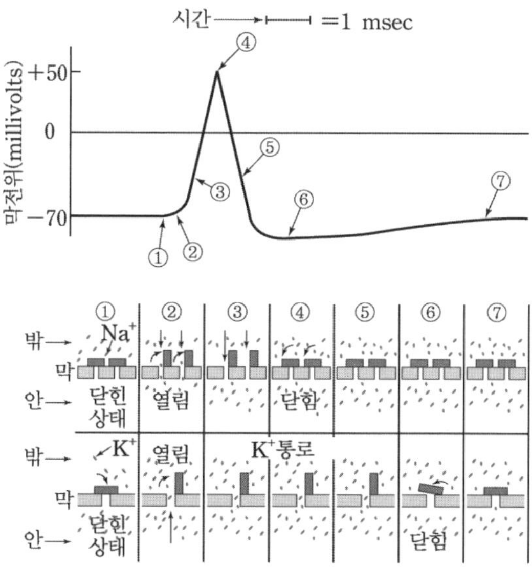

| 그림 96 | 세포막(membrane)에서의 전위(potential)

15.3.9 최근의 새로운 연구는 인지과학의 구조 그림 83 위에 필름 한 장을 더 올려 놓는 것으로 비유될 수 있다. 이때의 필름은 양자 이론이다. 양자수준에서 마음과 뇌와 컴퓨터를 다루자는 것이다. 이렇게 되면 고전적 계산과는 전혀 다른 의미의 양자계산(quantum computation)의 개념이 도입되어야 하므로, 양자마음(quantum mind), 양자뇌(quantum brain), 양자컴퓨터(quantum computer, 그림 98)에 대한 새로운 이론을 기반으로, 지금과는 질적으로 다른 이론이 도출될

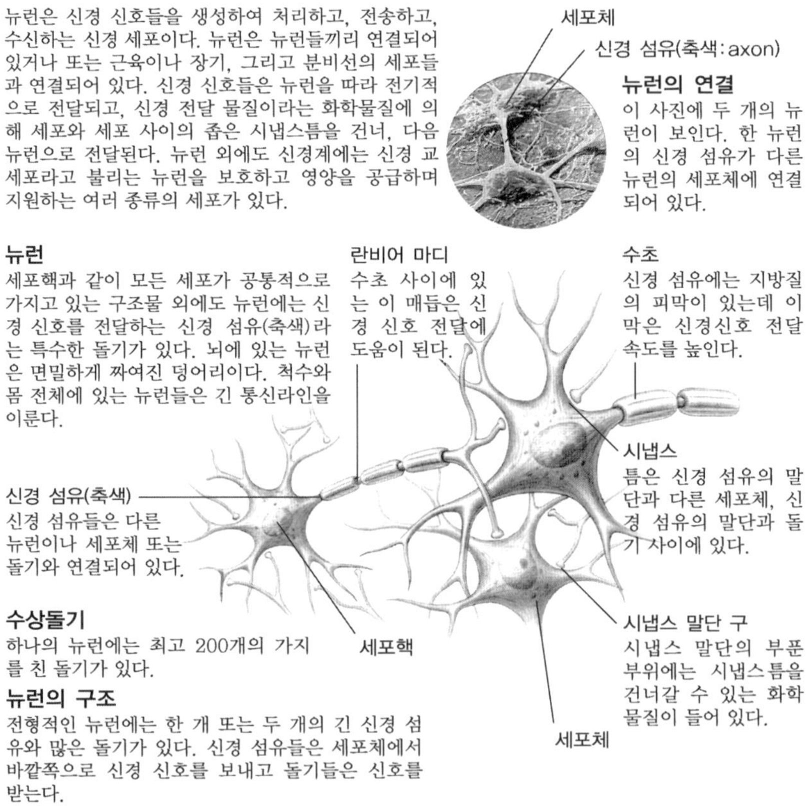

| 그림 97 | 뉴런의 구조와 기능

American College of Physicians Complete Home Medical Guide, Dorling Kindersley Publishing Book, 2003

것이다.

15.3.10 인지과학은 인간의 마음을 과학적으로 규명하고, 인간을 위한 인공물(Artifacts)과 인지적 환경(Cognitive Environments)을 디자인하고 만들어내는 것을 포함하는 과학이다. 컴퓨터는 이미 인간 사회를 구성하는 중요한 요소가 되었고, 갈수록 그 활용도가 높아질 것이다. 인간과 컴퓨터의 상호작용(Human-Computer Interaction)은 사람에게는 물론 자연에게도 새로운 환경을 창출한다.

그래서 최근 인지과학에서는 보다 광범위하고 항시적인 인간-컴퓨터 상호작용의 환경을 구축하기 위하여 인간 친화적이고 인간과 자연스럽게 어울릴 수 있는 최적 환경의 설계를 연구하고 있다. 그 결과 인간의 마음에 만족감과 쾌적감을 제공할 수 있는 수준의 인터페이스(Interface)가 집중적으로 연구개발되어 현재 상품생산에 다양하게 적용되고 있다.

마음은 자연적 뇌와 인공적 컴퓨터와의 관계 속에서 이해될 수 있는 시스템이다. 뇌는 물리적이고 생물학적 차원에 포함되며, 컴퓨터는 인간이 만들어 낸 문화적 차원에 포함된다. 마음은 자연 속의 몸으로부터 생성되었고, 인공적 도구를 생성한 시스템이다. 결국 마음은 자연의 구성물과 분리되어 다루어질 수 없으며 동시에 문화적 산물과 분리되어 다루어질 수 없는 복합적 시스템이다.

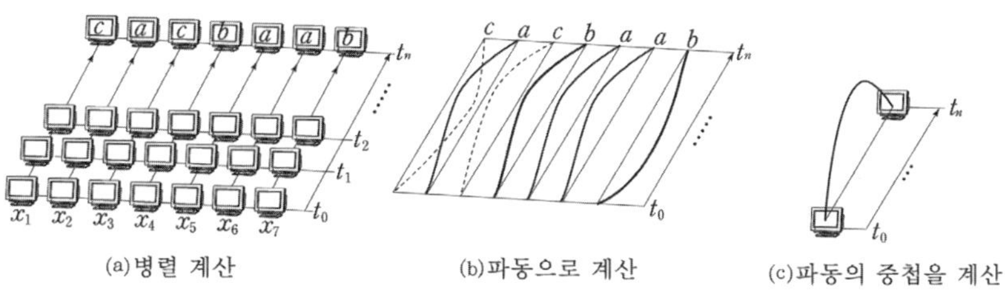

| 그림 98 | **양자컴퓨터** (a) 병렬계산 (b) 파동으로 계산 (c) 파동의 중첩을 계산

15.4 인지 활동, 마음의 정보 처리

인지란 무엇인가? 이것을 한마디로 정의할 수 있는 사람은 없을 것이다. 다만 인지과학에서는 사람의 사고 활동이 공통적으로 전제되어 있지만, 인지의 전체 범위는 다양하게 조정되고 있다. 예를 들어, 마음의 '정서'(emotion)는 학자와 이론에 따라 인지활동에 포함될 수도 있고 그렇지 않을 수도 있다. 일반적으로 인지 활동이라 하면 '감각'(sensation), '지각'(perception), '주의(attention)', '패턴인식'(pattern recognition), '학습'(learning), '기억'(memory), '언어 처리'(language processing), '추론'(reasoning), '의사결정'(decision making), '문제해결'(problem solving)이 포함된다. '의식'(consciousness)과 '지능'(intelligence)은 상대적으로 복합적인 개념으로 사용되고 있다.

인지형 시스템(cognitive system)은 계산시스템(computational system)에 포함되면서 기호를 사용할 수 있는 시스템(symbol system)으로 분류될 수 있다. 이러한 인지형 시스템 내에서 지식수준의 정보에 대한 표상능력을 갖춘 시스템(representational system)은 지능형 시스템(intelligent system)으로 분류될 수 있다. 그림 99는 시스템 내에서의 인지와 지능의 조건과 위치를 전체적으로 보여준다.[42]

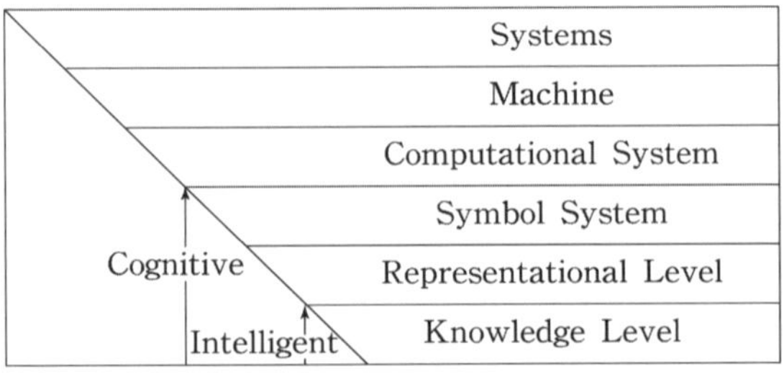

| 그림 99 | 시스템 내의 인지형 시스템

인지과학에서 마음은 하나의 정보처리시스템(information processing system)으로 이해된다. 여기서 '처리'는 하나의 시스템에서 다른 시스템으로의 함수(mapping)를 의미한다. 표상(representation)이란 어떤 대상이나 정보의 유형을 명확히 구분할 수 있도록 만들어 주는 추상적인 형식시스템(formal system)을 의미한다.[43] 예를 들어, 아라비아 숫자 시스템이나 로마 숫자 시스템은 표상으로서의 형식시스템이 된다.

| 그림 100 | 섀논(Claude Shannon, 1916~ 2001). 커뮤니케이션의 수학적 이론을 정립하여 현대 정보이론의 기초를 마련함.

본래 '정보'란 시스템 내부와 외부에서 보냄(sending)과 받음(receiving)의 소통(communication)이 가능한 메시지인데, 이진기호(binary symbol)에 의해서 표현될 수 있어야 한다. '지식'(knowledge)은 이진기호로 표현이 불가능한 복잡한 정보이다. 그래서 지식은 지능적 행위의 결과로 얻어지는 저장된 형태(stock)의 개념화된 정보(conceptualized information)로 정의되며, 정보를 포함하는 상위의 복합적 개념이다.

지식은 정보를 다룰 수 있는 정보이며, 지혜는 지식을 다룰 수 있는 지식이다. 따라서 지식이 정보에 대한 메타정보(meta-information)라고 정의된다면, 지혜는 메타지식(meta-knowledge)으로 정의될 수 있다. 그리스도교 시스템에서 정보 개념은 인지과학에서의 정보(1차원 정보)로부터 지혜(3차원 정보)까지의 모든 수준의 정보가 포함된 것으로 다루어질 필요가 있다.[44]

15.5 정보의 커뮤니케이션

15.5.1 신은 정보를 처리(processing)하심으로써 세상을 창조하셨다.

"믿음으로 우리는 세상이 신의 '레마'로 지어졌다는 것을 깨닫습니다. 보이는 것은 나타나 있는 것에서 된 것이 아닙니다." (히브리서 11 : 3)

그리스어 '레마'는 전통적으로 '말씀'(Word)이라고 번역되는 말이다. 그리스도교 신앙의 주요 전제는 오래 전부터 신이 천지를 말씀으로 창조하셨다는 것이다. AD 90년경에 고백된 이 메시지는 새로운 시대에는 믿음으로 세상이 창조된 것임을 인지하게 된다는 내용을 담고 있다. 오늘날 인지과학적 관점에서 '레마'는 '신이 말씀하신 정보'로 이해될 수 있다. 이 세상은 신의 정보에 의해서 창조되었고 신은 정보를 처리하시는 분이다. 신의 정보는 물리세계 속에 사건으로 실현되는 정보이다.

15.5.2 신은 정보의 처리자일 뿐만 아니라 정보의 '근원'(source)이다.

"태초에 '로고스'가 계셨다. 그 '로고스'는 신과 함께 계셨다. 그 '로고스'는 신이셨다. … 그(로고스)가 없이 창조된 것은 하나도 없다." (요한복음서 1 : 1-3)

정보의 현대적 개념은 1948년 Claude Shannon에 의해 정립되었다. 정보의 단위는 0과 1로 표현될 수 있는 '비트'(bit)이다. 사람의 염색체에 있는 DNA에는 50억 쌍의 핵산과 4개의 염기가 보유되어 있으므로 결국 200억 비트의 정보를 함유하고 있는 셈이다. 이것은 사람의 염색체 하나에 500쪽 분량의 책이 4,000권이나 담겨있는 것을 의미한다.

그리스어 '로고스'도 '말씀'(Word)으로 번역되는데, '레마'가 신의 '활동성'을 강조한 표현이라면 '로고스'는 신의 '존재성'을 강조한 표현이다. 신은 정보의 처리를 통하여 세상을 창조하고(레마), 세상과 상호 소통(communication)하는 새로운 질서의 근원이다(로고스).

15.5.3 정보의 소통으로서 신의 활동은 현재 우리가 알고 있는 자연의 법칙과 양립가능하며 모순되지 않는다. 물리시스템 내의 수평적 정보 소통, 생물시스템 내의 수평적 정보 소통, 행동 시스템 내의 수평적 정보 소통, 그리고 인간문화 시스템 내의 수평적 정보 소통으로 구성된다. 이 네 가지 차원의 수평적 소통은 수직적 소통으로 연결되어 이 세계는 신과 소통하는 하나의 '커뮤니케이션 네트워크'(communication network)가 된다(그림 14 참조).

15.5.4 신의 정보는 커뮤니케이션 네트워크 내의 크고 작은 변화를 가져올 수 있다. 이것은 에너지의 차이가 없는 미시적 양자세계의 가능성들 사이에서 뿐만 아니라, 거시 세계에서도 일어날 수 있다. 신은 물리적 에너지의 소비 없이도 일하실 수 있지만, 물리적 에너지의 소비를 통해서도 일하실 수 있다.[45]

15.5.5 태초에 신의 정보가 실현되면서 빅뱅이 있었고 세상의 창조가 시작되었다. 그 후에 생명체가 탄생하였고, 그 다음에 인지적 활동체가 탄생하였고, 마지막으로 자의식을 가진 인격체가 탄생하는 연속적인 창조가 이루어진 것이다.

15.5.6 그리스도 사건은 신이 정보의 온전한 소통을 위하여 인격화된 정보(personalized information)로서 세상에서 활동한 사건이다. 신은 시공간의 제약을 넘어서 정보의 커뮤니케이션을 통하여 세상을 계속 창조한다. 신의 정보 커뮤니케이션 행동은 곧 말씀이 사건으로 실현되는 사건화 과정이며, 그리스도교는 신과의 정보 커뮤니케이션을 사건으로 실현하는 공동체이다.

15.6 마음을 다하여

> "'네 마음을 다하고, 네 목숨을 다하고, 네 뜻을 다하여, 주 너의 신을 사랑하여라' 하였으니, 이것이 가장 중요하고 으뜸가는 계명이다." (마태복음서 22 : 37)

그리스도인은 신과의 커뮤니케이션의 관계 속에 있는 존재이고, 동시에 인간과 소통하고, 자연과 소통하는 관계 속에서 이해될 수 있다. 그때 마음은 단지 물리적 실체와 분리된 정신적 실체가 아니라, 신체와 정신이 결합된 하나의 단위(unit)이자 인간 전체를 의미하는 실체로서의 소마(soma)이다. 그러므로 커뮤니케이션의 네트워크 속에서 '마음을 다하여' 신을 사랑한다는 것은, 곧 신체적(physical) 기능의 총합인 '목숨'과 정신적(spiritual) 기능의 총합인 '뜻'을 사용하여 신과의 커뮤니케이션을 이루는 활동에서 시작된다.

16
성서와 과학, 그 언어와 인지의 한계와 과제

"너희가 보기는 보아도 알아보지 못할 것이다." (마태복음서 13 : 14)

16.1 본다는 것은 인지 작용이다. 어떤 대상을 보기 위해서는 무엇보다도 빛이 필요하다. 왜냐하면 우리 눈에 들어오는 입력은 사실 대

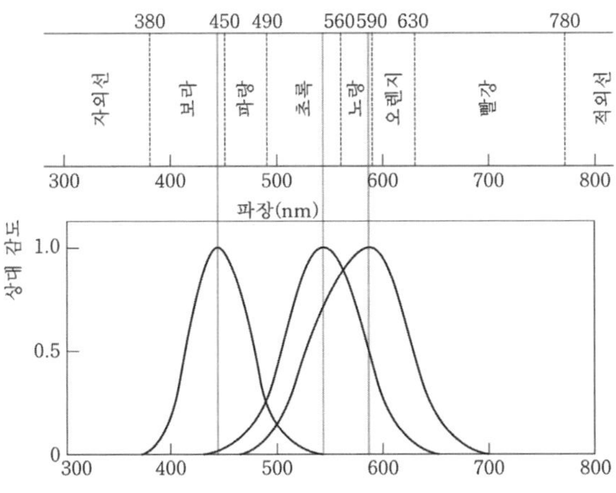

| 그림 101 | **빛과 파장의 관계.** 우리의 뇌는 눈의 망막에 있는 세 가지 원추세포의 반응들을 조합하여 다양한 색깔을 계산해 낸다.

상 그 자체가 아니라 대상에 빛이 반사되는 강도(intensity)이기 때문이다. 그런 입력의 값을 '이미지'(image)라고 한다.

우리는 눈이라는 렌즈를 통하여 이러한 이미지를 수용한다. 그리고 우리는 '뇌'라는 시스템 안에서 이미지 정보를 분석하기도 하고 종합하기도 하여 마침내 무엇을 보았는지를 이해했다고 이해하게 된다.

16.2 빛이 없으면 우리는 볼 수 없다. 우리가 아무리 보려고 해도

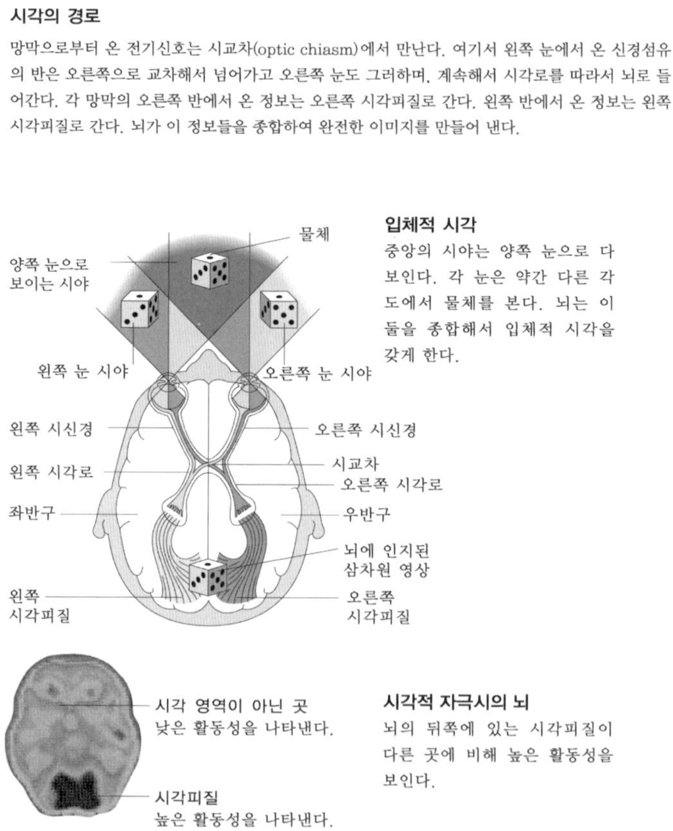

| 그림 102 | 뇌의 시각 시스템
American College of Physicians Complete Home Medical Guide, Dorling Kindersley Publishing Book, 2003

빛의 도움이 없이는 볼 수가 없다. 우리가 무엇인가를 보기 위해서는 반드시 빛이 필요하다. 그래서 우리가 본다는 것에는 근본적으로 제한이 있을 수밖에 없다. 내가 근본적으로 빛을 만들어 낼 수 있는 것이 아니기 때문이다. 그러므로 우리는 그 빛의 성격이나 본질을 확정해 줄 수가 없다. 다만 빛이 우리 곁에 있기에 우리는 볼 수 있다.

우리는 빛을 어느 정도 볼 수 있을까? 현대 과학의 덕분에 우리는 모든 빛을 볼 수 없음을 깨닫고 있다. 인간은 가시광선이라는 범위(380~780 나노미터 사이의 파장)에 들어가는 빛을 볼 수 있을 뿐이다(그림 101). 그러므로 우리가 사는 이 물리 세계 안에는 우리가 볼 수 있는 빛이 있으며 우리가 볼 수 없는 빛이 있다. 결국 내가 보고 싶은 만큼 마음껏 보는 것이 아니라, 누군가 우리에게 볼 수 있는 만큼 보여주는 빛을 보는 셈이다. 이 정도 되면, 과연 우리가 보는 것인지 우리에게 보이는 것인지 구분하기도 쉽지 않다. 빛이 우리에게 오지 않으면 우리는 볼 수가 없고, 빛이 온다고 해도 일정한 범위 안에서 들어와 주지 않으면 우리는 그 빛도 볼 수가 없다. 우리가 본다는 것은 지극히 제한적인 인지 작용이다.

우리가 보고자 원하는 대상과 관련해서도 중요한 제한이 있다. 만약 그 대상이 빛의 속도로 운동을 하는 것이라면 우리는 역시 아무 것도 볼 수 없을 것이다. 그 대상에 빛이 반사될 수가 없기 때문이다. 우리는 모든 대상을 볼 수 있는 존재가 아니다. 이점을 인정할 수 밖에 없다. 우리가 보지 못하는 대상들이 얼마든지 있을 수 있다. 우리가 보지 못한다고 해서 그 대상이 존재하지 않는다고 단정할 수가 없다.

16.3 우리는 단지 눈(eye)으로만 보는 것이 아니라 뇌(brain)로 본다. 눈이라는 렌즈가 대상을 이해하는 것은 아니다. 렌즈는 자신이 본 것이 무엇인지를 모른다. 이것을 알기 위해서는 뇌라는 시스템 전체가

함께 움직여야 한다. 예를 들어, 시각피질(visual cortex)같은 영역에서는 각별히 많은 역할을 담당하는 것으로 알려졌다(그림 102). 망막에서 보낸 전기신호들이 시각피질에서 통합되어 우리가 본 것이 무엇이었는지를 알 수 있도록 해주기 때문이다. 그래서 눈이라는 렌즈가 아무리 멀쩡하다고 해도 뇌의 시각피질에 심각한 손상이 있으면 우리는 제대로 볼 수가 없다. 그런 의미에서 우리는 '렌즈'라는 도구로 보는 것이 아니라 뇌라는 '시스템'으로 본다고 해야 한다. 시스템이 없이 렌즈만 가지고는 볼 수가 없다.

렌즈는 교체될 수 있어도 뇌는 교체될 수 없다. 우리가 좋은 렌즈를 가지면 흐릿하게 보이던 것을 더욱 선명하게 볼 수 있을 것이다. 인간에게는 더 선명하게 보기 위해서 '믿음'이라는 렌즈와 '지성'이라는 렌즈가 있다. 그러나 인간이 적합한 시스템을 가지지 못한다면, 그토록 선명하게 보이는 것의 참된 의미를 알 수가 없다. 인간이 지성과 믿음이라는 것을 통하여 본 것의 의미를 추구한다는 것은 인간이 시스템을 가지고 있다는 것을 보여준다. 믿음의 눈으로 본 것을 이해하도록 도와주는 것이 종교시스템이라면, 지성의 눈으로 본 것을 이해하도록 도와주는 것은 과학시스템이다.

16.4 새로운 정보(new information)는 늘 변화하는 환경 속에 적응하며 살아가야 하는 인간에게 매우 중요하다. 그런데 현대 과학의 도움으로 우리는 '새로운 정보'보다는 '정보를 처리하는 능력'(information processing)이 더욱 중요함을 깨닫게 되었다.

'본다'는 것은 몇 가지 정보처리의 단계를 통해서 이루어지는 복잡하고도 신비로운 작용이다. 각각의 단계에서는 필요한 정보가 다루어진다. 예를 들어, 눈의 망막에서는 대상에 대한 3차원 정보를 2차원의 정보로 '인코딩'(encoding) 한다. '뇌'라는 시스템은 인코딩 된 모든 정보를 분석하고 종합하여 3차원의 입체정보로 '디코딩'(decoding)을 해낸다. 그러므로 본다는 것은 시각적 정보에 대한 인코딩으로부터 디코딩에 이르는 모든 과정을 포함한다.

16.5 성서가 신의 말씀이라는 것을 부정하는 것과 성서가 인간의 언어로 기록되었다는 것을 부정하는 것은 별개의 문제이다. 신의 말씀을 완전하다고 인정하는 것과 인간의 언어를 완전하다고 인정하는 것이 별개의 문제인 것과 마찬가지이다. 신의 언어와 인간의 언어는 다른 차원의 언어이다. 만약, 성서가 신의 뜻이 신의 언어로 기록된 것이라고 한다면, 그것은 표현상의 제한이 전혀 없는 완전한 기록이 될 것이다. 그렇지만 어떠한 인간도 온전히 해독할 수 없다는 것이 근본적 한계가 될 것이다.

성서는 신의 말씀이 인간의 언어로 인코딩된 것이다. 그 수혜자는 신이 아니라 인간이다. 성서는 신의 정보가 인간의 정보로 표현된 것이며, 그리스도교 시스템이 가진 매우 중요한 지도와 같다. 타당한 해독을 위해서 포기해야 할 정보가 있기 마련이지만, 인간이 지혜로운

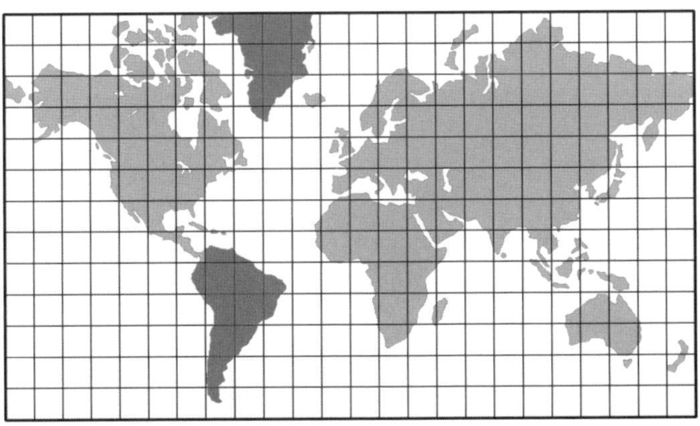

| 그림 103 | 메르카토르 지도. 북반구의 그린란드가 남반구의 남아메리카와 비슷한 넓이로 보이지만 실상은 남아메리카가 9배 정도 넓다.

디코딩 능력을 가진다면 인코딩에 담겨 있는 여러 가지 제약들을 넘어서 본래의 메시지에 접근할 가능성은 더욱 높아질 것이다(그림 103).

16.6 신은 인간에게 의식과 자의식이라는 특별한 재능을 주었다. 이러한 선물은 단지 보관의 대상이 아니라 활용의 대상이다. 우주의 역사에서 정말 오랜 세월을 거쳐서 탄생한 의식은 과학을 산출했고, 이제 그런 과학은 디코딩을 위해 필요한 도구이자 좋은 모델이 되었다. 과학 시스템은 여러 차원에서 다양한 형태로 자연에 인코딩된 법칙을 디코딩하는 시스템이다. 그리고 그리스도교 시스템은 여러 차원에서 다양한 형태로 성서에 인코딩된 신의 뜻을 디코딩하는 시스템이다.

16.7 어느 누가 인코딩의 제한과 디코딩의 제한으로부터 자유로울 수 있겠는가? 하지만 인코딩 방식과 가장 조화를 이루는 디코딩 방식을 끊임없이 그리고 겸허하게 찾아가는 것은 과학자와 그리스도교인의 공동의 과제이다.

> "참 빛이 있었다. 그 빛이 세상에 와서 모든 사람을 비추고 있다." (요한복음서 1 : 9)
>
> "너희는 세상의 빛이다.… 이와 같이, 너희 빛을 사람에게 비추어서, 그들이 너희의 착한 행실을 보고, 하늘에 계신 너희 아버지께 영광을 돌리게 하여라." (마태복음서 5 : 14-16)

성서에 인코딩된 그리스도의 '이미지'(image)는 '참 빛'이다. 그렇다면 그리스도교는 '세상에 온 빛'을 믿고 이해하는 시스템이며, 그 빛의 이미지를 삶으로 실현함으로써 세상에 디코딩하는 시스템이다.

과학 시대의 그리스도교는 세상 안에서 빛을 보는 종교이고, 빛 안에서 세상을 보는 과학이다.

부록 1

ZFC 집합론의 공리

체르멜로(E. Zermelo)와 프랭켈(A. Fraenkel)이 정립한 집합론의 공리들을 ZF (Zermelo-Fraenkel Axioms for Set Theory)라 부르는데, ZFC란 ZF에 선택 공리(Axiom of Choice)를 추가한 공리시스템을 뜻한다. ZFC는 현대의 수학 또는 1차논리(First-order Predicate Calculus)에서 필요한 개념이자 언어라고 볼 수 있다. 정칙성의 공리를 예외로 하고, ZFC의 공리는 모두 존재성과 관련된 공리이다. 분리 공리는 대체 공리로부터 유도될 수 있어서 생략되기도 한다. 대체 공리가 너무 강력한 공리이므로, 대체 공리의 제한된 공리로서 분리 공리를 사용한다. 다음의 사용하는 논리 기호는 각각 다음을 뜻한다.

$\forall x$, $\exists x$, $\sim$, $\wedge$, $\vee$, $\rightarrow$, $\leftrightarrow$:

모든 x에 대하여(for all x), x가 존재한다(there is an x), 부정(not), 그리고(and), 또는(or), 함의한다(implies), 동치이다(if and only if, equivalence)

$< x,y > \ = \{\{x\},\{x,y\}\}$로 정의한다.

1.1 외연성 공리 또는 확장 공리(Axiom of Extensionality).

$\forall x \forall y \forall z((z \in x \leftrightarrow z \in y) \rightarrow x = y)$.

1.2 공집합 공리(Axiom of Empty Set).

$\exists x \forall y (y \notin x)$.

($\varnothing$로 공집합을 표기한다.)

1.3 쌍집합 공리(Axiom of Unordered Pairs).

$\forall x \forall y \exists z \forall w (w \in z \leftrightarrow (w = x) \vee (w = y))$.

1.4 합집합 공리(Axiom of Union).

$\forall x \exists y \forall z (z \in y \leftrightarrow \exists t (z \in t \wedge t \in x))$.

1.5 무한 공리(Axiom of Infinity).

$\exists x (x \neq \varnothing \wedge \forall y (y \in x \rightarrow \exists z (z \in x \wedge y \subset z))$.

1.6 치환 공리 또는 대체 공리(Axiom of Replacement)

$\forall x \forall f [\forall u \forall v \forall w ((< v,u > \in f) \wedge (< w,u > \in f) \rightarrow v = w) \rightarrow$

$\exists y \forall a (a \in y \leftrightarrow \exists b (b \in x \wedge < a,b > \in f))]$.

1.6′ 분리 공리(Axiom of Separation).

$\forall x \forall f \exists y \forall a [a \in y \leftrightarrow (a \in x \wedge a \in f)]$.

1.7 멱집합 공리(Axiom of Power Set).

$\forall x \exists y \forall z (z \in y \leftrightarrow \forall w (w \in z \rightarrow w \in x))$.

1.8 정칙성 공리(Axiom of Regularity).

$\forall x \exists y (x = \varnothing \vee (y \in x \wedge \forall z(z \in x \rightarrow \sim z \in y)))$.

1.9 선택 공리(Axiom of Choice).

$\exists f [\forall u \forall v \forall w((< v,u > \in f) \wedge (< w,u > \in f) \rightarrow v = w) \wedge$
$\forall x (x \neq \varnothing \rightarrow \exists y (y \in x \wedge (< y,x > \in f)))]$.

부록 2

괴델의 신 존재 증명

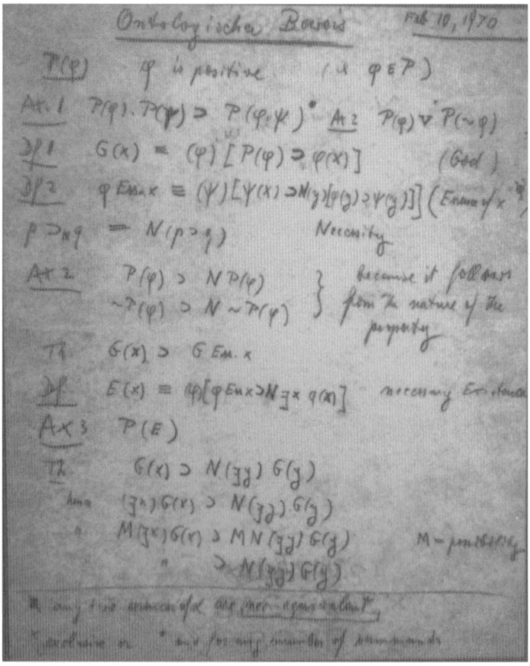

괴델(Kurt Gödel 1906-1978)은 신에 대한 존재론적 증명을 시도했고 그 결과를 기록으로 남겼다("Ontological Proof(1970)," *Collected*

Works III: Unpublished Essays and Lectures, S. Feferman et al.(eds.) (Oxford: Oxford University Press, 1995), 403.).

2.1 정의1(신*God*). $G(x) \equiv (\forall \varphi)[P(\varphi) \rightarrow \varphi(x)]$.

괴델은 '신'을 모든 긍정성(all positive properties)을 가진 존재라고 정의한다. 그가 생각한 긍정성은 (1)도덕적 의미를 가진 긍정성이고, (2)미학적 의미를 가진 긍정성이다. 그리고 그 때에만 (3)긍정성의 공리들은 참이다. 여기에서 (1)도덕은 진선미의 '선'에 해당되고, (2)미학은 진선미의 '미'에 해당되며, (3)논리적 공리는 진선미의 '진'에 해당된다. 괴델에 의하면, 도덕적 의미와 미학적 의미의 전제 위에서 그 논리적 의미의 진리성이 담보될 수 있다. 그러므로 괴델의 신의 존재 증명은 논리, 미학, 도덕의 세 가지 인지구조와 의미구조를 전제하고 있다. 긍정성은 일종의 신학적 술어(theological predicate)를 의미하며, 세계가 가지는 구조와 무관하게 독립적인 실재성을 의미한다.

2.2 정의2(본질*Essence*).

$\varphi Ess(x) \equiv (\forall \psi)[\psi(x) \rightarrow N(\forall y)[\varphi(y) \rightarrow \psi(y)]]$.

(N: 필연성necessity 술어).

괴델은 '본질'을 정의한다. x가 φ를 본질로 가진다는 것은, 속성 φ를 가지는 어떤 개체가 x의 다른 모든 속성들을 필연적으로 가진다는 정의이다. 본질 φ는 개체를 결정한다. 여기서 괴델은 양상논리를 전제한다. 그는 1933년(K. Gödel, "An Interpretation of the Intuitionistic Propositional Calculus")에 직관주의 명제논리시스템과 동등한 논리시스템을 정의했는데, 이 시스템은 루이스의 양상논리시스템 S_4와 동등한 것이다. 예를 들어, 어떤 명제가 직관주의 명제논리시스템 내에서 증명된다면, 그 명제는 S_4 내에서 증명된다.

2.3 정의3(필연적 존재*Necessary Existence*).

$E(x) \equiv (\forall \varphi)[\varphi Ess(x) \rightarrow N(\exists x)\varphi(x)]$.

괴델은 '필연적 존재성'을 정의한다. '개체 x가 필연적으로 존재한다는 것은, 임의의 φ에 대하여 φ가 x의 본질(*essence*)이면, x가 φ을 가지는 것이 필연적이라고 정의된다.' φ가 개체의 본질이면, φ를 가지는 대상이 필연적으로 존재한다. 본질을 소유한 개체는 필연적으로 속성을 가진다.

2.4 공리1. $P(\varphi) \wedge P(\psi) \rightarrow P(\varphi \wedge \psi)$.

($P(\varphi)$: '속성 φ는 긍정성이다.')

제1공리는 긍정성의 논리곱에 관한 공리인데, 괴델은 명제함수(propositional function, 이것은 술어(predicate)를 의미함)를 논리식의 변수(variable)로 사용한다. 이것은 2차언어(Second-Order Language)를 전제하고, 고차논리(Higher-Order Logic, Higher-Order Predicate Calculus))를 사용한다는 것을 보여준다. 제1공리에 의해 긍정성의 논리곱은 긍정성을 가지는데, 여기에서 긍정성에 대한 '필터'(filter)가 형성될 수 있다.

2.5 공리2. $P(\varphi) \vee P(\neg\varphi)$.

괴델의 제2공리는 긍정성의 배타적 논리합(*exclusive or*)에 관한 공리인데, 여기에서 괴델은 φ와 $\neg\varphi$가 양립할 수 없도록 전제한다. 둘 중 하나만이 논리적으로 긍정성이 되어야 하며, 긍정성이 동시에 허용될 수는 없다. 제2공리에 의해, 극대필터(*ultrafilter*)가 성립된다.

2.6 공리3. $P(\varphi) \rightarrow NP(\varphi)$, $\neg P(\varphi) \rightarrow N\neg P(\varphi)$.

괴델의 제3공리는 긍정성의 필연성에 관한 공리인데, '속성이 긍정적이면, 그 속성은 필연적으로 긍정적임'을 보여준다. 마찬가지로 '속성이 부정적이면, 그 속성은 필연적으로 부정적이다.' 괴델은 여기서 필연성 술어를 도입하여 긍정성 술어와 필연성 술어의 관계를 논리적으로 설정한다. 필연성과 관련하여, 긍정성은 '극대필터'(*ultrafilter*)의 조건을 충족한다. 그렇다면 필연성과 관련해서, 긍정성이 가지는 극대성은 모순없이 유지된다. 따라서 긍정성은 긍정성을 필연적으로 함의한다.

2.7 공리4. $P(E)$.

괴델의 제4공리는 긍정성의 필연적 존재성에 관한 공리인데, 필연적 존재성 E가 긍정성을 가지기 위한 전제이다. 괴델은 정의3의 필연적 존재성을 긍정성에 포함시킨다. 그렇다면, 긍정성이 가지는 모든 논리적 조건과 의미가 필연적 존재성에 포함된다. 여기서 2차논리의 술어 E가 2차논리의 술어P의 변수로 사용되어, 3차논리(Third-Order Logic)까지 확장된다.

2.8 공리5. $[P(\varphi)\wedge N(\varphi\rightarrow\psi)]\rightarrow P(\psi)$.

괴델의 제5공리는 긍정성의 양립가능성에 관한 공리이다. 이 공리에 의해서, 다음이 성립된다. "$x=x$는 긍정이다." "$x\neq x$는 부정이다." '(i)φ가 긍정성이고 (ii) φ가 ψ를 필연적으로 함의하면, ψ는 긍정성'으로 전제된다. 예를 들어, 자기동일성 $x=x$ 는 긍정성이다. 그러나 자기동일성의 부정 $x\neq x$ 는 긍정성이 될 수 없다.

2.9 정리1. $G(x)\rightarrow G\,Ess(x)$.

괴델은 신의 존재를 증명하기 위하여 두 개의 정리를 제시하는데, 제1정리는 신의 본질에 관한 정리이다.

$G(x)$와 $\psi(x)$를 가정하자. $P(\varphi) \vee P(\neg\varphi)$(공리2)에 의해, $\neg P(\psi) \to P(\neg\psi)$이다.

$G(x) \equiv (\forall \varphi)[P(\varphi) \to \varphi(x)]$(정의1) 에 의해

$$P(\neg\psi) \to \neg\psi(x).$$

대우에 의해 $P(\psi)$이다. $P(\varphi) \to NP(\varphi)$(공리3)에 의해,

$$NP(\psi).$$

정의1에 의해,

$$P(\psi) \to \forall y[G(y) \to \psi(y)].$$

양상논리의 필연화규칙(necessitation)에 의해,

$$N[P(\psi) \to \forall y[G(y) \to \psi(y)]].$$

양상논리의 분배공리(distribution axiom)에 의해,

$$NP(\psi) \to N(\forall y)[G(y) \to \psi(y)].$$

$NP(\psi)$와 $NP(\psi) \to N(\forall y)[G(y) \to \psi(y)]$의 전건긍정법(Modus Ponens)에 의해,

$$N(\forall y)[G(y) \to \psi(y)].$$

그러므로 $\varphi Ess(x) \equiv (\forall \psi)[\psi(x) \to N(\forall y)[\varphi(y) \to \psi(y)]]$ (정의2)에 의해서,

$$(\forall \psi)[\psi(x) \to N(\forall y)[G(y) \to \psi(y)]].$$

그러므로 $GEss(x)$이 성립한다. 따라서 $G(x) \to G\,Ess(x)$이 증명된다.

2.10 정리2. $G(x) \to N(\exists y)G(y)$

괴델의 제2정리는 신 존재의 필연성에 관한 정리인데, 신의 속성을 만족하는 개체가 필연적으로 존재함을 증명한다. 괴델은 먼저 증명과정에 필요한 다음의 명제를 남긴다.

$$(\exists x)G(x) \to N(\exists y)G(y)$$

$$M(\exists x)G(x) \rightarrow MN(\exists y)G(y)$$

(M은 가능성possibility 술어)

$$M(\exists x)G(x) \rightarrow N(\exists y)G(y)$$

여기서, $M(\exists x)G(x)$은, 모든 긍정성(all positive properties)의 시스템이 양립가능함을 의미한다. 이는 공리5에 의해 성립한다.

$P(E)$(공리4)와 $G(x) \equiv (\forall \varphi)[P(\varphi) \rightarrow \varphi(x)]$(정의1)에 의해

$$(\forall E)(P(E) \rightarrow E(x)).$$

그리고 $G(x) \rightarrow G\,Ess(x)$(정리1)에 의해,

$$G(x) \rightarrow [E(x) \wedge G\,Ess.x].$$

$E(x) \equiv (\forall \varphi)[\varphi Ess(x) \rightarrow N(\exists x)\varphi(x)]$(정의3)에 의해,

$$[E(x) \wedge G\,Ess.x] \rightarrow N \exists x G(x).$$

그러므로 $G(x) \rightarrow N(\exists x)G(x)$가 성립된다.

양상논리의 필연화규칙에 의해,

$$(\exists x)G(x) \rightarrow N(\exists y)G(y)$$

양상논리(modal logic)의 계산에 의해,

$$M(\exists x)G(x) \rightarrow MN(\exists y)G(y).$$

그 다음으로는, 양상논리의 공리 $Mp \rightarrow NMp$가 전제된다. 양상논리 시스템 S_4에 새로운 공리를 추가하면 S_5 시스템이 정의된다.

$$S_5 = S_4 + Mp \rightarrow NMp.$$

여기에서의 $Mp \rightarrow NMp$는 $MNp \rightarrow Np$과 논리적으로 같다.

$MNp \rightarrow Np$에 의해, 다음을 얻을 수 있다.

$$MN(\exists x)G(x) \rightarrow N(\exists y)G(y).$$

따라서, $M(\exists x)G(x) \rightarrow N(\exists y)G(y)$이 성립된다.

그 다음으로는, $P(\varphi)\to M(\exists x)\varphi(x)$의 증명이 필요하다. $P(\varphi)\to M(\exists x)\varphi(x)$가 아니라고 하자. 그러면

$$P(\varphi)\wedge\neg M(\exists x)\varphi(x).$$

그러면 $N(\forall x)\neg\varphi(x)$이고, $N(\forall x)[\varphi(x)\to(x\neq x)]$이다.

따라서 $[P(\varphi)\wedge N(\varphi\to\psi)]\to P(\psi)$(공리5)에 의해, $P(x\neq x)$이다.

그러나 $P(\varphi)$이므로, $N(\forall x)[\varphi(x)\to(x=x)]$이다. 그리고 역시 공리5에 의해 $P(x=x)$이다. 그러므로

$$P(x=x)\wedge P(x\neq x).$$

이것은 $P(\varphi)\vee P(\neg\varphi)$(공리2)에 모순이다. 따라서

$$P(\varphi)\to M(\exists x)\varphi(x).$$

증명된 $P(\varphi)\to M(\exists x)\varphi(x)$에 의해, $M(\exists x)G(x)$이 성립한다. $M(\exists x)G(x)\to N(\exists y)G(y)$와 $M(\exists x)G(x)$의 전건긍정법(Modus Ponens)에 의해, 다음이 성립한다.

$$N(\exists y)G(y).$$

결국, $G(x)\to N(\exists y)G(y)$이 증명된다.

극대필터는 극대성(maximality)을 갖는 필터이다. 극대성은 $P\subset P^*$를 만족하는 긍정성 P가 세계 W위에서 존재할 수 없음을 의미한다. 자체보다 큰 긍정성을 가지지 않는 긍정성이 극대긍정성이 된다. 신이 가지는 긍정성은 극대긍정성이다. 그리고 W가 어떤 원소 또는 집합 X_0를 포함한다면, 극대필터 P는 주극대필터(principal ultrafilter)이다. 극대긍정성 P가 주극대긍정성이라는 것은 다음을 의미한다.

$$P=\{X\subseteq W\,|\,X_0\subseteq X\}.$$

모든 $a\in W$에 대하여, 다음과 같은 긍정성은 주극대긍정성이다.

$$\{X\subseteq W\,|\,a\in X\}$$

유한한 세계 위에 극대필터(ultrafilter)를 전제한다면, 세계 W위에서 주극대필터로서의 주극대긍정성 P가 존재한다. 마찬가지로 신의 정의 $G(x) \equiv (\forall \varphi)[P(\varphi) \rightarrow \varphi(x)]$에 의해, 신은 모든 긍정성을 가진다. 그리고 신은 극대긍정성 P를 가진다. 그러므로 신은 존재한다.

신의 정의 $G(x) \equiv (\forall \varphi)[P(\varphi) \rightarrow \varphi(x)]$에 의해, 신은 극대필터로서의 긍정성 P을 가진다. 이는 제2공리에 의해 성립된다. 모든 극대필터는 그 자체의 교집합을 포함한다. 그러므로 모든 극대필터는 $\cap P \in P$를 만족한다. 극대필터 P가 극대필터의 교집합 $\cap P$를 포함하므로, P는 주극대필터이다. 괴델의 신 존재 증명의 논리는 '극대필터의 교집합'(the intersection of ultrafilter)으로서 존재함이 증명되는 논리와 같은 의미를 가진다. 여기서 교집합은 긍정성들 사이의 양립가능성, 즉 무모순성을 의미한다.

사랑하는 어머니에게 괴델은 다음과 같이 고백했다. "오늘날 신학적 세계관을 과학적으로 정당화하기는 어렵습니다. 그러나 저는 신학적 세계관이 모든 알려진 사실들과 완전하게 양립할 수 있다는 것을 합리적인 방식만으로도 충분히 이해하는 것이 가능하다고 이미 생각하고 있습니다."(1961년 10월 6일자 편지에서, K. Gödel, "5. Gödel to Marianne Gödel," *Collected Works Vol.IV.: Correspondence A-G* (Oxford: Oxford University Press, 2003), 439.) 괴델이 말하는 합리적인 방식 안에 수학의 논리가 포함되어 있었다면, 그는 이미 수학적 방식으로 충분히 신학적 세계를 이해하고 있는 것이다. 신의 존재에 관한 괴델의 증명작업은 30여년 전인 1930년대에 이미 시작되었다.

괴델은 불완전성 정리(1931)를 통하여 새로운 수학적 인식론을 보여 주고, 선택 공리와 일반연속체가설의 무모순성 정리(1938)를 통하여 새로운 수학적 존재론을 보여 준다. 그는 자신이 믿었던 바에 부합하는 대로, 수학적 인식론과 존재론을 창의적으로 융합하여, '실재론으로서의 존재론'과 '직관론으로서의 인식론'을 포함하는 새로운 시스템을 구축한다.

실재로서의 수학적 대상은 존재하고, 수학적 대상에 대한 우리의 인식은 불완전하다. 괴델은 신의 존재 증명을 통하여, 과학 시대의 종교를 위해 이렇게 말하는 것 같다.

"신은 실재로서 존재하고, 신에 대한 우리의 인식은 불완전합니다."

부록 3

아우구스티누스의 신학과 수학과 과학

갈릴레오(Galileo Galilei, 1564-1642)는 코페르니쿠스의 주장과 로마 교회의 교리 사이에 모순이 없다는 설명을 담아서『토스카나의 크리스티나 대공 부인에게 보내는 편지(1615)』를 남겼다. 여기에서 갈릴레오는 최고의 성인이자 학식이 뛰어난 그리스도교의 한 스승을 언급하고, 그가 남긴 고전의 내용을 5회 이상 인용하며 대공 부인을 설득했는데, 바로 여기에서 등장하는 갈릴레오의 스승이 바로 아우구스티누스(St. Aurelius Augustinus, 354-430)이다.

서양 세계의 가장 위대한 그리스도교 사상가로 존경받는 아우구스티누스는 자신의 시대에 충실했던 시대의 아들이다. 동시에 그는 자신의 시대를 넘어, 21세기 현대 과학의 영역에 이르기까지 생동력있는 영향력을 행사하고 있는 클래식의 아버지이다. 실례로, '시간'이 창조되었다는 아우구스티누스의 이론은 스티븐 호킹을 비롯한 현대의 과학자들에게도 놀라운 생각으로 인정된다.

3.1 신학적 도구로서의 수학과 과학

아우구스티누스는 북아프리카의 누미디아주의 타가스테에서 태어나, 마다우라와 카르타고에서 체계적인 교육을 받았다. 당시에 아우구스티누스가 훈련받은 교육은 수학과 언어 교과로 구성되어 있었다. 수학교과는 기하학, 산술학, 천문학, 음악으로 구성되고, 언어교과는 문법, 수사학, 논리학으로 구성된다. 수학교과(mathematical arts)를 4교과(*quadrivium*)라고 하고, 언어교과(verbal arts)를 3교과(*trivium*)라고 표현하기도 한다. 수학과 언어의 교과영역을 합하여 7개의 교양학문(liberal arts)이라 부르고, 이러한 교육과 교과 체계는 서양 중세의 학문적 토대를 이룬다. 그러므로 중세의 기준에서 보면 아우구스티누스는 수학적 기하학, 수학적 산술학, 수학적 천문학, 그리고 수학적 음악을 공부한 것이다. 현대의 기준에서 본다면 아우구스티누스는 기하학(Geometry)과 산술학(Arithmetic)을 전공한 것과 같다. "저는 교양학문의 모든 책을 구하여 읽고 혼자의 힘으로 이해할 수 있었습니다.… 주님, 당신이 아시는 대로 저는 수사학, 논리학, 기하학, 음악, 산술학에 관한 모든 것을 다른 사람들의 도움을 받지 않고도 별 어려움 없이 다 이해하였습니다."(*Confessiones* Ⅳ. 16).

『고백록』(*Confessiones*)을 통하여, 우리는 아우구스티누스가 기하학과 산술학의 높은 식견을 가지고 있음을 발견할 수 있다. 예를 들어, 『고백록』(X.12)에서, 그는 수학적 지식을 사용하여 기억의 신비에 관하여 설명한다.

(1) 기억은 수와 도형(*numerorum dimensionumque*)의 셀 수 없이 많은 원리와 법칙을 포함한다.

(2) 수에 관한 기억은 감각에 의한 기억이 아니다. 왜냐하면 수는 색깔, 소리, 냄새, 맛, 촉감 등의 감각에 의해서 기억될 수 없기 때문이다.

(3) 예를 들어, 소리와 소리가 표현하는 내용은 다르다. x가 내용이

라고 할 때, x에 대하여 라틴어로 표현할 수 있고 그리스어로 표현할 수 있다. 이 때 라틴어 표현과 그리스어 표현은 다르다. 그러므로 내용 x는 라틴어도 그리스어도 또는 그 어떤 언어도 아니다.

(4) 그러므로, 기술자가 그린 선과 기하학적 선은 다르다. 왜냐하면 기하학적 선은 육안으로 보는 선과는 다르기 때문이다. 예를 들어, 기하학적 선을 이해하는 사람은 어떤 대상을 보지 않아도 내면에서 기하학적 선을 인지한다.

(5) 그러므로, '세는 수'(*quos numeramus*)와 '세는 준거가 되는 수'(*quibus numeramus*)는 다르다. 세는 수는 표현된 수이다. 표현된 수는 우리가 계산할 때 감각이 인지할 수 있는 이미지로서의 수이다. 반면, 셈의 준거가 되는 수는 이미지로 만들 수 없는 수이다. 세는 준거가 되는 수는 이미지로 만들 수 없지만 실재하는 수이다. 여기에서 아우구스티누스는 표현된 수와 실재의 수를 구분한다.

아우구스티누스는 (3)에서 그의 언어학적 지식을 활용하고 있으며, (4)에서는 기하학적 지식, (5)에서는 산술학적 지식을 발휘한다. 아우구스티누스의 핵심 주장은 다음과 같이 설명될 수 있다.

(6) 언어 : 내용 = 표현된 수 : 실재의 수

언어와 내용의 관계는 표현된 수와 실재의 수 사이의 관계와 같다. 이런 수학적 차이를 깨닫지 못하는 사람은 아우구스티누스를 조롱할 것이지만, 아우구스티누스는 자신을 조롱하는 사람들을 불쌍히 여길 것이라고 판명한다. 기억은 수와 치수, 곧 실재의 수와 표현된 수를 모두 포함한다. 그러나 아우구스티누스에 의하면 수와 치수는 다르다. 그는 개념으로서의 '수'(numbers)와 표상으로서의 '숫자' (numerals)를 구분한다.

3.2 수와 신의 관계

아우구스티누스는 성서를 깊이 있게 해석하기 위해서, 수에 대한 지식이 필요하다고 생각했다. 그는 감각을 넘어선 수에는 불변하는 진리가 있다고 본다. 그러므로 성서를 해석하기 위하여 수를 해석할 필요가 있다. 동시에 '수'와 '수의 의미'는 이성을 가진 사람들에게 성서의 진리를 설명하기 위해서 좋은 도구이다. "7 더하기 3은 10입니다. 지금만 그런 것이 아니라 언제나 그렇습니다. 7 더하기 3이 10이 아니던 때는 없었습니다. 7 더하기 3이 10이 아닐 미래도 결코 없을 것입니다. 그러므로 나는 '수의 불변하는 진리'가 나에게 그리고 이성을 가진 모든 사람들에게 공통적인 것이라고 말합니다." (*De libero arbitrio* Ⅱ. 8. 21).

아우구스티누스는 '수의 법칙과 진리'(*ratio et veritas numeri*)가 이성을 가진 모두에게 공통적으로 나타날 수 있다고 생각한다. 또한 그는 수의 법칙과 진리는 이성을 가진 모두가 공통으로 가지고 있는 어떤 것이라고 본다. 아우구스티누스에게 수의 법칙과 진리는 단지 신체의 감각기관에 속하는 것이 아니다. 수는 무한하고 신체 감각기관은 유한하기 때문에, 신체 감각기관을 가지고 모든 수를 파악할 수는 없다. 또한 수의 개념은 감각이 제공해 줄 수 없는 것이다. 만약 주어진 물체가 수많은 부분들로 이루어졌다는 것을 알기 위해서는 그것을 인지하기 전에 먼저 1이라는 수의 개념을 가져야 한다. 그러므로 어떤 입체나 감각도 1이라는 수의 개념을 제공하지 못한다(*De libero arbitrio* Ⅱ. 8.22).

『자유의지론』(*De libero arbitrio* Ⅱ. 8. 23)에서 아우구스티누스는 다음의 수학적 사례를 설명한다. 1 다음의 수는 2이다. 2는 1의 배수이다. 그러나 2의 배수는 2 다음에 오는 수와 다르다. 2와 2의 배수 4 사이에는 3이 있기 때문이다. 여기에서 아우구스티누스는 배수와 관련된 법칙을 발견하고 이 법칙이 모든 수에 확대 적용될 수 있다는 것을 발견한다. 어떤 수 x의 배수는 $2x$가 된다. x로부터 배수 $2x$까지의 수는, 시작으로부터 x까지의 수와 같다. 이를 현대의 수학으로 표현하면, "모든 자연수 x에 대하여, $2x - x = x - 0$." 그러므로 아우구스티누스는 수의 법칙과 진리는 변경되지 않고, 순수하다는 것이 분명하다고 본다(*De libero arbitrio* Ⅱ. 8. 23-24). 수의 법칙과 진리가 가지는 긍정적 의미에 근거하여, 그는 성서와 수의 관계에 주목한다. "성서에서도 지혜에 수가 결부되어 있음이 우연은 아닌 듯합니다. 거기에는 이런 말씀이 나옵니다. '나는 내 마음을 다하여, 알고 숙고하고 헤아리기로 지혜와 수를 찾아 돌아다녔노라.'"(*De libero arbitrio* Ⅱ. 8. 24).

아우구스티누스는 창세기의 '6일'의 창조에 관하여 새로운 해석을 시도한다. 아우구스티누스에 의하면 6은 완전성을 의미한다(*De Genesi ad litteram* Ⅳ. 7,14, Ⅳ. 35,56). 창조의 완전성을 표현하기에 가장 이상적인 표현은 6이라는 수이기 때문에, 성서에서 사용된 것으로 해석한다. 그에 의하면 6은 다음의 두 조건을 만족하는 완전수이다.

(7) $1+2+3=6$

(8) $1\times2\times3=6$

여기서 1,2,3은 6의 약수(divisors)이다. (7)은 1,2,3이 더해지는 경우를 보여준다(*De civitate Dei* XI.30). (8)은 1,2,3이 곱해지는 경우를 보여준다. 어떤 수의 약수가 존재하고 ,약수의 곱과 약수의 합이 일치될 때 그 수를 완전수(perfect number)라고 한다(*De Genesi ad litteram* Ⅳ. 7. 14, *De Trinitate* Ⅳ. 4, 7). 아우구스티누스 시대의 수 체계 내에서, 6은 완전수에 해당되는 최초의 수이다.

아우구스티누스의 논리적 결론에 의하면, 창조의 6일은 태양의 존재를 전제로 한 태양계의 6일과는 다르다. 태양이 전제된 후의 6일이라면, 그것은 이미 우주 창조의 완전수를 의미할 수 없기 때문이다. 이러한 점에서 창조의 6일은 문자적 해석이 아니라, 은유적 방법으로 해석되어야 한다는 아우구스티누스의 주장은 타당하다(*Confessione* XIII).

> "가변적 운동을 가리켜 최초의 6일 혹은 7일이라는 저 순서가 나온 것으로 보입니다. 날마다 아침과 저녁이 언급됩니다. 신이 이 6일 동안 만든 모든 것이 6일에 완성됩니다. 그리고 제7일에는 크나큰 신비를 담고 있는 신의 휴식이 언급되고 있습니다. 6일 혹은 7일이 어떤 양상을 갖는지 우리가 생각하기 불가능할 정도로 어려우며 말로 표현하기는 더욱 어렵습니다." (*De civitate* Dei XI.6).

창조 이야기 속의 6은 창조의 완전성을 의미하는 은유적 표현이다. 그래서 아우구스티누스는 '저녁이 없는 날'로 서술되고 있는 제7일에 대한 해석상의 난제도 모순이 없이 해결한다. 저녁이 없는 창조의 제7일이란 '영원히 해가 지지 않는 시간'을 의미한다. 제7일은 신의 거룩한 날이 영원히 지속됨을 은유적으로 보여준다.(*Confessione* XIII. 36).

수는 수학적 의미와 동시에 종교적 의미를 가진다. "6이라는 수로 신께서는 신의 사업을 완성하셨습니다. 그러므로 수의 개념을 가볍게 보아서는 안 됩니다. 주의 깊게 살펴보는 사람들은 성서의 많은 부분에 수가 얼마나 중요한지 잘 나타나 있음을 알 수 있습니다. 그래서 신을 찬양하여 다음과 같이 말한 것도 그 이유가 있습니다. 주님은 '모든 것을 측량과 수와 무게로 처리하셨습니다.'"(*De civitate Dei* XI.30).

아우구스티누스는 '수의 의미'뿐만 아니라 '의미의 수'를 재해석한다. 예를 들면, 그리스도께서 십자가 처형 후 제3일에 부활했다는 것은 매장 후 36시간 ($36 = 6 \times 6$)에 해당된다. 아우구스티누스에게 36시간은 부활의 완전성을 강조한다고 해석된다(*De Trinitate* Ⅳ. 6. 10). 부활 사건은 완전하고도 완전한 사건, 곧 완전함의 극치로 수를 통하여 표현된 것이다. 이런 수들이 성서에 언급되어 있는 것에는 신비로운 이유와 목적이 있다(*De doctrina christiana* Ⅱ. 16. 26).

아우구스티누스는 단순히 특정한 수에만 주목한 것이 아니라, 차원을 달리하여 '모든 자연수의 집합'에 주목한다. 그는 전체 자연수의 집합과 신의 지식을 새로운 차원에서 연결한다. 이러한 지점에서, 아우구스티누스는 피타고라스와 플라톤의 전통을 극복하고 새로운 신학적 주장을 한다. 피타고라스와 플라톤의 수학에서 '무한' 또는 '무한의 수'(infinite numbers)는 부정적인 의미로 해석되었다. 왜냐하면 무한은 질서의 핵심을 이루는 '비례'와 '형상'과 '경계'가 없는 혼돈의 상태라고 해석되었기 때문이다. 신은 무한보다는 유한과 관련된 존재로 해석되는 것이 옳다고 생각되었다.

그러나 아우구스티누스는 신과 무한을 새롭게 연결한다. "그분이 모든 수(*omnis numerus*)를 알고 계심을 의심하는 것은 절대 불가합니다. 시편에서 노래하고 있듯이 '그분의 지식은 무한합니다.' 비록 무한을 셀 수 있는 수는 없지만, 수의 무한성(*infinitas numeri*)은 신이 파악하실 수 없는 것이 아닙니다. 그분의 지식은 무한합니다." (*De civitate Dei* Ⅻ. 18). 모든 수의 집합이 갖는 무한성을 신은 인지한다. 여기에서 아우구스티누스는 전체의 모든 수를 알고 계시는 존재로서의 신을 주장한다. 신의 지식이라 할지라도 수의 무한을 알지 못한다는 기존의 주장을 반박하며, 수의 무한성은 신이 파악할 수 없는 무한이 아니라고 그는 논증한다. 수의 무한성을 포함하고 있는 무한한 지식을 가진 존재로서의 신이 새롭게 부각된다. 아우구스티누스의 수학적 세계에서, 신은 세계의 유한성을 초월하는 자유로운 존재이며, 무한의 존재이다. 아우구스티누스에 의해서, 수학적 무한은 신학적 무한과 새롭게 연결되고, 무한은 더 이상 부정적 의미가 아니라 긍정적인 의미로 새롭게 해석된다.

신은 수를 사용하여 세계를 창조한다. 수는 신으로부터 유래된 것이다. 인간이 수를 제정한 것이 아니다. 다만, 인간은 수와 수의 규칙을 발견할 수 있다(*De doctrina christiana* Ⅱ. 38. 56). 신으로부터 유래된 수를 인지할 수 있기 때문에, 인간은 자연 속에서 특별하고 우수한 존재이다(*De ordine* Ⅱ. 19. 49). 수는 부정될 수 없는 실재이다. 수는 보이는 세계와 보이지 않는 세계를 모두 알려주는 존재이다. 수는 변하지 않는 규칙을 보여줄 수 있으므로, 변하지 않는 대상에 대한 지식을 제공할 수 있다. 그러므로 아우구스티누스에게 수의 세계는 신에 대한 지식을 제공할 수 있는 영역이다. 동시에 수는 영원한 진리를 이해할 수 있는 마음의 능력을 보여준다. 이는 인간이 수와 마음을 통하여 영원한 진리로서의 신을 이해하는 모델의 타당성을 함의한다.

3.3 신학으로서의 수학, 수학으로서의 신학

아우구스티누스는 플라톤의 철학 체계를 활용하여 그리스도교의 진리를 이해하고 설명하는 체계를 세우고자 시도한다. 그는 플라톤의 철학 체계를 그리스도교의 신학 체계로 변환시키는 작업을 한 셈이다. 그는 플라톤 전통 내의 수학을 충실히 교육받았다. 그래서 아우구스티누스에게 수학적 학문은 철학을 공부하기에 앞서서 먼저 공부해야 할 과목에 포함되어 있다(*De ordine* Ⅱ. 15. 42-43). 특히 젊은 아우구스티누스가 원했던 것은 형이상학과 물리학의 영역에서 수학의 확실성에 도달하는 가능성이다(*Confessione* Ⅵ. 4. 6). 그는 수학을 통하여 '학문의 존재성과 필요성'을 인정한다.

약관 29세에 아우구스티누스는 물질주의적 이원론을 주장하는 마니교에서 진리에 대한 해석을 배울 수 있으리라 기대했다. 그러나 그는 설명의 일관성과 타당성을 보여주지 못하는 마니교의 한계를 파악한다. 그때 그가 마니교 주장의 모순을 증명하기 위해 사용한 도구가 바로 수학의 지식이다. 이후 아우구스티누스는 마니교를 철저히 거부한다. "그러나 동지와 하지, 춘분과 추분, 일식과 월식 등에 대해서 마니가 쓴 내용은 내가 자연 철학자들의 책에서 배운 내용과는 달리 타당성이 전혀 없었습니다. 나에게 마니가 기록한 것을 믿으라고 강요하였지만, 그 내용은 내가 수학적으로 계산해 보고 내 눈으로 관찰해 본 것과는 전혀 맞지 않고 아주 다른 내용이었습니다." (*Confessione* Ⅴ. 3. 6).

그 후 아우구스티누스는 이른바 신플라톤 사상에 주목하게 되는데(*Confessione* Ⅴ. 10. 18-19), 386년의 회심 이후 그는 신플라톤 학파의 학문을 신학의 도구로 활용하면서, 신학 논저를 저술하기 시작한다. 역사적으로 피타고라스의 9대 제자 정도에 해당되는 플라톤은 피타고라스의 수학과 신학을 계승하여 자신의 사상 체계를 전개했다. 거시적으로 보면, 아우구스티누스는 피타고라스에서 플라톤으로 이어지는 수학과 신학의 유산을 만났고, 그리스도교의 체계적인 사상으로 창의적 변환을 시도한 셈이다.

아우구스티누스는 성서해석학을 논하는 『그리스도교 학문론』에서, 수에 대한 무지 때문에 성서의 많은 신비를 풀지 못한다고 본다. "수에 대한 무지 역시 성서에서 비유적 또는 신비적으로 표현된 여러 가지를 이해하지 못하게 합니다."(*De doctrina christiana* Ⅱ. 16. 25). 인간은 수의 이해를 통해서, 세계를 신의 작품으로 인지할 수 있다. 세계를 책이라고 한다면, 수는 세계의 언어이다. 세계의 질서, 즉 세계에 대한 수의 질서는 부분적으로 인간에게 나타난다. 본래 노출된 수의 질서와 은닉된 수의 질서가 있다. 그러므로 인간은 세계의 질서를 제한된 범위 내에서 알 수 있다.

이 세계 속에 있는 수의 질서를 통하여, 인간의 마음은 그 뒤에 계신 신의 '흔적'을 찾을 수 있다(*De Trinitate* Ⅻ. 5. 5). 아우구스티누스에게 '수학'(*mathematica*)은 신을 이해하기 위한 지적인 첫 단계이며, '지혜'(*sapientia*)는 지적인 마지막 단계이다(*De libero arbitrio* Ⅱ. 9. 27). 인간의 마음 내에서, 신학은 수학으로부터 시작하여 신의 지혜의 조명으로 완성된다. 수학은 진리를 향한 첫 지적 단계이다. 그는 수학과 신학의 '연속성'을 지혜 내에서 발견한다. "성서에도 지혜를 가리켜 말하기를 '지혜는 세상 끝까지 힘차게 펼쳐지며 모든 것을 훌륭하게 다스린다'고 했습니다. 세상 끝에서 끝까지 힘차게 펼쳐지는 저 능력이 바로 수(數)라고 불리는 것입니다. 그리고 모든 것을 훌륭하게 다스리는 능력은 지혜라고 불립니다. 결국 둘 다 단일하고 동일한 지혜를 이룹니다." (*De libero arbitrio* Ⅱ. 11. 30). 지혜는 수로부터 올 수 있으며, 수는 지혜로부터 올 수 있다. 지혜로부터 오는 수는 지혜 안에서 성립되는데, 지혜는 모든 사물에게 수를 부여했다(*De libero arbitrio* Ⅱ. 11. 31). 수는 질서로서의 수이며, 질서는 수로서의 질서이다. 지혜의 수와 수의 지혜는 동일하다.

아우구스티누스는 『지혜서』 11 : 20을 인용하며, 신이 창조한 세계와 그 세계에 부여한 질서(order)를 강조한다(*De Genesi ad litteram* Ⅰ. 16. 26; *De Civitate Dei* Ⅺ. 30, Ⅻ. 4. 19, Ⅺ. 16; *Confessione* Ⅶ. 14. 20). 신은 '모든 것을 측량과 수와 무게로 처리하셨습니다.' 신의 창조에 사용된 질서는 수를 통하여 세계에 부여된다. 그러므로 수는 창조된 세계의 어느 곳에서나 발견될 수 있다. 신께서 창조하셨기 때문에, 세계는 선(善)하고 창조에 사용된 수도 선하다. 그래서 수가 존재하지 않으면, 세계가 존재하지 않는다. 세계의 선은 수가 반영된 수학적인 선이다. 세계의 선은 수가 필요하지 않은 평균적 선이 아니라, 수가 필요한 수학적 선이다. 세계의 선은 수학적인 선(mathematical goodness)이다(*De libero arbitrio* Ⅱ. 20. 54).

3.4 과학으로서의 신학, 신학으로서의 과학

아우구스티누스는 『창세기』의 창조의 질서를 다루면서, 논리적으로 충돌 가능성이 있는 다음의 두 가지 사안에 주목한다.

(9) 만물이 태초에 동시적으로 창조된 사건.

(10) 다수가 태초 후에도 연속해서 발생하며 존재하는 사건.

그렇다면 신의 창조는 동시 창조인가 아니면 6일 창조인가? 이 난제에 대하여 아우구스티누스는 생물학적 모델을 제공하면서 문제를 해결한다(*De Genesi ad litteram* Ⅵ. 6, 11.18; *De civitate Dei* Ⅻ. 25; *De Trinitate* Ⅲ. 9,16). 이 생물학적 모델이란 하나의 씨앗이 발육하고 성장하여 나무가 되는 모델이다. 그의 해석에 의하면, 신께서 태초에 만물을 창조하면서 일부는 '가능상태'로 창조하셨다. 이것은 적절한 시간과 환경에 맞게 '가능상태'가 '실현상태'가 될 수 있도록 허락하신 것이다(*De Genesi ad litteram* Ⅴ. 4. 9).

아우구스티누스는 신의 창조를 무로부터의 동시 창조(*creatio ex nihilo*), 그리고 가능상태(potentiality)로부터 실현상태(actuality)로의 연속 창조(*creatio continua*)로 구분한다. 일부는 태초에 완성된 실현상태로 창조되었다. 다른 일부는 태초에 미완성의 가능상태로 창조되었다. 이러한 창조의 법칙을 아우구스티누스는 인과법칙으로서의 '씨앗 법칙'(*rationes seminales*)이라고 보고, 이 모델과 논리를 통하여 창조의 완전성과 창조의 연속성의 딜레마를 제거한다.

'잠재되어 있는 비밀의 수'의 개념을 사용하여 아우구스티누스는 씨앗 법칙을 설명한다. "어떤 것은 생명체 전체의 '잠재되어 있는 비밀의 수'(*latentes numeri*)를 받아서 후손으로 발생합니다." (*De vera religione* XL. 74). 창조의 사건에서 생명체가 발생하고 변화하는 과정은 '잠재되어 있는 비밀의 수'가 지닌 질서에 따라 일어난다. 여기에서 잠재되어 있는 비밀의 수란, 존재하지만 겉으로 드러나지 않은 수를 말한다. 즉 아직 드러나지 않은 가능상태의 수에 해당한다. 아우구스티누스는 잠재되어 있는 비밀의 수를 '씨앗의 수'(*seminum numeri*)라고 표현하기도 한다(*De vera religione* XXIX. 52). 노출된 질서와 은닉된 질서가 모두 신으로부터 오는 것이 타당하다면, 무로부터의 창조와 연속창조가 모두 신으로부터 오는 것이 타당하다(*De vera religione* XVIII. 35). 신은 보이지 않는 것과 보이는 것, 잠재되어 있는 가능한 것과 실현되는 것을 모두 포함하는 창조주로 정의될 수 있다(*De Trinitate* Ⅲ. 8,13).

아우구스티누스에 의하면, '씨앗 법칙'(*rationes seminales*)은 수학적으로는 '인과 법칙'(*rationes causales*)이고, 과학적으로는 '비공시 법칙'(invisibility principle)이며, 철학적으로는 '가능상태 법칙'(potentiality principle)이다. 그러므로 그는 씨앗 법칙이야말로 신이 창조하신 우주의 '변화의 법칙'을 의미한다고 본다(*De Genesi ad litteram* Ⅴ. 7. 20). 씨앗 법칙은 곧 자연의 법칙이다(*De Genesi ad litteram* Ⅸ. 17. 32). 창조의 인과 법칙과 자연의 씨앗 법칙은 분리될 필요가 없다. 그러므로 신이 창조한 자연 세계는 신비로운 변화의 시스템이다. 아우구스티누스의 씨앗 법칙은 다음과 같이 표현될 수 있다.

$$\text{씨앗(가능상태)} \xrightarrow{\text{변화}} \text{나무(실현상태)}$$

씨앗은 신의 창조물이며, 나무도 신의 창조물이다. 이것은 전혀 새로울 것이 없는 주장이다. 하지만, 여기서 아우구스티누스의 새로운 공헌은 씨앗에서 나무가 되는 '변화'라는 과정을 신의 창조로 해석하고 강조한 통찰에 있다. 그는 씨앗($seed$)과 나무($tree$)라는 개체 대상을 넘어서, 씨앗과 나무를 연결하는 관계, 변환, 함수($mapping$)를 신의 창조 작품으로 새롭게 정의하고 있다. '변화'라는 함수야말로 신의 신비로운 창조 작품이다.

$P_1(seed), P_1(tree)$: P_1은 한 대상의 '속성'(property)을 다루는 1차 술어(First-Order Predicate)이다.

$P_2(seed, tree)$: P_2는 두 대상의 '관계'(relation)를 다루는 2차 술어(Second-Order Predicate)이다.

여기서 아우구스티누스는 하나의 피조물이 가지는 속성을 설명하는 창조의 1차 술어 P_1를 넘어서, 두 피조물의 '변화 관계'를 설명하는 창조의 2차 술어 P_2를 구사한다. 이것은 창조에 대하여 새로운 차원의 논리적 술어를 적용하는 새로운 공헌이다.

물체의 '형상'(*forma*)은 수로부터 도출되는 결과이다. 물체의 형상은 수에 귀속되는 결과만큼 존재를 가진다(*De libero arbitrio* II. 16. 42). "하늘과 땅, 바다 그리고 그 안에 있는 것들을 바라보십시오. 저 위에서 반짝이는 것이든지 그 아래에서 기어 다니거나 날아다니거나 헤엄쳐 다니는 것들을 바라보십시오. 그들이 '형상'(*forma*)을 지닌 것은 다름 아닌 '수'(*numeros*)를 지녔기 때문입니다. 그들에게서 형상과 수를 제거해 보십시오. 그들은 무가 될 것입니다. 그러므로 수를 주신 분에게서가 아니면 누구에게서 존재를 받았겠습니까?" (*De libero arbitrio* Ⅱ. 16. 42).

모든 수는 신으로부터 유래되는 수이므로, 수로부터 아름다움도 도출된다. "형상을 갖춘 육체의 아름다움을 바라보십시오. '수가 공간에 자리 잡고 있을 것입니다'(*numeri tenentur in loco*). 육체의 동작에서 보이는 아름다움을 바라보십시오. '수가 시간 속에 율동하고 있을 것입니다'(*numeri uersantur in tempore*)." (*De libero arbitrio* Ⅱ. 16. 42). 아우구스티누스는 예술 속에서는 시간과 공간을 찾을 수 없고, 예술 속에 있는 것은 시간과 공간이 아니라 오직 '수'라고 본다. 수는 공간도 아니고 시간도 아니다. "예술가는 수를 지니고 있으며, 그 수에 자기 작품을 맞춥니다. 작품을 창작함에 있어서 손과 연장들이 움직이지만, 내면에서 비추는 수의 조명을 받아서 움직입니다."(*De libero arbitrio* Ⅱ. 16. 42). 신체가 시간과 공간에 맞추어서 움직인다면, 영혼(*anima*)은 오직 시간에 맞추어서 움직인다. 영혼을 초월할 때, '구원의 수'(*numerus sempiternus*)를 볼 수 있다.

아우구스티누스는 신학의 인지 공간에서 미학의 인지 공간에 이르기까지, 수학과 과학을 논리적으로 연결하며 큰 시스템을 구축하고자 한다. 그에게 수학과 과학은 신의 진리와 선함과 아름다움을 충분하게 다루는 신학의 도구로서 뿐만 아니라, 신학 그 자체로서 필요한 조건이었다.

근대의 과학혁명을 열었던 갈릴레오, 그가 믿었던 종교가 그를 배신했을지라도, 그는 그 종교를 끝내 버리지 않았다. 갈릴레오는 스승 아우구스티누스의 가르침을 통해 자연과 성서를 조화롭게 해석할 수 있다고 확신했고, 그 결과 그는 자신의 시대에 필요한 과학과 신학의 사명을 실천하기 위해, 과학혁명을 실현하고 종신토록 헌신할 수 있었다. 이제는 우리가 아우구스티누스라는 거장의 어깨 위에서, 이 과학 시대의 종교를 위한 학문혁명을 열 수 있어야 한다.

연대표

연도	종교와 과학의 역사적 사건
B.C. 6~4	예수 그리스도의 탄생, 페르시아 동방박사(Magos)의 경배
A.D. 28	세례 요한의 순교
28~33	예수의 선교 활동, 십자가 처형, 부활
33~35	스테반의 순교
33~35	바울의 회심
44	세베대의 아들 야고보의 순교
49	예루살렘 사도 회의
50~51	데살로니가 전서, 신약성서 최초의 문서
60~62	바울이 로마에서 순교
62	예수의 형제 야고보 순교
64	베드로가 로마에서 순교
64~66	네로 황제 치하에서 제1차 그리스도교인 박해
70	최초의 복음서 마가복음서, 로마가 예루살렘 함락하고 성전을 파괴
81~96	도미티아누스 황제 치하, 제2차 기독교인 박해
90	얌니아 회의, 팔레스틴 정경 확정
130	베드로 후서, 신약성서 최후의 문서
139~200	갈레노스(C. Galenos), 고대의 의학, 해부학, 생리학의 지식을 집대성한 『*Opera omnis*』

150	서머나 교회의 주교 폴리캅(St. Polycarp)의 순교
150	프톨레마이오스(Ptolemaios), *Almagest*
172	몬타니즘(Montanism) 등장
185~254	알렉산드리아의 오리게네스(Origenes)
190	부활절 일자에 대한 교회의 공식 입장 결의
250	로마의 대대적인 그리스도교 탄압 사건
300	알렉산드리아에서 성서의 일부가 콥틱어로 번역됨.
305	안토니우스(St. Antonius)가 최초의 수도원 공동체 설립
313	밀라노칙령, 로마의 콘스탄티누스 황제가 그리스도교를 공인
325	일요일(Sunday)이 그리스도교의 주일로 결정됨.
323	유세비우스(Eusebius)의 『교회사』
325	니케아 공의회
331	로마제국의 수도를 로마에서 콘스탄티노플(현 이스탄불)로 이전
342	울필라스(Ulphilas)의 고트 선교
363	라오디게아 종교회의, 요한계시록을 제외한 26권을 신약성서 정경으로 채택
367	알렉산드리아의 주교 아타나시우스(Athanasius)의 편지, 신약성서를 처음 27권으로 정의
381	제1차 콘스탄티노플 공의회, 테오도시우스 황제가 기독교를 국교로 선언하고 다른 종교를 금지
384	제롬(St Jerome), 라틴어 성서 『불가타(*Vulgata*)』 번역
386	아우구스티누스(St. Augustinus)의 회심
395	테오도시우스 황제의 사망, 로마 제국이 동서 제국으로 분열
398	요한 크리소스톰(St. John Chrysostom)이 콘스탄티노플의 주교가 됨.
400	아우구스티누스(St. Augustinus)의 『고백록』
410	서고트족에 의해 로마 함락
413	아우구스티누스(St. Augustinus)의 『신국론』
431	에베소 공의회
432	패트릭(Patrick)의 아일랜드 선교

451	칼케돈 공의회, 칼케돈 신조
476	반달족에 의한 서로마제국 멸망
498/499	프랑크 왕국의 왕 클로비스의 세례
540	베네딕투스(Benedictus)의 수도 규칙 제정
553	제2차 콘스탄티노플 공의회
563	콜럼바(Columba)의 아이오나 선교
587	스페인의 고트족이 그리스도교로 개종
590	그레고리(Gregory)가 교황이 됨.
596	켄터베리의 어거스틴의 잉글랜드 선교
600	그레고리안 성가(Gregorian Chant)
600	인도에서 현재의 숫자의 기초가 발명됨. 후에 아라비아 숫자라 불림.
622	헤지라, 이슬람교의 기원
650	쿠란
681	제3차 콘스탄티노플 공의회
716	보니페이스(Boniface)의 게르만 선교
726	동방교회에서의 아이콘 논쟁
730	최초의 교회 오르간 등장
800	샤를마뉴(Charlemagne)의 신성로마제국 황제 대관식
850	알콰리즈미, 인도 수학을 바탕으로 계산법과 대수학과의 책을 저술. 그 책의 이름 『알자부르』는 후에 서양 Algebra (대수학)의 어원이 됨.
862	키릴(Cyril)과 메도디우스(Methodius)의 슬라브 선교
988	러시아의 그리스도교화
1000	이븐 시나(Avicenna)가 아라비아 의학을 정리
1054	로마의 가톨릭교회와 콘스탄티노플 동방 정교회 분리
1077	하인리히 4세가 카놋사에서 굴욕을 당함
1095	교황 우르바누스 2세가 제1차 십자군 모집
1097	안셀무스(Anselmus), 『왜 신은 인간이 되셨는가?(*Cur Deus Homo?*)』
1115	클레르보의 버나드(Bernard de Clairvaux)가 수도원 설립

1150	파리대학, 옥스포드 대학 설립
1173	발덴시안 운동
1209	인노센트 3세와 프란체스코와의 만남
1220	도미니크 수도회 시작
1223	프란시스 수도회 시작
1265~72	아퀴나스(Thomas Aquinas)의 『신학대전(*Summa Theologiae*)』
1300	항해용 나침반 발명
1309~1376	교황이 아비뇽으로 유폐됨
1321	단테(Dante)의 『신곡』
1344~1350	흑사병 확산으로 2,500만 명 사망
1378~1417	서방 교회 분열, 두 명 또는 세 명의 교황 발생
1383	위클리프(J. Wyclif)의 영어성서 번역
1415	종교개혁자 얀 후스(Jan Huss)의 화형 순교
1418	아 켐피스(Thomas a Kempis)의 『그리스도를 본받아(*Imitatio Christi*)』
1431	잔다르크 화형당함
1440	쿠자누스(N. Cusanus)의 『무지의 지에 대하여 (*De Docta Ignorantia*)』
1443	세종대왕, 훈민정음 창제
1445	구텐베르크(J. Gutenberg)의 금속활자 발명
1453	동로마 제국 멸망
1456	구텐베르크(J. Gutenberg)가 최초로 성서 인쇄
1497	사보나롤라(G. Savonarola) 화형당함
1516	에라스무스(Erasmus)가 그리스어 신약성서 출간
1517	루터(M. Luther)의 95개조 논제 발표로 종교개혁 시작
1520	루터(M. Luther), 『그리스도인의 자유』
1521	보름스 종교회의
1522	루터(M. Luther)의 독일어 성서 번역
1523	츠빙글리(H. Zwingli)가 스위스에서 종교개혁 시작
1524	독일 농민 전쟁

1525	틴들(W. Tyndale)이 영국어 신약성서 출간
1530	아우구스부르크 신앙 고백
1534	로욜라(I. Royola)에 의한 예수회 설립
1534	영국 성공회(Anglican Catholic Church) 시작
1535	칼뱅(J. Calvin), 『기독교 강요』 초판
1536	의사이자 신학자인 파라셀수스(P. Paracelsus), 인체를 치료하기 위해 화학물질 사용
1543	베살리우스(A. Versalius)가 인체를 해부하고 『인체의 구조론(*De humani corporis fabrica*)』 저술
1543	코페르니쿠스(N. Copernicus), 『천구의 회전에 관하여』 행성 운동의 태양 중심설 발표
1545	트렌트 종교회의
1549	사비에르(Xavier)의 일본 선교
1549	영국 교회의 『성공회 기도서』
1555	루터교와 로마가톨릭의 아우구스부르크 평화 협정
1569	메르카토르(G. Mercator), 항해자용 근대적 지도
1582	리치(M. Ricci)의 중국 선교
1609	갈릴레오(G. Galileio), 천체망원경 제작하고 관측
1609	케플러(J.Kepler), 티코 브라헤(Tycho Brahe)의 관측에 근거하여 지구 등 행성의 궤도가 타원임을 발견
1611	흠정역(*The King James Version*) 성서
1616	지동설이 로마가톨릭에 의해 이단으로 판결
1618~48	유럽 30년 전쟁
1620	영국의 베이컨(F. Bacon), 학문의 새로운 도구라는 의미로 『*Novum Organum*』을 저술. 새로운 귀납법을 주장하고 근대 과학 방법을 확립
1633	갈릴레오(G. Galileo) 종교재판
1633	오우트레드(W. Oughtred)가 대수 이용해 계산자 제작
1637	데카르트(R. Descartes), 『방법서설』 저술, 해석기하학 창시
1638	갈릴레오(G. Galileo), 등가속도운동과 관성의 법칙을 발견
1642	파스칼(B. Pascal), 덧셈 뺄셈용 계산기 제작

1648	베스트팔렌 조약
1649	영국의 청교도 혁명
1665	후크(R. Hooke), 코르크의 죽은 조직을 현미경으로 보고 세포를 발견
1667	뉴턴(I. Newton), 만유인력법칙
1667	파리 천문대 설립
1667	밀턴(J. Milton), 『실락원』
1669	뉴턴, 빛의 입자설
1669	파스칼(B. Pascal)의 『팡세』
1671	라이프니츠(G. Leibniz), 계산기 제작
1678	호이겐스(C. Huygens), 빛의 파동설
1678	번연(J. Bunyan), 『천로 역정』
1684~86	뉴턴(I. Newton), 라이프니츠(G. Leibniz), 미분, 적분학을 각각 독립적으로 완성
1687	뉴턴(I. Newton), 『자연철학의 수학원론(*Philosophiae naturalis principia mathematica*)』 힘과 운동의 관계를 밝혀냄
1705	핼리(E. Halley), 타원 운동을 하는 핼리 혜성의 존재를 확인
1735	린네(C. von Linne), 현대생물학의 기초를 놓은 『자연시스템(*Systema naturae*)』
1751~72	달랑베르(J d'Alembert)와 디드로(D Diderot), 『백과사전』 편찬
1759~65	웨슬리(John Wesley), 『그리스도인의 완전』
1766	캐번디시(H. Cavendish), 수소를 발견
1780	레이크스(R. Raikes)가 주일교회학교를 시작
1780	갈바니(L. Galvani), 동물전기 발견
1781	칸트(I. Kant)의 『순수이성비판(*Kritik der reinen Vernunft*)』
1784	최초의 한국 그리스도교인 이승훈이 북경에서 세례 받음
1789	라브와지에(A.de Lavoisier), 『화학원론(Traite elementaire de chimie)』
1789	프랑스 혁명, 인간과 시민의 권리 선언
1791	최초의 한국인 순교자 윤지충 권상연, 신해교난

1793	윌리암 캐리(Willaim Carey)의 인도 선교
1799	슐라이에르마허(Schleiermacher)의 『종교론』
1801	독일의 수학자 가우스(C. Gauss), 『산술연구(*Disquisitiones arithmeticae*)』
1801	이승훈, 정약종 순교, 신유교난
1802	영(T. Young), 빛의 간섭을 제시하여 파동설 입증
1804	영국 성서공회 설립
1807	윌버포스(Wilberforce), 노예무역을 중단시킴
1808	돌턴(J. Dalton), 『화학의 새로운 체계(*A New System of Chemical Philosophy*)』
1809	라마르크(J. Lamrack), 『동물학(*Philosophie zoologique*)』
1810	미국 국제선교본부 설립
1811	아보가드로(A. Avogadro), 기체분자수의 가설을 세우고 기체의 분자량 측정법을 밝힘.
1820	암페어(A. Ampere), 전류의 자기작용의 세기를 측정
1827	오옴(G. Ohm), 전기저항에 관한 오옴의 법칙을 발견
1831	한국 최초의 가톨릭 교회 교구
1831	패러데이(M. Faraday), 전자기 유도법칙 발견
1832	최초의 개신교 선교사 구츨라프(K. Gutzlaff) 입국
1840	리빙스턴(Livingston)의 아프리카 선교
1841	포이에르바하(L. Feuerbach), 『기독교의 본질』
1842	도플러(J. Doppler), 광원의 운동에 의한 빛의 파장의 변화(도플러 효과)
1844	YMCA 창립
1845	김대건, 상해에서 한국인 최초의 신부가 됨
1848	마르크스(K. Marx)의 『공산주의 선언』
1849	키에르케고르(S. Kierkegaard), 『죽음에 이르는 병』
1850	클라우지우스(R. Clausius), 열역학 제2법칙
1854	불(G. Boole), 『사고의 법칙(*The Laws of Thought*)』 논리의 대수화
1854	리만(G. Riemann), 비유클리드 기하학의 일반화

1855	YWCA 창립
1859	다윈(C. Darwin), 『자연선택에 의한 종의 기원에 관하여(*On the Orgin of Species by Means of Natural Selection*)』
1859	일본의 해외선교사에 개방 재개
1860	미국 시민전쟁
1864	맥스웰(J. Maxwell), 전자장의 기본 방정식
1865	테일러(H. Taylor)의 중국내륙선교
1865	멘델(G. Mendel), 완두콩에서 유전의 법칙을 발견
1865	파스퇴르(L. Pasteur), 세균론
1869	멘델레에프(D. Mendelev), 원소의 주기율표 완성
1873	맥스웰(J. C. Maxwell), 빛을 전자의 파동으로 정의
1874	칸토르(G. Cantor), 집합론에 관한 최초의 논문
1877	에디슨(T. Edison), 최초의 축음기 제작
1878	부스(W. Booth), 구세군 설립
1879	프레게(G. Frege), 『개념 표기*Begriffsschrift*』
1880	도스토예프스키(F. Dostoevsky), 『카라마조프의 형제』
1882	누가복음(예수셩교누가복음젼서, 존 로스), 요한복음이 한글 낱권으로 번역
1883	이수정, 일본에서 세례 받고 입교
1884	의사이자 선교사인 알렌(H. Allen)의 입국
1884	한국 최초의 교회당이 솔내(松川)에 세워짐.
1885	알렌(H. Allen), 광혜원 설립 (연세 의과대학병원의 시초) 언더우드(H. Underwood)와 아펜젤러(H. Appenzeller)가 입국
1886	마이켈슨(A. Michelson)과 몰리(E. Morley), 실험으로 빛의 속도의 불변성 입증
1887	한국 최초의 세례식 거행
1888	헤르쯔(H. Hertz), 전자파의 존재를 실험으로 증명
1895	칸토르(G. Cantor), 집합론
1897	톰슨(J. Thomson), 전자를 발견

1898	퀴리(M. Curie), 방사능의 본질을 연구하면서 방사성 원소 폴로늄과 라듐을 발견
1899	힐베르트(D. Hilbert)의 『기하학 기초론』
1900	플랑크(M. Planck), 양자이론의 기초를 놓은 양자가설
1901	김창식, 김기범, 최초의 한국인 목사 안수
1904	세브란스 병원 건립
1904	체르멜로(E. Zermelo), 선택공리(Axiom of Choice)
1905	베버(M. Weber), 『프로테스탄트 윤리와 자본주의 정신』
1905	아인슈타인(A. Einstein), 광양자설로 광전효과를 설명, 특수상대성이론 발표
1906	미국 아주사 거리의 부흥운동
1906	슈바이처(A. Schweitzer)의 『예수전 연구사』
1907	평양 대부흥운동
1910	에딘버러 세계선교대회
1910	러셀(B. Russell)과 화이트헤드(A. Whitehead)의 『수학 원론*Principia Mathematica*』
1911	한글성서 신구약 번역 완성
1913	보어(N. Bohr), 원자모델
1914	하우스도르프(F. Hausdorff), 위상적 공간에 대한 개념
1914~18	제1차 세계대전
1915	언더우드(H. Underwood), 조선기독교대학 설립
1915	뢰벤하임-스콜렘(Löwenheim-Skolem) 정리
1915	아인슈타인(A. Einstein), 일반상대성이론 발표
1917	오토(R. Otto), 『거룩한 것』
1919	바르트(K. Barth)의 『로마서 주석』
1919	한국의 종교지도자들 주도로 독립을 위한 3.1 운동
1922	부버(M. Buber), 『나와 너』
1923	조선기독교대학이 연희전문학교로 개명
1924	드 브로이(L. de Broglie), 물질파 이론
1925	'스콥스(Scopes)' 재판이 미국 테네시주 데이튼에서 열림 (일명 원숭이재판)

1925	파울리(W. Pauli), 배타 원리
1926	슈뢰딩거(E. Schrödinger), 파동역학
1927	하이젠베르크(W. Heisenberg), 불확정성 원리(Uncertainty Principle)
1927	보어(N. Bohr), 코펜하겐 해석
1929	허블(E. Hubble), 우주의 팽창을 증명, 허블의 법칙
1929	화이트헤드(A. Whitehead), 『과정과 실재』
1930	아인슈타인(A. Einstein), "종교와 과학"
1930	괴델(Kurt Gödel), 완전성 정리(Completeness Theorem), 술어논리계산시스템의 완전성 증명
1931	괴델(Kurt Gödel), 불완전성 정리(Incompleteness Theorem), 공리적 형식이론시스템의 불완전성 증명
1932	니버(R. Niebuhr), 『도덕적 인간과 비도덕적 사회』
1933	타르스키(A. Tarski), 형식언어 내의 진리에 대한 정의 불가능성 증명
1934	바르멘 선언
1935	러셀(B. Russell), 『과학과 종교(*Science and Religion*)』
1936	튜링(A. Turing), 컴퓨터의 수학적 모델인 튜링머신 고안
1938	『성경 개역』
1938	괴델(Kurt Gödel), 연속체가설(Continuum Hypothesis)과 선택공리(Axiom of Choice)의 무모순성 증명
1939~45	제2차 세계대전
1943	슈뢰딩거(E. Schrödinger), 더블린의 트리니티 칼리지에서 강연 "생명이란 무엇인가"
1943	머컬로크(W. McCulloch)와 피츠(W. Pitts), 신경망(Neural Networks) 모델 발표
1944	에이버리(O. Avery), 디옥시리보핵산(DNA)이 유전자 정보를 담고 있음을 발견
1945	본회퍼(D. Bonhoeffer), 나치에 의한 순교
1945	대한민국 광복
1947	사해사본 발견

1947	가모브(G. Gamow), 빅뱅이론 제기
1948	위너(N. Wiener)의 『인공두뇌학 (*Cybernetics: Control and Communi- cation in the Animal and the Machine*)』
1948	섀논(C. Shannon), 정보 이론 발표
1948	폰 노이만(John von Neuman), 자동계산기를 개발. 자기 증식 기계의 원리 제시
1948	세계교회협의회(WCC), 암스테르담에서 결성
1948	쿨만(O. Cullmann), 『그리스도와 시간』
1949	바일(H. Weyl),『수리철학과 자연과학철학(*Philosophy of Mathematics and Natural Science*)』
1950	샤르가프(E. Chargaff), 유전물질이 구아닌, 아데닌, 티민, 시토신 4가지로 구성됨을 발견
1950~53	한국전쟁
1951	니버(R. Niebuhr), 『그리스도와 문화』
1952	교황 비오 12세, 빅뱅 우주론 인정
1953	왓슨(J. Watson)과 크릭(F. Crick), DNA의 이중나선구조 발표, 『핵산의 분자 구조(*Molecular Structure of Nucleic Acids*)』
1954	최초의 컴퓨터 표준언어 FORTRAN 개발
1956	파인만(R. Feynman), "과학과 종교의 관계"
1956	인지과학, 인공지능 연구의 탄생
1957	사이먼(H. Simon)과 뉴엘(A. Newell), Logic Theorist 인공지능 프로그램
1957	촘스키(N. Chomsky), 변형생성문법, 『통사론적 구조 (*Syntactic Structure*)』
1957	연희대학교와 세브란스 의과대학이 연세대학교로 통합
1957	최초의 인공위성, 소련의 스푸트니크 1호
1958	크릭(F.Crick), 분자생물학의 중심원리(Central Dogma)
1959	테이야르 드 샤르댕(P. Teilhard de Chardin), 『인간 현상』
1960	콕스(H. Cox), 『세속 도시』
1962	쿤(T. Kuhn), 『과학혁명의 구조』

1963	코헨(P. Cohen), 연속체가설과 선택공리의 독립성 증명
1963	틸리히(P. Tillich), 『조직 신학』
1965	이천환, 한국인 최초의 성공회(Anglican Church) 주교
1965	펜지아스(A. Penzias)와 윌슨(R. Wilson), 마이크로파를 측정하여 우주배경복사를 발견
1965	파인만(R. Feynman), 양자전기역학 공로로 노벨상 수상
1967	맥쿼리(J. Macquarrie), 『신-이야기』
1968	와인버그(S. Weinberg), 소립자의 약한 상호작용과 전자기적 상호작용의 통일이론
1968	흑인민권운동가 마르틴 루터 킹(Martin Luther King Jr.) 목사 암살
1969	김수환(스테파노), 한국인 최초의 로마 가톨릭 추기경
1970	괴델(Kurt Gödel), 신에 대한 존재론적 증명
1969	암스트롱(L. Amstrong), 최초로 달에 착륙
1970	펜로즈(R. Penrose)와 호킹(Stephen Hawking), 특이점 정리
1972	과학과 종교 사이의 이해 증진을 위한 템플턴(Templeton)상 제정
1972	몰트만(J. Moltmann), 『십자가에 달리신 하나님』
1974	세계복음화를 위한 로잔회의
1975	윌슨(E. Wilson), 『사회생물학』
1975	만델브로트(B. Mandelbrot), 프랙탈 개념 도입
1975	비선형 시스템을 이해하기 위한 카오스(Chaos) 개념 도입
1977	『공동번역성서』, 한국 신구교가 공동으로 성경을 번역
1977	도킨스(R. Dawkins), 『이기적 유전자(*The Selfish Gene*)』
1978	최초의 시험관 아기 탄생
1979	호프슈태터(D. Hofstadter)의 『괴델 에셔 바흐』
1981	미국 아칸소주의 의회에서 창조주의이론을 진화이론과 동일한 비중으로 다루도록 하는 법안 통과
1982	미국 아칸소주의 지방 법원은 1981년의 아칸소주의 법안이 헌법에 위배된다고 기각
1983	스페리(R. Sperry)의 『과학과 도덕적 우선순위』

1986	배로우와 티플러(J. Barrow, F. Tipler), 『우주인간원리(*The Anthropic Cosmological Principle*)』
1987	미국 연방법원은 루이지애나 주의 창조주의에 관한 법이 학문의 자유를 제한할 수 있다고 판단하여 취소시킴.
1988	다이슨(F. Dyson), 『무한의 다양성(*Infinite In All Direction*)』
1988	호킹(S. Hawking), 『시간의 역사』
1989	펜로즈(R. Penrose), 『황제의 새마음: 컴퓨터, 마음, 물리 법칙에 관하여』
1990	우주망원경 허블이 우주 공간의 궤도에 발사됨.
1991	최초의 인간 유전자 치료가 이루어짐.
1992	교황 요한 바오로 2세, 갈릴레오의 명예회복 선언
1992	한경직 목사, 템플턴상 수상
1993	『성경전서 표준새번역』
1993	와일즈(A. Wiles), 페르마의 마지막 정리 증명
1994	괴베클리 테페(Göbekli Tepe) 발견, 최초의 종교 유적(9,800 BC)
1996	교황 요한 바오로 2세, 다윈의 진화론 인정
1996	복제 양(돌리) 탄생
1997	굴드(S. Gould), NOMA 원칙(Nonoverlapping Magisteria)
1998	『성경전서 개역개정판』
1998	인간의 배아 줄기세포를 분리해 증식
1999	『공동번역성서 개정판』
2001	『성경전서 표준새번역 개정판』
2003	인간 게놈(*genome*) 해독
2006	콜린스(F. Collins), 『신의 언어(*The Language of God*)』
2006	도킨스(R. Dawkins), 『만들어진 신(*God Delusion*)』
2007	폴킹혼(J. Polkinghorne), 『양자물리학과 신학(*Quantum Physics and Theology*)』
2010	호킹(S. Hawking), 『위대한 설계』
2015	고급레이저간섭계중력파관측소(LIGO)에서 중력파 관측에 성공

2020	펜로즈(R. Penrose), 빅뱅이론기초의 공로로 노벨상 수상
2022	제임스 웹 우주 망원경(James Webb Space Telescope, JWST), 관측이미지
2022	ChatGPT(Generative Pre-trained Transformer) 대화형 인공지능

주 석

1 Arthur Peacocke, *Theology for a Scientific Age: Being and Becoming-Natural, Divine, and Human*(Oxford: Basil Blackwell, 1990), p.217.

2 John Barrow, *The Infinite Book,* p.123. 우주론과 물리학의 큰 주제들과 관련하여, 펜로즈와 호킹의 주장과 견해를 비교하여 보기 위해서는 로저 펜로즈 외 3인, 『우주, 양자, 마음』(서울: 사이언스북스, 2002)을 참조하라.

3 이영욱, 『우주 그리고 인간』 (서울: 동아일보사, 2000); John Barrow, *The Origin of the Universe*, 최승언 · 이은아 옮김, 『우주의 기원』 (서울: 동아출판사, 1995); Stephen Hawking, *The Universe in a Nutshell*, 김동광 옮김, 『호두껍질 속의 우주』 (서울: 까치, 2001); Paul Davies, *The Mind of God*, 과학세대 옮김, 『현대물리학이 탐색하는 신의 마음』 (서울: 한뜻, 1994).

4 Pope Pius XII, "Modern Science and the Existence of God", *The Catholic Mind*(Mar. 1952): 182-192.

5 Augustine, *St. Augustine Confessions II* (Cambridge: Harvard University Press, 1951), p.252.

6 신께서는 태양을 제4일이라고 표현된 기간에 창조하셨다. (창세기 1:14-19)

7 John Barrow & Frank Tipler, *The Anthropic Cosmological Principle* (Oxford: Oxford University Press, 1986).

8 Roger Penrose, *The Emperor's New Mind: Concerning Computers, Minds, and The Laws of Physics*, 박승수 옮김, 『황제의 새마음: 컴퓨터, 마음, 물리법칙에 관하여』 (서울: 이화여자대학교 출판부, 1996); Richard Feynmann, *The Feynman Lectures on Physics Vol I.*, 박병철 옮김 『파인만의 물리학 강의』 (서울: 승산, 2004); Morris Kline, *Mathematics and the Search for the Knowledge*, 김경화·이혜숙 옮김, 『지식의 추구와 수학』 (서

울: 이화여자대학교 출판부, 1994); John Polkinghorne, *Quantum Theory: A Very Short Introduction*(Oxford: Oxford University Press, 2002).

9 이에 관한 현대적 논의를 보기 위해서는 김균진, 『그리스도교조직신학 II』 (서울: 연세대학교 출판부, 2002), pp.248-264.; John Hick, *The Metaphor of God Incarnate: Christology in a Pluralistic Age*, 변선환 옮김, 『성육신의 새로운 이해: 다원주의 시대의 기독론』 (서울: 이화여자대학교 출판부, 1997), pp.78-95.

10 양자적 행동과 입자-파동의 관계에 관한 탁월한 소개로는 다음을 참조하라. Richard Feynmann, *The Feynman Lectures on Physics Vol I.*, 박병철 옮김, 『파인만의 물리학 강의』, pp.37-1~38-12.; Roger Penrose, 『황제의 새 마음: 컴퓨터, 마음, 물리법칙에 관하여』, pp.351-466.

11 John Polkinghorne, *Belief in God in an Age of Science*(New Haven: Yale University Press, 1998).

12 초대교회부터 20세기에 이르는 과학과 그리스도교가 맺어 온 관계를 역사적으로 살펴보기 위해서는 David Lindberg & Ronald Numbers(eds.), *God and Nature: Historical Essays on the Encounter between Christianity and Science*, 이정배 박우석 옮김, 『신과 자연: 그리스도교와 과학, 그 만남의 역사(상권)』 (서울: 이화여자대학교 출판부, 1998)과 David Lindberg & Ronald Numbers(eds.), *God and Nature: Historical Essays on the Encounter between Christianity and Science*, 이정배 박우석 옮김, 『신과 자연: 그리스도교와 과학, 그 만남의 역사(하권)』 (서울: 이화여자대학교 출판부, 1999)를 참조하라. 이 책은 시대별로 각 전문가들의 논문으로 구성된 훌륭한 소개서이다.

13 Ted Peters(ed.), *Science and Theology*(Colorado: Westview Press, 1998), pp.77-102에 있는 그의 글 "Does the 'God who acts' really act in nature?"을 참조하라.

14 아우구스티누스의 『고백록』, 제12-13장은 무로부터의 창조에 관한 훌륭한 논리적 설명을 보여주고 있다.

15 Alister McGrath, *Christian Theology: An Introduction*, 김홍기 외 옮김, 『역사 속의 신학』 (서울: 대한기독교서회, 1998), pp.351-353.

16 물리학자 슈뢰더는 창세기의 6일이 과학적 우주의 나이인 150억년에 상응한다는 계산을 시도하였다. 그러나 이러한 시도는 종교적인 메시지가 과학적 지식에 종속되는 문제를 낳을 수 있다. Gerald Schroeder, *The Science of God: The Convergence of Scientific and Biblical Wisdom*, 이정배 옮김, 『신의 과학: 과학과 히브리 창조론의 조화』 (서울: 범양사, 2000).

17 창조와 진화의 대립에 관하여는 이 글에서 다루지 않는다. 창조와 진화의 대

립과 갈등에 관하여 그리스도교적 시각에서 다룬 글로 David Lindberg & Ronald Numbers(eds.), *God and Natue:Historical Essays on the Encounter between Christianity and Science,* pp.521-565에 있는 Ronald Numbers의 "창조론자들"을 참조하고, 과학적 시각에서 다룬 글로는 Edward Larson, Evolution: *The Remarkable History of a Scientific Theory,* 이충 옮김, 『진화의 역사』(서울: 을유문화사, 2006), pp.225-294에 있는·'미국의 반진화설운동' 부분과 '현대문화전쟁'을 참조하라.

18 진화론에 반대하는 '지적 설계론(Intelligent Design)'에 관하여는 다음을 참조하라. Michael Behe, *Darwin's Black Box*, 김창환 외 옮김, 『다윈의 블랙박스』(서울: 풀빛, 2001); Phillip Johnson, *Defeating Darwinism by Opening Minds*, 과기원 창조론연구회 옮김, 『다윈주의 허물기』(서울: IVP, 2000).

19 진화론과 신학을 구분하려는 그리스도교의 시도에 관해서는 David Lindberg & Ronald Numbers (eds.), 『신과 자연』, pp.595-625에 있는 Keith Yandell의 20세기 프로테스탄트 신학과 자연과학을 참조하라.

20 생물학적 결정론이 사회에 잘못 적용되는 오류들을 잘 보여준 작품으로는 Stephen Jay Gould, *The Mismeasure of Ma*n, 『인간에 대한 오해』(서울: 사회평론, 2003)를 참조하기 바람.

21 다윈의 진화론의 과학적 한계와 그를 둘러싼 오해와 문제점에 관한 날카로운 비평과 현대진화론의 이해를 위해서는 Stephen Jay Gould, *Ever Since Darwin*, 홍동선 홍욱희 옮김, 『다윈 이후』(서울: 범양사, 1988)을 참조하라.

22 Stephen Jay Gould & Niles Eldredge, "Punctuated Equilibrium Comes of Age", *Nature* 366 (1993):223-227.

23 Michael Ruse, *Can a Darwinian be a Christian?*, 이태하 옮김, 『다윈주의자가 그리스도교인이 될 수 있는가?』(서울: 청년정신, 2002); Michael Ruse, *A Darwinian Evolutionist's Philosophy*, 『진화론의 철학』(서울: 아카넷, 2004), pp.173-223의 "다윈주의와 그리스도교"를 참조하라.

24 캅은 우주적 그리스도를 우주적 질서의 법칙인 로고스가 성육화된 것으로 이해한다. 그는 진화를 수용하지만, 진화의 수렴점을 전제하지는 않는다. John Cobb, *Christ in a Pluralist Age* (Philadelphia: Westminster, 1975).

25 최근 진화에 대한 주요한 신학적 연구자와 연구서로는 Arthur Peacocke, *Creation and the World of Science,* (Oxford: Oxford University Press, 1979); Denis Edwards, *The God of Evolution: A Trinitarian Theology* (New Jersey: Pualist Press, 1999); John Haught, *Darwin after Darwin* (Boulder: Westview Press, 2000); Holmes Rolston III, *Genes, Genesis, and God: Values and Origins in Natural and Human History*(New

York: Cambridge University Press, 1999)등이 있다.

26 우주적이고 생물학적 진화의 특성에 관하여 Arthur Peacocke, *Theology for a Scientific Age*:, pp.154-169.를 참조하라. 이러한 주제에 관한 다양한 분야의 접근을 보기 위해서는 Niels Gregersen(ed.), *From Complexity to Life: On the Emergence of Life and Meaning*(Oxford: Oxford University Press, 2003)을 참조하라.

27 Philip Hefner, "Biological Evolution and the Created Co-Creator", Peters, Ted.(ed.) Science and Theology (Colorado: Westview Press, 1998), pp.174-188.

28 인간복제에 관한 각계 전문가들의 다양한 시각을 보기 위해서는 George Pence(ed.), *Flesh of My Flesh*, 류지한 외 옮김, 『인간복제, 무엇이 문제인가』 (서울: 울력, 2005); Martha Nussbaum & Cass Sunstein, *Clones and Clones*, 이한음 옮김, 『클론 앤 클론』 (서울: 그린비, 1999)을 참조하라.

29 James Kay와 Eric Schneider의 글 "무질서로부터의 질서: 생물학에서 복잡성의 열역학"을 참조하라. Michael Murphy & Luke O'Neill(eds.), *What is Life? The Next Fifty Years,* 이상헌·이한음 옮김, 『생명이란 무엇인가? 그후 50년』 (서울: 지호, 2003), pp.295-313.

30 Yiannis Moschovakis, *Notes on Set Theory*(New York: Springer-Verlag, 1994), pp.16-18.

31 ZFC에 대하여는 현우식, 『신의 존재에 대한 괴델의 수학적 증명』과 현우식, 『무한과 하나님 : 칸토르의 수학과 신학』을 참조하라.

32 Kurt Gödel, *Kurt Gödel Collected Works Vol.I: Publications 1929-1936*, p.181.

33 페퍼만은 이러한 구상을 괴델의 독트린(Doctrine)이라고 표현한다. 이 주제와 관련하여 Woosik Hyun, "On Gödel's Program from Incompleteness to Speed-up." *Korean Journal for History of Mathematics.* Vol.15. No.3 (2002): 75-82.를 참조하라.

34 John Polkinghorne, *Belief in God in an Age of Science*(New Haven: Yale University Press, 1998), p.15.

35 1950년대에 인지심리학이 등장하기 이전의 행동주의 학파에서는 마음의 독립적 실재를 인정하지 않았다.

36 닐스 보어와 그를 지지하는 코펜하겐 학파의 입장을 의미한다. 양자론에 대한 공헌으로 노벨 물리학상을 수상했던 유진 위그너(Eugene Wigner, 1902-1995)는 관찰자의 의식이 파동함수의 붕괴를 가져온다고 주장했던 물리학자이다. 파동함수는 물리적 실체를 전제하지 않는 추상적 개념이다.

37 인지과학에 관심이 있는 독자들을 위하여 다음의 안내서를 추천한다. Alwyn Scott, *Stairway to the Mind: The Controversial New Science of Consciousness*, 안창림백은경 옮김, 『마음에 이르는 계단: 새로운 의식의 과학에 대한 논쟁』 (서울: 이화여자대학교 출판부, 2001); Douglas Hofstadter, *Gödel, Escher, Bach: An Eternal Golden Braid.* 박여성 옮김, 『괴델 에셔 바흐: 영원한 황금노끈』 (서울: 까치글방, 1999); Roger Penrose, *The Emperor's New Mind: Concerning Computers, Minds, and The Laws of Physics.* 박승수 옮김. 『황제의 새 마음: 컴퓨터, 마음, 물리법칙에 관하여』 서울: 이화여자대학교 출판부, 1996); Stan Franklin, *Artificial Minds* (Cambridge: The MIT Press, 1995); Michael Arbib, *Brains, Machines, and Mathematics*(New York: Springer-Verlag, 1987).

38 인지과학의 역사에 관하여는 Robert Harnish, *Mind, Brains, Computers* (Malden: Blackwell, 2002); Howard Gardner, *The Mind's New Science* (New York: Basic Book, 1985)를 참조하라.

39 마음을 동적 시스템으로 이해하려는 시도는 1990년대부터 인지과학에서 강조되는 방법론이다. Robert Port & Timothy van Gelder(eds.), *Mind as Motion: Explorations in the Dynamics of Cognition*(Cambridge: The MIT Press, 1995).

40 튜링기계의 정의와 계산가능성에 관하여는 Woosik Hyun, *Gödel and Cognitive Science*를 참조하기 바람.

41 신경망의 정의와 계산가능성에 관하여는 Woosik Hyun, *Gödel and Cognitive Science*를 참조하기 바람.

42 Allen Newell, *Unified Theories of Cognition*, 차경호 옮김, 『통합인지이론』 (서울: 아카넷, 2002).

43 David Marr, *Vision: A Computational Investigation into the Human Representation and Processing of Visual Information*(San Francisco: W. H. Freeman and Company, 1982), pp.8-38

44 Pascal Boyer, *The Naturalness of Religious Ideas: A Cognitive Theory of Religion* (Berkeley: University of California Press, 1994).; Thomas Lawson & Robert McCauley, Rethinking Religion: *Connecting Cognition and Culture*(Cambridge: Cambridge University Press, 1990).; Eugene d'Aquili & Andrew Newberg, *The Mystical Mind: Probing the Biology of Religious Experience*(Minneapolis: Fortress, 1999). 현재까지 인지과학에서 이루어진 종교연구는 주로 '종교적 경험'(religious experience)에 대한 연구이며, 종교의 의식(liturgy)에서 나타나는 경험에 대한 인류학적 접근과 종교적 심리현상에 대한 인지심리학적 접근과 신경과학적 접근이 이

루어지고 있다.

45 Ted Peters(ed.), *Science and Theology*(Colorado: Westview Press, 1998), p.62. 폴킹혼은 신이 세계와 상호작용하시는 방식의 하나로 '에너지 없이 패턴을 형성하는 능동적인 정보'(active information)의 사용을 강조한다. John Polkinghorne, *The Faith of a Physicist*(Princeton: Princeton University Press, 1994), pp.77-78. 그는 신의 하향식 정보(top-down information)는 높은 차원의 법칙을 조직화하는 작용을 한다고 본다.

참고문헌

Arbib, M. *Brains, Machines, and Mathematics.* Springer-Verlag, 1987.

Augustine. *St. Augustine Confessions II.* Harvard University Press, 1951.

Barbour, I. *Myths, Models and Paradigms: A Comparative Study in Science and Religion.* Harper & Row, 1974.

Barbour, I. *Nature, Human, and God.* Fortress Press, 2002.

Barbour, I. *Religion and Science: Historical and Contemporary Issues.* Harper Collins, 1997.

Barbour, I. *When Science Meets Religion: Enemies, Strangers, or Partner?* 이철우 옮김. 『과학이 종교를 만날 때』 김영사, 2002.

Barrow, J. & Tipler, F. *The Anthropic Cosmological Principle.* Oxford University Press, 1986.

Barrow, J. *The Infinite Book: The Short Guide to the Boundless, Timeless and Endless.* Vintage Books, 2005.

Barrow, J. *The Origin of the Universe.* 최승언·이은아 옮김. 『우주의 기원』 동아출판사, 1995.

Barthel, P. & Van Kooten, G. (eds.) *The Star of Bethlehem and the Magi: Interdisciplinary Perspectives from Experts on the Ancient Near East, the Greco-Roman World, and Modern Astronomy.* Brill, 2015.

Behe, M. *Darwin's Black Box.* 김창환 외 옮김. 『다윈의 블랙박스』 풀빛, 2001.

Boyer, P. *The Naturalness of Religious Ideas: A Cognitive Theory of Religion*, University of California Press, 1994.

Brooke, J. *Science and Religion: Some Historical Perspectives.* Cambridge

University Press, 2014.

Brown, W., Murphy, N. & Malony, N. (eds.) *Whatever Happend to the Soul? Scientific and Theological Portraits of Human Nature*. Fortress Press, 1998.

Casarella, P. (ed.) *The Legacy of Learned Ignorance*. The Catholic University of America Press, 2006.

Changeux, J. & Connes, A. *Matiere a Pensee*. 강주헌 옮김. 『물질, 정신, 그리고 수학』 경문사, 2002.

Clayton, P. & Davies, P. (eds.) *The Re-Emergence of Emergence: The Emergentist Hypothesis from Science to Religion*. Oxford University Press, 2006.

Cobb, J. & Griffin, D. *Process Theology: An Introductory Exposition*. 류기종 옮김. 『과정신학』 황소와 소나무, 2002.

Cobb, J. *Christ in a Pluralist Age*. Philadelphia: Westminster, 1975.

Cohen, I. and Smith, G. *The Cambridge Companion to Newton*. Cambridge University Press, 2002.

Cohen, P. *Set Theory and Continuum Hypothesis*. W. A. Benjamin, 1966.

Collins, F. *The Language of God: A Scientist Presents Evidence for Belief. Free Press, 2006.*

Cushing, J. *Philosophical Concepts in Physics: The Historical Relation between Philosophy and Scientific Theories*. Cambridge University Press, 1998.

D'Aquili, E. & Newberg, A. *The Mystical Mind: Probing the Biology of Religious Experience*. Fortress, 1999.

Dales, H. and Oliveri, G. "Truth and the foundations of mathematics." *Truth in Mathematics*. Oxford University Press, 1998.

Darwin, C. *On the Origin of the Species by Means of Natural Selection*. 박민규 역. 『종의 기원』 삼성출판사, 1986.

Davies, P. "Is the Universe Absurd?" T. Peters(ed.), *Science and Theology*. Westview Press, 1998.

Davies, P. *The Cosmic Blueprint: New Discoveries in Nature's Creative Ability to Order the Universe*. 이호연 옮김. 『우주의 청사진』 범양사, 1992.

Davies, P. *The Fifth Miracle: The Search for the Origin and Meaning of*

Life. 고문주 옮김. 『생명의 기원』 북스힐, 1998.
Davies, P. *The Mind of God.* 과학세대 옮김. 『현대물리학이 탐색하는 신의 마음』 한뜻, 1994.
Davis, J. *The Frontiers of Science and Faith.* 노영상·강봉재 옮김. 『21세기 과학과 신앙』 크리스천헤럴드, 2004.
Davis, P. and Hersh, R. *The Mathematical Experience.* Birkhäuser, 1981.
Dawkins, R. *The Selfish Gene.* 홍영남 옮김. 『이기적 유전자』 을유문화사, 1993.
Dawkins, R. *The God Delusion.* 이한음 옮김. 『만들어진 신』 김영사, 2007.
Dawkins, R. *Outgrowing God.* 김명주 옮김. 『신, 만들어진 위험』 김영사, 2021.
Dawson Jr., J. *Logical Dilemmas:The Life and Work of Kurt Gödel.* A K Peters, 1997.
De Sua, F. "Consistency and Completeness- a resume" American *Mathematical Monthly* 63 (1956): 295-305.
Dennett, D. & Plantinga, A. *Science and Religion: Are They Compatible?* Oxford University Press, 2011.
Detlefson, M. *Hilbert's Program.* Academic Press, 1986.
Dixson, T. *Science and Religion: A Very Short Introduction.* Oxford University Press, 2008.
Drees, W. *Religion and Science in Context.* Routledge, 2009.
Dyson, F. *A Many-Colored Glass.* 곽영직 옮김. 『그들은 어디에 있는가』 이파르, 2008.
Dyson, F. *Disturbing the Universe.* Haper & Row, 1979.
Dyson, F. *Infinite In All Directions.* Harper & Row, 1988.
Edelman, G. *Bright Air, Brilliant Fire: On the Matter of the Mind.* 황희숙 옮김. 『신경과학과 마음의 세계』 범양사, 1998.
Edward, D. *The God of Evolution: A Trinitarian Theology.* Paulist Press, 1999.
Einstein, A. "Religion and Science." *Einstein on Cosmic Religion and Other Opinions and Aphorisms.* Dover Publications, 2009, 43-54.
Einstein, A. "Science and Religion." Ken Wilber(ed.), *Quantum Questions.* Shambhala Publications, 2001.
Einstein, A. *Ideas and Opinions.* Crown Publishers, 1954.

Einstein, A. *Out of My Later Years.* Philosophical Publishers, 1950.

Eves, H. *Great Moments in Mathematics(After 1650).* The Mathematical Association of America, 1981.

Ewald, W. (ed.) *From Kant to Hilbert: A Source Book in the Foundations of Mathematics.* Oxford University Press, 1996.

Ferngren, G. *Science and Religion: A Historical Introduction.* Johns Hopkins University Press, 2002.

Feynman, R. "The Relation of Science and Religion." *The Pleasure of Finding Things Out: The Best Short Works of Richard P. Feynman.* Perseus Publishing, 1999.

Feynman, R. *The Feynman Lectures on Physics I.* 박병철 옮김. 『파인만의 물리학 강의』 승산, 2004.

Feynman, R. *The Feynman Lectures on Physics I.* Addison-Wesley Publishing Company, 1989.

Feynman, R. *The Meaning of It All: Thoughts of a Citizen Scientist.* Perseus Publishing Company, 1998.

Fitting, M. *Types, Tableaus, and Gödel's God.* Kluwer Academic Publishers, 2000.

Fraenkel, A., Bar-Hillel, Y. and Levy, A. *Foundations of Set Theory.* North-Holland, 1984.

Franklin, S. *Artificial Minds.* The MIT Press, 1995.

Franzen, F. *Gödel's Theorem: An Incomplete Guide to its Use and Abuse.* A. K. Peters, 2005.

Gardner, H. *The Mind's New Science.* Basic Book, 1985.

Gardner, M. *Did Adam and Eve Have Havels?* 강윤재 옮김. 『아담과 이브에게는 배꼽이 있었을까?』 바다출판사, 2002.

Geertz, C. *The Interpretation of Cultures.* 문옥표 옮김. 『문화의 해석』 까치, 1998.

Gentzen, G. *Collected papers.* North-Holland, 1969.

Gingerich, O. *God's Universe.* Harvard University Press, 2006.

Gingerich, O. *The Book Nobody Read: Chasing the Revolutions of Nicolaus Copernicus.* Arrow, 2005.

Gödel, K. *Kurt Gödel Collected Works Vol.I: Publications 1929-1936.* Oxford University Press, 1986.

Gödel, K. *Kurt Gödel Collected Works Vol.II: Publications 1938-1974.* Oxford University Press, 1990.

Gödel, K. *Kurt Gödel Collected Works Vol.III: Uupublished Essyas and Lectures.* Oxford University Press, 1995.

Gödel, K. *Kurt Gödel Collected Works Vol.IV: Correspondence A-G.* Oxford University Press, 2003.

Goldstein, A. & Paffenroth, K. (eds.) *Augustine and Science.* Doody, Lexington Books, 2013.

Gould, S. & Eldredge, N. "Punctuated Equilibrium Comes of Age." *Nature* 366(1993): 223-227.

Gould, S. "Nonoverlapping Magesteria" *Natural History* 106, Iss. 2. (Mar, 1997):16-25.

Gould, S. "What is Life? as a Problem in History." M. Murphy and L. O'Neill (eds.) *What is Life? The Next Fifty Years: Speculations on the Future of Biology.* Cambridge University Press, 1995.

Gould, S. *Ever Since Darwin.* 홍동선 홍욱희 옮김. 『다윈 이후』 범양사, 1988.

Gould, S. *Full House.* 이명희 옮김. 『풀하우스』 사이언스북스, 2002.

Gould, S. *Rocks of Ages: Science and Religion in the Fullness of Life.* Ballantine Books, 1999.

Gould, S. *The Mismeasure of Man.* 김동광 옮김. 『인간에 대한 오해』 사회평론, 2003.

Gregersen, N. (ed.) *From Complexity to Life: On the Emergence of Life and Meaning.* Oxford University Press, 2003.

Harnish, R. *Minds, Brains, Computers.* Blackwell, 2002.

Harper Jr, C. (ed.) *Spiritual Information: 100 Perspectives on Science and Religion.* Templeton Foundation Press, 2005.

Harrison, P. *The Bible, Protestantism, and the Rise of Natural Science.* Cambridge University Press, 1998.

Harrison, P. *The Territories of Science and Religion.* Chicago University Press, 2015.

Hartshorne, C. *Omnipotence and other Theological Mistakes.* 홍기석 · 임인영 옮김. 『하나님은 어떤 분이신가』 한들, 1995.

Hatcher, W. *The Logical Foundations of Mathematics.* Pergamon Press, 1982.

Haught, J. *God after Darwin: A Theology of Evolution.* Westview Press, 2000.

Haught, J. *Responses to 101 Questions on God and Evolution.* Paulist Press, 2001.

Haught, J. *Science and Religion.* Paulist Press, 1995.

Hawking, S. & Mlodinow, L. *The Grand Design.* Bantam Books, 2010.

Hawking, S. (ed.) *God Created the Integers: The Mathematical Breakthroughs that Changed History.* Running Press, 2005.

Hawking, S. *The Illustrated A Brief History of Time.* 김동광 옮김. 『그림으로 보는 시간의 역사』 까치, 1998.

Hawking, S. *The Illustrated on the Shoulders of Giants: The Great Works of Physics and Astronomy.* 김동광 옮김. 『거인들의 어깨 위에 서서: 물리학과 천문학의 위대한 업적들』 까치, 2001.

Hawking, S. *The Universe in a Nutshell.* 김동광 옮김. 『호두껍질 속의 우주』 까치, 2001.

Hefner, P. "Biological Evolution and the Created Co-Creator" Peters, Ted.(ed.). *Science and Theology.* Westview Press, 1998.

Heisenberg, W. *Physik und Philosophie.* 구승회 옮김. 『물리학과 철학』 온누리, 1993.

Heller, M. & Woodin, W. (eds.) *Infinity: New Search Frontiers.* Cambridge University Press, 2011.

Hey, T. & Walters, P. *The Quantum Univers.* Cambridge University Press, 1987.

Hick, J. *An Interpretation of Religion: Human Response to the Transcendent.* Yale University Press, 1989.

Hick, J. *The Metaphor of God Incarnate: Christology in a Pluralistic Age.* 변선환 옮김. 『성육신의 새로운 이해: 다원주의 시대의 기독론』 이화여자대학교 출판부, 1997.

Hodges, W. *Model Theory.* Cambridge University Press, 1997.

Hofstadter, D. *Gödel, Escher, Bach: An Eternal Golden Braid.* Vintage Books, 1979.

Hyun, W. "An East Asian Mathematical Conceptualization of the Transhuman." *Zygon*, Vol. 51, No.1 (2016): 161-175.

Hyun, W. "On Gödel's Program from Incompleteness to Speed-up."

Korean Journal for History of Mathematics. Vol.15. No.3 (2002): 75-82.
Hyun, W. *Gödel and Cognitive Science.* Dongyeon Press, 2013.
Jammer, M. *Einstein and Religion: Physics and Theology.* Princeton University Press, 1999.
Jech, T. *Set Theory.* Academic Press, 1978.
Johnson, P. *Defeating Darwinism by Opening Minds.* 과기원 창조론연구회 옮김. 『다윈주의 허물기』 IVP, 2000.
Kee, H. *Understanding the New Testament.* 서중석 옮김. 『신약성서이해』 한국신학연구소, 1991.
Kauffman, S. *Reinventing the Sacred: A New View of Science, Reason and Religion.* Basic Books, 2010.
Kidger, M. *The Stars of Bethlehem.* Princeton University Press, 1999.
Kline, M. *Mathematics and the Search for the Knowledge.* 김경화 · 이혜숙 옮김. 『지식의 추구와 수학』 이화여자대학교 출판부, 1994.
Kline, M. *Mathematics: The Loss of Certainty.* Oxford University Press, 1980.
Koetsier, T. & Bergmans, L. (eds.) *Mathematics and the Divine: A Historical Study.* Elsevier, 2005.
Kunen, K, *Set Theory.* North-Holland, 1983.
Küng, H. *Der Anfnag aller Dinge Naturwissenschaft und Religion.* Piper Verlag, 2005.
Küng, H. *Existiert Gott?* 성염 옮김. 『신은 존재하는가』 분도출판사, 1994.
Larson, E. *Evolution: The Remarkable History of a Scientific Theory.* 이충 옮김. 『진화의 역사』 을유문화사, 2006.
Lawson, T. & McCauley, R. *Rethinking Religion: Connecting Cognition and Culture.* Cambridge University Press, 1990.
Leibniz, G. W. "On the Ethics of Benedict De Spinoza(1678)" *Philosophical Papers and Letters.* D. Reidel Publishing Company, 1976.
Lindberg, D. & R. Numbers (eds.) *God and Nature: Historical Essays on the Encounter between Christianity and Science.* University of California Press, 1986.
Lindberg, D. & R. Numbers (eds.) *When Science and Christianity Meet.* The University of Chicago Press, 2003.
Lindberg, D. & R. Numbers (eds.) *God and Nature: Historical Essays on*

the Encounter between Christianity and Science. 이정배·박우석 옮김. 『신과 자연: 기독교와 과학, 그 만남의 역사(상권)』 이화여자대학교 출판부, 1998.

Lindberg, D. & R. Numbers(eds.), God and Nature: Historical Essays on the Encounter between Christianity and Science. 이정배·박우석 옮김. 『신과 자연: 기독교와 과학, 그 만남의 역사(하권)』 이화여자대학교 출판부, 1999.

Marr, D. *Vision: A Computational Investigation into the Human Representation and Processing of Visual Information.* W. H. Freeman and Company, 1982.

Martin, D. "Borel Determinacy", *Annals of Mathematics*, 102(1975): 363-371.

McFague, S. *Metaphorical Theology: Models of God in Religious Language.* Fortress Press, 1982.

McGrath, A. *A Fine-Tuned Universe: The Quest for God in Science and Theology: The 2009 Gifford Lectures.* Westminster John Knox Press, 2009.

McGrath, A. *Christian Theology: An Introduction.* 김홍기 외 옮김. 『역사 속의 신학』 대한기독교서회, 1998.

McGrath, A. *Darwinism and the Divine: Evolutionary Thought and Natural Theology.* Blackwell, 2011.

McGrath, A. *Dawkins' God: Genes, Memes, and the Meaning of Life.* Blackwell, 2005.

McGrath, A. *Historical Theology: A History of Christian Thought.* 소기천 외 옮김. 『신학의 역사: 교부시대에서 현대까지 기독교 사상의 흐름』 지와 사랑, 2001.

McGrath, A. *Science and Religion: An Introduction.* Blackwell Publishing, 1999.

McGrath, A. *Science of God.* Wm. B. Eerdmans, 2004.

McGrath, A. *Surprised by Meaning: Science, Faith, and How We Make Sense of Things.* Westminster John Knox Press, 2011.

McGrath, A. *The Enigma of the Cross.* 정득실 옮김. 『십자가로 돌아가라』 생명의 말씀사, 1998.

McGrath, A. *The Foundation of Dialogue in Science and Religion.*

Blackwell Publishers, 1998.

McGrath, A. *The Open Secret: A New Vision for Natural Theology.* Blackwell, 2008.

McGrath, A. *The Order of Things.* Blackwell, 2006.

Molnar, M. *The Stars of Bethlehem.* Rutgers University Press, 1999.

Moltmann, J. *Science and Wisdom.* Fortress Press, 2003.

Monod, J. *The Chance and Necessity.* 김용준 역. 『우연과 필연』 삼성출판사, 1986.

Moore, G. *Zermelo's Axiom of Choice, Its Origins, Development, and Influence*, Studies in the History of Mathematics and Physical Sciences. Vol. 8. Springer-Verlag, 1982.

Moschovakis, Y. *Notes on Set Theory.* Springer-Verlag, 1994.

Murphy, M. & O'Neill, L. (eds.) *What is Life? The Next Fifty Years.* 이상헌·이한음 옮김. 『생명이란 무엇인가? 그후 50년』 지호, 2003.

Murphy, N., Russell, R., Stoeger, W. (eds.) *Physics and Cosmology: Scientific Perspectives on the Problem of Natural Evil.* Vatican Observatory, 2007.

Neugebauer, O. *A History of Ancient Mathematical Astronomy.* Springer-Verlag, 1975.

Newell, A. *Unified Theories of Cognition.* 차경호 옮김. 『통합인지이론』 아카넷, 2002.

Newton, I. *The Principia: Mathematical Principles of Natural Philosophy.* University of California Press, 1999.

Nicholas of Cusa. *On Learned Ignorance.* Banning Press, 1985.

Numbers, R. (ed.) *Galileo Goes to Jail and Other Myths about Science and Religion.* Harvard University Press, 2009.

Numbers, R. *The Creationists: The Evolution of Scientific Creationism.* Knopf, 1992.

Nussbaum, M. & Sunstein, C. *Clones and Clones.* 이한음 옮김. 『클론 앤 클론』 그린비, 1999.

Olson, R. *Science and Religion, 1450-1900: From Copernicus to Darwin.* The Johns Hopkins University Press, 2004.

Pannenberg, W. *Theology and the Philosophy of Science.* Westminster Press, 1976.

Pannenberg, W. *Toward a Theology of Nature: Essays on Science and Faith*. Westminster John Knox Press, 1993.

Peacocke, A. *Creation and the World of Science*. Oxford University Press, 1979.

Peacocke, A. *Theology for a Scientific Age: Being and Becoming-Natural, Divine, and Human*. Basil Blackwell, 1990.

Pence, G. (ed.) *Flesh of My Flesh*. 류지한 외 옮김. 『인간복제, 무엇이 문제인가』 울력, 2005.

Penrose, R. *Fashion, Faith and Fantasy in the New Physics of the Universe*. Princeton University Press, 2016.

Penrose, R. *Shadows of the Mind: A Search for the Missing Science of Consciousness*. Oxford University Press, 1994.

Penrose, R. *The Emperor's New Mind: Concerning Computers, Minds, and The Laws of Physics*. 박승수 옮김. 『황제의 새 마음: 컴퓨터, 마음, 물리법칙에 관하여』 이화여자대학교 출판부, 1996.

Penrose, R. *The Large, the Small and the Human Mind*. Cambridge University Press, 1997.

Penrose, R. *The Road to Reality: A Complete Guide to the Laws of the Universe*. Alfred A. Knopf, 2005

Peters, T. (ed.) *Science and Theology: The New Consonance*. Westview Press, 1998.

Plantinga, A. *God and Other Minds: A Study of the Rational Justification of Belief in God*. Cornell University Press, 1990.

Polkinghorne, J. & M. Welker (eds.) *The End of the World and the Ends of God: Science and Theology on Eschatology*. Trinity Press, 2000.

Polkinghorne, J. (ed.) *The Trinity and an Entangled World: Relationality in Physical Science and Theology*. Eerdmans, 2010.

Polkinghorne, J. (ed.) *The Work of Love: Creation as Kenosis*. Wm. B. Eerdmans, 2001.

Polkinghorne, J. *Belief in God in an Age of Science*. Yale University Press, 1998.

Polkinghorne, J. *Encountering Scripture: A Scientist Explores the Bible*. SPCK, 2010.

Polkinghorne, J. *Meaning in Mathematics*. Oxford University Press, 2011.

Polkinghorne, J. *One World: The Interaction of Science and Theology.* Princeton University Press, 1986.

Polkinghorne, J. *Quantum Physics and Theology.* Yale University Press, 2007.

Polkinghorne, J. *Quantum Physics and Theology.* 현우식 옮김. 『폴킹혼의 양자물리학과 신학』 동방박사, 2022.

Polkinghorne, J. *Quantum Theory: A Very Short Introduction.* Oxford University Press, 2002.

Polkinghorne, J. *Quark, Chaos, and Christianity.* Crossroad, 1995.

Polkinghorne, J. *Science and Creation: The Search for Understanding.* SPCK, 1988.

Polkinghorne, J. *Science and Religion in Quest of Truth.* Yale University, 2012.

Polkinghorne, J. *Science and Theology.* SPCK, 1998.

Polkinghorne, J. *Searching for Truth: Lenten Meditations on Science and Faith.* The Crossroad Publishing Company, 1996.

Polkinghorne, J. *Theology in the Context of Science.* Yale University Press, 2009.

Pope Pius XII, "Modern Science and the Existence of God." *The Catholic Mind* (March 1952): 182-192.

Port, R. & van Gelder, T. (eds.) *Mind as Motion: Explorations in the Dynamics of Cognition.* The MIT Press, 1995.

Rolston III, H. *Genes, Genesis, and God: Values and Origins in Natural and Human History.* Cambridge University Press, 1999.

Rucker, R. *Infinity and the Mind: The Science and Philosophy of the Infinite.* Princeton University Press, 1995.

Ruse, M. *A Darwinian Evolutionist's Philosophy.* 『진화론의 철학』 아카넷, 2004.

Ruse, M. *Can a Darwinian Be a Christian? The Relationship between Science and Religion.* Cambridge University Press, 2000.

Ruse, M. *Can a Darwinian be a Christian?* 이태하 옮김. 『다윈주의자가 기독교인이 될 수 있는가?』 청년정신, 2002.

Ruse, M. *Philosophy Biology Today.* 박은진 옮김. 『생물학의 철학적 문제들』 이화여자대학교 출판부, 2003.

Russell, B. *History of Western Philosophy.* George Allen and Unwin LTD, 1946.

Russell, B. *Religion and Science.* Oxford University Press, 1997.

Russell, R. (ed.) *Fifty Years in Science and Religion: Ian G. Barbour and His Legacy.* Ashgate, 2004.

Russell, R. *Cosmology from Alpha to Omega: The Creative Mutual Interaction of Theology and Science.* Fortress Press, 2008.

Russell, R., Murphy, N., Peacocke, A. (eds.) *Chaos and Complexity: Scientific Perspectives on Divine Action.* Vatican Observatory, 1995.

Russell, R., Murphy, N., Isham, C. (eds.) *Quantum Cosmology and the Laws of Nature: Scientific Perspectives on Divine Action.* Vatican Observatory, 1993.

Russell, R., Murphy, N., Meyering, T., Arbib, M. (eds.) *Neuroscience and the Person: Scientific Perspectives on Divine Action.* Vatican Observatory, 1999.

Russell, R., Clayton, P., Wegter-McNelly, K., Polkinghorne, J. (eds.) *Quantum Mechanics: Scientific Perspectives on Divine Action.* Vatican Observatory, 2001.

Russell, R., Stoeger, W., Ayala, F. (eds.) *Evolutionary and Molecular Biology: Scientific Perspectives on Divine Action.* Vatican Observatory, 1998.

Russell, R., Stoeger, W., Coyne, G. (eds.) *Physics, Philosophy, and Theology: A Common Quest for Understanding.* Vatican Observatory, 1988.

Schrödinger, E. *Mind and Matter.* 이인길 옮김. 『정신과 물질』 과학과 사상, 1991.

Schrödinger, E. *What is Life?: The Physical Aspect of the Living Cell.* 서인석 황상익 옮김. 『생명이란 무엇인가?』 한울: 2001.

Schroeder, G. *The Science of God: The Convergence of Scientific and Biblical Wisdom.* 이정배 옮김. 『신의 과학: 과학과 히브리 창조론의 조화』 범양사, 2000.

Scott, A. *Stairway to the Mind: The Controversial New Science of Consciousness.* 안창림·백은경 옮김. 『마음에 이르는 계단: 새로운 의식의 과학에 대한 논쟁』 이화여자대학교 출판부, 2001.

Shelah, S. "Logical Dreams." *Bulletin of the American Mathematical*

Society. Vol. 40 (2003).

Sobel, J. *Logic and Theism: Arguments For and Against Beliefs in God.* Cambridge: Cambridge University Press, 2004.

Steward, I. *The mathematics of Life.* Basic Books, 2011.

Steward, I. *Does God Play Dice? : The Mathematics of Chaos.* 박배식 · 조혁 옮김. 『하느님은 주사위놀이를 하는가?』 범양사, 1993.

Stump, E. & Kretzmann, N. (eds.) *The Cambridge Companion to Augustine.* Cambridge University Press, 2001.

Stump, J. & Padgett, A. (eds.) *The Blackwell Companion to Science and Christianity.* Wiley-Blackwell, 2012.

Sykes, C. (ed.) *No Ordinary Genius: The Illustrated Richard Feynman.* W. W. Norton & Company, 1994.

Teilhard de Chardin, P. *Christianity and Evolution.* Harcourt Brace Jovanovich, 1969.

Teilhard de Chardin, P. *Comment Je Crois.* 이효상 역. 『나의 신앙』 공화출판사, 1975.

Teilhard de Chardin, P. *Science et Christ.* 이효상 역. 『과학과 그리스도』 공화출판사, 1973.

Torrance, T. *Theological Science.* Oxford University Press, 1969.

Toynbee, A. *A Study of History.* 『역사의 연구 제14권: 역사지도』 동서문화원, 1975.

Turner, D. *Faith, Reason and the Existence of God.* Cambridge University Press, 2004.

Van Atten, M. & Kennedy, J. "On the Philosophical Development of Kurt Gödel." *The Bulletin of Symbolic Logic.* Vol.9, No.4 (2003): 425-476.

Voss, S. "Mathematics and Theology: A Stroll through Garden of Mathaphors." *Theology and Science*, Vol.4, No.1 (2006): 33-48.

Wagon, S. *The Banach-Tarski Paradox.* Cambridge University Press, 1985.

Wang, H. *A Logical Journey: From Gödel to Philosophy.* The MIT Press, 1996.

Wang, H. *Reflections on Kurt Gödel.* The MIT Press, 1987.

Watson, J. & Berry, A. *DNA: The Secret of Life*, 이한음 옮김, 『DNA: 생명의 비밀』 까치, 2003.

Weyl, H. *Philosophy of Mathematics and Natural Science.* Princeton

University Press, 1949.
Whitehead, A. *Process and Reality.* The Free Press, 1978.
Whitehead, A. *Science and the Modern World.* 오영환 옮김. 『과학과 근대세계』 삼성출판사, 1977.
Wilder, R. *Introduction to the Foundations of Mathematics.* John Wiley & Sons, 1965.
Wilson, E. *The Creation.* 권기호 옮김. 『생명의 편지』 사이언스북스, 2007.
Wilson, E. *On Human Nature.* 이한음 옮김. 『인간 본성에 대하여』 사이언스북스, 2000.
Woodin, H. "Continum Hypothesis, Part II." *Notices of the American Mathematical Society.* Vol. 48(2001). 681-690.
Woodin, H. "The Continum Hypothesis, Part I." *Notices of the American Mathematical Society.* Vol. 48(2001). 567-576.
Worthing, M. *God, Creation, and Contemporary Physics.* Fortress Press, 1996.
권오대. 『아인슈타인 하우스』 동연, 2014.
김균진. 『기독교 신학과 자연과학의 대화』 대한기독교서회, 2004.
김균진. 『자연환경에 대한 기독교 신학의 이해: 현대 자연과학과의 대화 속에서』 연세대학교 출판부, 2006.
김기석. 『신학자의 과학 산책』 새물결플러스, 2018.
김두식·이희봉. 『주충노 생명과학의 현대적 이해』 연세대학교 출판부, 2001.
김성구. 『아인슈타인의 우주적 종교와 불교』 불광출판사, 2018.
김성원. 『악의 미래』 물가에심은나무, 2021.
김용준. 『과학과 종교 사이에서』 돌베개, 2005.
김재권. 『물리계 안에서의 마음』 철학과 현실사, 1999.
김흡영. 『현대과학과 그리스도교』 대한기독교서회, 2006.
박이문. 『과학의 도전 철학의 응전』 생각의 나무, 2006.
박준서. 『구약세계의 이해』 한들출판사, 2001.
서중석. 『복음서 해석』 대한기독교서회, 1991.
석영중. 『도스토옙스키 깊이 읽기: 종교와 과학의 관점에서』 열린책들, 2021.
신재식. 『예수와 다윈의 동행』 사이언스북스, 2013.
신재식·김윤성·장대익. 『종교전쟁』 사이언스북스, 2009.
우종학. 『과학시대의 도전과 기독교의 응답』 새물결플러스, 2017.
이영욱. 『우주 그리고 인간』 동아일보사, 2000.

이정배.『종교와 과학의 대화에 근거한 그리스도교 자연신학』대한기독교서회, 2005.
자연과학교육위원회(편).『종합 자연과학』연세대학교 출판부, 1994.
장윤재.『포스트휴먼 신학』신앙과지성사, 2017.
전일동.『우주의 비밀』청문각, 2004.
최재천 엮음.『과학·종교·윤리의 대화』궁리, 2001.
한국조직신학회(편).『과학과 신학의 대화』대한기독교서회, 2003.
한태동.『기독교 문화사』연세대학교 출판부, 2003.
한태동.『사유의 흐름』연세대학교 출판부, 2006.
한태동.『성서로 본 신학』연세대학교 출판부, 2006.
현우식.『과학으로 기독교 새로 보기』연세대학교 출판문화원, 2006.
현우식.『과학의 눈으로 본 신학』연세대학교 출판문화원, 2021.
현우식.『과학자들은 종교를 어떻게 생각할까: 아인슈타인에서 괴델까지』동연, 2014.
현우식.『무한과 하나님: 칸토르의 수학과 신학』연세대학교 출판문화원, 2019.
현우식.『신의 존재에 대한 괴델의 수학적 증명』경문사, 2013.
홍성사. "무한과 수학," 연세춘추사(편),『현대학문의 조류와 전망』연세대학교 출판부, 1978.

찾아보기

ㄹ

ㅁ

ㅂ

ㅅ

ㅊ

현우식

인지과학자이자 과학신학자. 연세대학교에서 신학, 수학, 인지과학을 공부했고, 현재 연세대학교 객원교수 및 인지과학연구소 전문연구원으로 활동하고 있다. 연세대학교와 호서대학교에서 교수로 재직했고, 센트럴 오클라호마대학교에서 겸임교수와 멤피스대학교에서 수리과학부 지능시스템연구소 객원연구원을 지냈다.
문화관광부 우수도서 『과학으로 기독교 새로 보기』 (연세대학교 출판부), 대한민국학술원 우수도서 『논리적 딜레마 : 괴델의 생애와 업적 (공역)』 (경문사), 『폴킹혼의 양자물리학과 신학 (번역)』 (동방박사), 한국연구재단 저술지원도서 『무한과 하나님: 칸토르의 수학과 신학』 (연세대학교 출판문화원), 한국연구재단 저술지원도서 『신의 존재에 대한 괴델의 수학적 증명』 (경문사), 『과학의 눈으로 본 신학』 (연세대학교 출판문화원) 등을 저술하였고, Zygon에 발표한 "An East Asian Mathematical Conceptualization of the Transhuman" 등 70여 편의 논문이 있다.

[개정증보판]

과학 시대의 종교를 말하다

Religion in an Age of Science

초판 1쇄 발행 2022년 3월 2일
개정증보판 발행 2024년 2월 5일
개정증보판 2쇄 발행 2025년 2월 7일

지은이 현우식
펴낸곳 연세대학교 출판문화원
주소 서울특별시 서대문구 연세로 50
등록 1955년 10월 13일(제9-60호)
전화 02) 2123-3378~80
팩스 02) 2123-8673
전자우편 ysup@yonsei.ac.kr
홈페이지 http://press.yonsei.ac.kr
인쇄 (주)네오프린텍

ISBN 978-89-6850-773-1(93200)

값 20,000원